KB050093

이 세계의 식탁을 차리는 이는 누구인가

CHI NUTRIRÀ IL MONDO?
by Vandana Shiva

© Giangiacomo Feltrinelli Editore, 2015

First published as Chi nutrirà il mondo in April 2015
by Giangiacomo Feltrinelli Editore, Milan, Italy

이 책의 한국어판 저작권은 KCC 에이전시를 통해
저작권사와 독점 계약한 책세상에 있습니다.
저작권법에 의해 한국 내에서 보호를 받는 저작물이므로
무단 전재 및 무단 복제를 금합니다.

이 세계의
식탁을
차리는 이는
누구인가

인간과 자연을 살리는
푸드 민주주의의 비전

반다나 시바 지음
우석영 옮김

책세상

우리에게 먹을 수 있는 무언가를 제공해주는 모든 존재들에게

그리고 편집을 맡아준 리카에게

· 차례 ·

일러두기

1. 이 책은 저자 반다나 시바가 2016년에 영어로 출간한 *Who Really Feeds the World?: The Failures of Agribusiness and the Promise of Agroecology*(North Atlantic Books, 2016)를 대본으로 삼아 번역했다.
2. 각주는 옮긴이의 주이고 후주는 저자의 주이다.

들어가는 글

지금 우리는 점점 더 심화되는 심각한 위기에 직면해 있다. 원인은 식량*을 생산하고 가공하고 유통하는 현재의 방식이다. 탐욕과 이윤을 동력으로 하는 세계화된 산업형 농업(이하 산업농)이 지구의 안녕과 사람들의 건강과 사회의 안정성을 심각하게 위협하고 있다. 비효율적이고 낭비적이며 지속 가능하지 않은 모델의 식량 생산이 지구 자연과 지구 자연 내 생태계들, 그리고 다양한 생물 종들을 벼랑 끝으로 내몰고 있다. 식량의 제1목적은 영양과 건강을 제공하는 것이지만, 어찌 된 영문인지 오늘날 식량은 세계에서 가장 큰 건강 문제가 되고 말았다. 거의 10억에 이르는 인구가 굶주림과 영양실조에 시달리고 있는가 하면, 20억 인구가 비만, 당뇨 같은 질병으로 고

---

* 이 책의 원저에서 가장 빈번히 사용되는 단어는 food로, 이 번역본에서는 food를 문맥에 따라 식량, 음식, 푸드, 먹을거리, 먹이 등으로 다양하게 옮겼다.

통 받고 있고, 무수히 많은 또 다른 사람들이 음식 독이 유발한 암 같은 질병으로 고생하고 있다.[1]

오늘날 식량은 더 이상 영양원이 아니다. 식량은 일개 상품으로 변질되고 말았다. 투자 대상이자 이익 창출의 대상인 무언가로 말이다. 이러한 현실은 세계 곳곳에서 식량 가격 상승으로 이어지고 있고, 사회 불안을 야기하고 있다. 2007년 이후 튀니지, 남아프리카공화국, 카메룬, 인도 등 37개국에서 식량 관련 폭동이 51회 발생했다.[2] 현재의 푸드 시스템은 지속 가능성, 정의正義, 평화 같은 중요한 모든 기준에서 볼 때 심각하게 고장 나 있다.

오늘날 대안적인 길은 단순히 대안이 아니라 우리 자신의 생존에 절대적으로 긴요한 길이다. 그러니 이러한 질문으로 시작해보자. '지금 이 세계의 식탁을 차리고 있는 이는 누구인가?'

식량과 농업은 메이저 패러다임들이 우위를 점하기 위해 전투하는 전쟁터가 되었다. 각 패러다임마다 특정 유형의 지식, 경제학, 문화, 농업 활동을 장려·촉진하고 있다. 각 패러다임은 자신이 지금 이 세계를 부양하고 있다고 주장하지만, 사실 이 세계를 부양하는 것은 단 하나의 패러다임이다.

지배적인 패러다임은 산업화·기계화 패러다임으로, 이것이 현재의 식량·농업 시스템의 붕괴를 야기했다. 그러나 이 위기는 우연히 생겨난 것이 결코 아니다. 위기는 이 시스템의 설계도에 이미 내장되어 있었다. 이 패러다임의 핵심에는 '착취의 법칙'이 존재하고 있는데, 이 법칙은 세계를 일종의 기계로, 자연을 죽은 물질로 본다.

이 법칙은 인류를 자연과 분리된 존재로 보고, 자연의 각 부분을 나머지 전체 자연과 분리된 것으로 본다. 씨앗은 토양과 분리되고, 토양은 식물과, 식물은 식량과, 식량은 우리 몸과 분리된다. 이 산업 패러다임은 또한 인간과 자연을 생산 시스템의 투입물로만 보는 관점에 기초를 두고 있다. 지구 자연과 사람들의 생산성은 눈에 보이지 않는 것이 되고 마는데, 이렇게 만드는 건 경제학의 중심에 자본과 기업이라는 쌍둥이 생산물을 놓는, 정교한 지적 인프라다.

산업농 패러다임은 전쟁에 뿌리를 두고 있다. 이 패러다임은 한때 인간을 몰살하는 데 사용되었던 화학 물질을 사용해 자연을 파괴하고 있는 것이다. 또한 이 패러다임은 모든 곤충과 풀은 독으로 박멸되어야 하는 일종의 적이라는 인식을 기초로 하며, 더 새롭고 더 강력한 폭력의 도구를 끊임없이 찾고 있다. 유해생물억제제(살충제), 제초제, (살충 성분을 만들어내는) 유전자 조작 식물 같은 것들 말이다. 이러한 폭력의 테크놀로지는 한층 더 정교해지고 있는 반면, 생태계와 생물 다양성에 관한 지식은 그와 반대로 점점 더 위축되고 있다. 지구의 풍요로운 생물 다양성과 생태 과정에 관한 무지가 깊어지면 깊어질수록, 창조자를 자처하는 파괴적 기업인들의 오만은 점점 더 커지고 있다. 이런 식으로 생명은 지금, 가진 능력이라고는 오직 생명을 파괴하고 살상하는 것뿐인 자들의 발명품으로 재정의되고 있다.

지배할 목적으로 만들어지는 도구들, 그리고 '착취의 법칙'과 '지배의 법칙'에 좌우되는 도구들은 인간의 건강과 환경에 해를 가한다. 이런 도구들은 흔하게는 '농화학 제품'으로 시판되는 유독 물질들인데, 우리가 듣기로는 이런 것 없이는 농업이 불가능하다고 한다. 현실을 살펴보면, 이러한 화학 물질을 생산하는 기업들은 앞으로 무엇이 가능할지, 그 가능성의 패러다임을 구축하고 있다. 이 기업들은 무엇이 과학적 지식을 생산해내는지, 효과적인 식량 생산 시스템은 어떤 형태인지, 연구와 상업을 가르는 경계선이 어디인지, 이 모든 것을 결정하고 있다. 전쟁의 폭력성과 군사주의적 사고방식에 뿌리를 둔 패러다임은 농업과 푸드 시스템에 적용될 때 우리의 농지와 우리의 식탁, 그리고 우리의 신체에 전쟁을 불러온다.

그러나 최근에 생겨난 또 다른 새로운 패러다임이 있다. 자연과 함께하는 전통적인 방식을 유지하고 '반환의 법칙' 아래에서 작동하는 패러다임이다. 반환의 법칙 아래에서, 모든 살아 있는 존재들은 상호 관계를 맺으며 서로 주고 또 받는다. 농업의 이러한 생태적 패러다임의 기초는 생명, 그리고 생명의 상호 연결성이다. 이 농업 패러다임은 지구에, 소규모로 농사짓고 살아가는 이들에게, 특히 여성 농민에게 포커스를 맞춘다. 또한 생산성 높은 씨앗과 토양 자체에 담긴, 인류와 다양한 생물 종들을(우리 모두는 '지구 자연의 시민Earth Citizen'으로서 이 생물 종들에 연결되어 있다) 먹여 살릴 수 있는 잠재력을 인식하고 인정한다. 이 패러다임하에서 인류 공동체의 역할은 어머니 지구 자연과 더불어 생산하고 창조하는 자의 소임을 다하는 것이다. 이 패러다임에서 지식은 소유물이 아니다. 더 정확히 말해서, 지식은 우리 모두가 생명의 그물에 참여하게 되는 농업 활동 속에서 점점 증대된다. 생태적 농업에서는 자연의 순환이 더 강화되고 다양해져서 양적으로나 질적으로나 더 나은 식량을 생산할 수 있고, 그러면서도 자원은 더 적게 사용하게 된다. 생태적 농업에서는 남은 식물들은 가축과 토양 유기체의 먹이가 된다. 반환의 법칙을 고수하면, 폐기물이라는 건 아예 존재하지 않는다. 모든 것은 다시금 순환될 뿐이다.

생태적 푸드 시스템은 로컬 푸드 시스템이어서, 지역 내에서 기를 수 있는 것은 기르고, 남는 것이 있으면 밖으로 내보내며, 지역에서 자라지 못하는 게 있다면 다른 지역으로부터 들여온다. 지속 가능성과 정의는 반환의 법칙이 작동하는 사이클로부터, 로컬 푸드 생산 활동으로부터 자연스레 흘러나온다. 생명의 존속에 긴요한 지구 자원, 이를테면 생물 다양성과 물 같은 자원은 일종의 '공유재' 내지 공동체의 공유 지대로서 관리된다. 생태 패러다임은 지상의 어느 누구도 제 먹을거리를 뺏기지 않게 하며, 인간을 포함한 모든 존재들에 대한 측은지심을 길러낸다.

오늘날 산업 패러다임은 생태 패러다임과 깊은 갈등 관계에 있고, 착취의 법칙은 반환의 법칙과 대립하고 있다. 이는 경제·문화·지식을 아우르는 패러다임 전쟁이며, 이 전쟁이야말로 오늘날 우리가 직면한 식량 위기의 근원이다.

***

'지금 이 세계의 식탁을 차리고 이는 누구인가?' 둘 중 어떤 패러다임을 우리의 렌즈로 사용하는지에 따라 답변은 달라질 것이다. 두 패러다임에서 '세계'와 '푸드'의 의미가 크게 다르기 때문이다. 우선 산업농, 기계농이라는 지배적 패러다임의 관점에서 검토해보자. 이 패러다임에서 '푸드'는 단지 이윤을 위해서 생산되고 거래되어야 하는 상품에 불과하며, '세계'는 씨앗과 농약이 농업용 투입물로서 판매되고 농산물들이 식품으로서 판매되는 세계 시장에 불과하다. 이 렌즈로 지구를 본다면 지금 이 세계의 식탁을 차리고 있는 건 화학 비료와 제초제, 기업에서 생산한 종자와 GMO(유전자 변형 유기체), 농기업과 생명공학 기업이다.

그러나 실제는 이와는 다르다. 생산되는 식량의 30%만이 산업형 농장에서 나온 것이고, 나머지 70%는 자그마한 땅에서 일하는 소농들에게서 나오고 있다.[3] 한편, 산업농은 현재 지구 자연에 가해지는 생태 파괴에 대해 75%의 책임이 있다.[4] 이런 수치들은 늘 무시되고 은폐되고 부인되며, 산업농이 이 세계를 부양하고 있다는 신화는 전 세계적으로 홍보되고 있다.

기계론적이며 폭력적인 패러다임은 식량·농업을 위한 지식·과학·기술·정책과 관련해 지배적 견해들을 생산한다. 식량 생산의 생태적 토대, 즉 자연의 경제를 파괴하는 푸드 시스템은 사실상 세계를 부양할 수 없다. 소농(이들이야말로 농업의 진정한 사회적 토대이다)을 대체하기를 꾀하는 농업 시스템은 세계를 부양할 수 없다. 산업농의 모든 면이 연약하기 짝이 없는 생명의 그물을 교란하고 있고, 식량 안보의 토대를 파괴하고 있다.

현재 산업농은 꽃가루 매개자들과 익충들을 죽이고 있다. 시대를 앞질러 아인슈타인은 이렇게 경고한 바 있다. "마지막 벌이 사라질 때 인류도 사라질 것이다." 오늘날 어떤 지역들에서는 지난 30년간 유독성 살충제로 인해 벌의 75%가 죽음을 당했다.[5] 화학 살충제는 익충을 죽이고 그 자리에 질병과 해충을 가져오고 있다. 합성 비료는 살아 숨 쉬는 토양을 자연적으로 만들어내는 토양 유기체들을 죽임으로써 토양의 비옥도를 파괴하며, 화학 비료는 토양 침식과 토질 악화를 심화한다.

산업농은 지하수를 지상으로 퍼 올리고, 물을 오염시킨다. 지구의 물 가운데 70%가 화학 물질을 대량으로 사용하는 산업농에서 요구되는 강도 높은 관개灌漑 때문에 고갈되고 있고 또 오염되고 있다.[6] 산업용 농지에서 흘러나와 물로 흘러 들어가는 질산염은 해양에 어떤 생명도 살 수 없는 '죽음의 구역dead zone'을 만들고 있다.

산업농은 본질적으로 화석 연료를 동력으로 하는 농업이다. 인력을 화석 연료로 대체하는 선택은, 사람을 원자재나 농업용 투입물로 취급하는 논리에 편승해, 효율적인 선택이라고 여겨지게 되었다. 그러나 화석 연료의 경제적·생태적 비용은 천문학적인 수준에 이른다. 미국 농업의 경우, 농업 노동자 한 명이 250명 이상의 에너지 노예를 거느린다. 여기서 에너지 노예란 한 사람과 맞먹는 화석 연료를 말하는데, 우리의 푸드 생산·소비 시스템에서 화석 연료가 얼마나 많이 사용되는지를 고려하면 산업농에서 사실상 생산량보다 소비량이 많다는 것은 너무나도 자명하다. 에이머리 러빈스Amory Lovins가 지적했듯이, "노동력으로 따져보면 지구 인구는 40억*이 아니라 약 2,000억인데, 중요한 것은 이들 중 98%가 통상적인 음식을 먹지 않는다는 것이다".[7] 왜냐하면 이들은 사람이 아니기 때문이다. 이들은 에너지 노예들이고, 이들이 먹는 것은 바로 석유다. 현재 산업농은 먹을거리 1을 산출하기 위해 화석 연료 10을 투입물로 사용한다. 에너지 연소로 생겨난 에너지 폐기물은 대기 오염과 기후 불안정의 원인이 된다.

산업농 패러다임은 기후 변화를 초래하고 있다. 기후 변화에 책임이 있는 온실가스 총량 중 40%가 화석 연료에 기초한 글로벌 농업 시스템에서 배출되고 있다.[8] 화석 연료는 비료를 제조하고 농기계를 작동시키고 지구 구석구석으로 푸드를 쓸데없이 이동시키는 데 사용되는데, 이 과정에서 이산화탄소를 배출한다. 화학 비료인 질소비료는 아산화질소를 배출하는데, 아산화질소는 이산화탄소보다 약 300% 더 지구 기후를 불안정하게 만든다.[9] 게다가 공장식 농업은 지구 온난화에 책임 있는 또 다른 유독 물질인 메탄을 배출하는 주범이다. 1995년에 유엔UN이 측정한 바에 따르면, 산업농은 농지에서 살아가는 다양한 생물 가운데 무려 75%를 멸종시켰다. 오늘날 그 수치는 90%에 이른 것으로 보인다.

역설적이게도, 자연 자본에 대한 이런 식의 생태 파괴가 '사람

* 이것은 에이머리 러빈스가 이 글을 썼을 때의 인구이며, 현재의 지구 인구는 70억이 넘는다.

을 먹여 살린다'는 명분으로 합리화되던 시기에, 굶주리는 인구는 도리어 증가했다. 현재 10억 인구가 계속 굶주림을 겪고 있고, 20억 인구가 비만 같은 음식 관련 질환으로 고통 받고 있다. 이 두 현실이 '영양 위기'라는 동전의 양면이다. 푸드의 맥도널드화가 세계 구석구석에 가공된 정크 푸드를 보급하고 있고, 그에 따라 충분히 먹고 있는 이들조차 정작 필요한 영양소는 거의 얻지 못하고 있다. 많은 이들의 생각과 달리, 비만은 과식하는 부자들의 이야기가 아니다. 대개 비만은 음식 관련 질병을 가장 혹독히 치르고 있는 개발도상국 빈민들의 이야기다. 게다가 공장에서 생산된 식품이나 유해 물질이 포함된 먹을거리와 관련된 질병, 이를테면 암 같은 질병은 증가 추세에 있다. 상품은 사람을 먹여 살리지 못한다. 사람을 먹여 살리는 건 먹을거리다.

기업 주도의 산업농 시스템이 굶주림을 야기하고 있음에도, 그 시스템이 지구 자연 자원의 75%를 사용하면서도 푸드 시스템 생산량의 단 25%밖에 담당하지 못하고 있음에도, 나아가 그 시스템이 식량 생산의 기반인 자연 체계를 교란하고 파괴하는 주된 요소임에도, 산업농이 이 세계를 먹여 살리고 있다는 신화는 견고히 지속되고 있다. 이 신화는 사실상 과학에 의해 이미 폐기된 어떤 낡아빠진 패러다임에 기초해 만들어졌다. 자연을 죽은 물질로, 인간의 의지에 따라 조작 가능한 것으로 이해하는 그릇된 사고방식 말이다. 푸드 시스템에 더 많은 유독 물질을 투입할수록 더 많은 푸드를 얻을 것이라는 생각을 우리에게 허용한 것은 바로 이러한 사고방식이었다. 생태학적으로 볼 때 파괴적이고, 영양학적으로 볼 때 효과적이지 않은 푸드 시스템이 우리 마음속에 지배적 패러다임으로 자리 잡고, 우리의 농지들을 다루는 가장 권장되는 방법으로 자리 잡게 된 것이다. 실은 자연의 생태 과정과 더불어 활동하는, 다양한 생물들이 살아가는 작은 농지들이 대부분의 식량을 생산하고 있는데도 말이다.

산업농은 다양성을 참아내지 못한다. 다양성을 갖춘 것은 영양분이 풍부하며, 자연에 대한 방어력도 좋다. 하지만 이윤 증대를 목적으로 하는 산업농은 작물들이 화학 비료, 농약, 제초제, 유전자 변형 씨앗 같은 외부 투입물들에 의존하게 만든다. 농민과 농민, 국가와 국가를 영원한 '경쟁'과 갈등의 상태로 몰아세우는 이른바 '자유 무역'과 더불어 산업농은 점점 더 지구를 상대로 한 화학전이 돼가고 있고, 식량 유통 역시 전쟁이 돼가고 있다. '자유 무역'은 기업들과 투자자들이 마지막 씨앗 한 톨까지, 마지막 물 한 방울까지, 마지막 땅 한 조각까지 모조리 점령하게 해준다. 즉, 자유 무역은 지구 자연을, 농민을, 모든 시민을 무제한으로 착취한다. 이 모델은 이윤을 최종 종착지로 보며, 이 모델 안에는 흙과 생산자와 건강을 위한 사유나 배려란 없다. 기업들은 먹을거리를 기르지 않는다. 그들이 기르는 건 바로 이윤이다.

이 산업 패러다임은 진리를 조작으로, 현실을 픽션으로 바꾼다. 첫 번째 픽션은 기업을 일종의 인격체로 보는 것이다. 기업들은 인격체의 가면을 쓴 채, 이윤을 극대화하고 생물들을 착취하기 위한 생산과 무역의 규칙을 만든다. 두 번째 픽션은, (자연의 생태 과정과 농민들의 고되면서도 지적인 노동이 아니라) '자본'이 부와 먹을거리를 만들어낸다는 것이다. 인간과 자연이 단순한 투입물로 환원되고 마는 것이다. 세 번째 픽션은, 생산량에 비해 너무 많은 투입물이 소요되는 시스템이 효과적이고 생산적이라는 것이다. 이 픽션에서 화석 연료와 화학 물질이 초래하는 비용, 그리고 고강도 화학농 시스템이 지구와 사람들에게 끼치는 엄청난 건강·환경 해악은 은폐된다. 네 번째 픽션은, 기업에게 수익성이 좋으면 농민에게도 수익성이 좋고 이롭다는 것이다. 사실을 말하자면, 현재의 식량·농업 시스템 내에서는 기업의 이윤이 증가하면 농민은 더욱 가난해진다. 부채를 더 많이 떠안게 되고, 종국에는 자기 농지를 팔도록 내몰리기 때문이다. 다섯 번째 픽션은, 먹을거리도 하나의 상품이라는 것이다. 하지만 사실 더 많은 먹을거리가 상품화될수록 가난한 농민들은 더 많은 먹을거리를 잃게 되고(이는 굶주림으로 이어진다), 먹을거리의 질은 훨씬 더 낮아진다(이는 질병으로 이어진다).

사실 우리가 여기서 논하는 것은 푸드 시스템이 아니라 안티-푸드anti-food(반反-식食)다. 푸드는 푸드 웹food web(먹이 그물)과 지역 경제로부터 폭력적으로 끄집어내져서, 이윤을 위해 거래되다가 종국에는 폐기물로 버려지는데, 이로써 푸드는 자기 자신과 갈등하는 관계가 되고 말았다. 그 결과물은 생태적 재앙, 가난, 그리고 굶주림이다. 푸드의 미래가 어떠할지는 생명의 웹(생명의 그물)이 실은 푸드 웹(먹이 그물)이라는 사실을 기억하는가 못하는가에 달려 있다. 이 책은 바로 이를 기억하기 위한 것이다. 왜냐하면 푸드의 생태학을 망각하는 것은 기아와 절멸에 이르는 비결이기 때문이다.

***

지난 30년간 나는 우리의 산업농 시스템이 망가졌다는 것을 줄
곧 실감해왔다. 1984년, 나는 인도 펀자브 지방의 녹색 혁명Green
Revolution*에 관한 연구를 시작했다. 녹색 혁명이란 1965년 인도에
도입된 화학 물질 기반의 농업 모델에 부여된 잘못된 명칭이다. 2차
세계대전이 끝나자, 화학 기업과 공장들은 전쟁 때는 폭발물을 생산
했던 공장에서 생산한 화학 비료를 판매하기 위해 새로운 시장을 개
척하는 데 필사적으로 매달렸다. 하지만 전통 작물들은 인공 비료
를 거부했고, 그러자 이들은 화학 물질들을 수용할 수 있는(차후에는
화학 물질들에 의존하게 되는) 왜소한 농작물들을 새롭게 고안해냈다.
1960년대 중반에 와서는 이러한 새로운 '종자, 화학 물질 패키지'가
녹색 혁명이라는 꼬리표를 단 채 남반구 국가들에 수출될 준비를 마
쳤다.

녹색 혁명에 의해 불멸의 신화가 된 어느 그릇된 서사는, 식량·
농업과 관련하여 만들어져온 지배적 서사를 이해하는 데 필수다. 이

---

* 1930년대~1960년대에 진행된, 농작물 생산량 증대를 목표로 한 기술의 개발과 적용을 지칭한
다. 녹색 혁명의 대표적 결과물로는 화학 비료, 제초제·살충제·살균제 같은 농약, 화석 연료 연소
농기계, 교배종·HYV(고수확 품종) 같은 신 곡물 품종 등이 있다.

서사는 녹색 혁명 덕분에 인도가 굶주림에서 벗어났다고, 바로 그래서 녹색 혁명 프로젝트를 주도한 과학자 노먼 볼로그Norman Borlaug*가 1970년에 노벨 평화상을 받았다고 이야기한다. 하지만 1965년에 인도에 기아는 없었다. 전국 곳곳의 가뭄 때문에 도시에서 식량 가격이 상승하자 인도는 해외에서 곡물을 수입해야 했다. 그런데 농업용 화학 물질 사용을 장려하는 정책을 취하던 당시의 미국 정부와 세계은행은 한 가지 조건을 제시했다. 인도가 종자와 화학 물질을 함께 수입하는 한에서만 곡물을 인도에 보낸다는 것이었다.

녹색 혁명의 서사가 말하는 성공과 펀자브의 실제 현실 사이에는 거대한 간극이 있었다. 산업농을 도입한 결과 펀자브의 농지는 밀과 쌀의 생산지로 축소되었고, 이 지역에서 산출되는 식량과 영양의 총량 또한 감소하기 시작했다. 한때 펀자브 지역 농민들은 41종의 밀, 37종의 쌀, 4종의 옥수수, 8종의 바즈라bajra(수수), 16종의 사탕수수, 19종의 콩, 9종의 지방종자oil seed를 재배했었다.[10] 그런데 이런 다양한 작물들 대부분이 파괴되고 말았다. 샤르바티, 다라, 랄피시, 말와(이 이름들은 각 곡물의 기원과 성질을 나타낸다) 같은 이름을 가진 밀 곡물들 대신에 HD 2329, PBW 343, WH 542 같은 이름을 가진, 개별성 없는 단일 작물들이 출현했다. 이 단일 작물들은 해충이 들끓고 병에 잘 걸려서 유례없이 강력한 살충제가 필요했다.

---

* 미국의 농업경제학자로, 전공은 식물 유전학과 병리학이다. 녹색 혁명의 선도자로 불리며, 유전자 교배를 통해서 HYV를 개발했고 이 신품종이 멕시코, 인도 등에 도입되는 데 앞장섰다.

펀자브의 녹색 혁명이 남긴 것은 사막화되다시피 한 토양, 고갈된 대수층帶水層*, 생물 다양성의 손실, 농가 부채, 그리고 살충제 탓에 암에 걸린 환자들을 무료로 치료해주기 위해 라자스탄으로 태워가는 '암 기차'였다. 그럼에도 이 지속 가능하지 않은 농업 모델은 여전히 인도 동부 지역과 아프리카 지역으로 수출되고 있다. 빌 게이츠는 자신이 무슨 짓을 하는지도 모른 채, 자기 돈 수십억 달러를 들여 '아프리카녹색혁명연합'을 통해서 화학 물질과 상업용 종자를 아프리카 땅으로 밀어 넣고 있다. 사실상 G8 국가들의 정책을 통해서 계획된 세계의 모든 원조援助 활동은 이미 실패한 모델을 비민주적인 방식으로 아프리카 땅에 주입하고 있다. 애석하게도, 펀자브 녹색 혁명의 진짜 가르침을 배운 이들은 오직, 녹색 혁명의 발흥 속에서 파멸한 이들뿐이었다.

오늘날 2차 녹색 혁명이 진행 중이다. GMO를 구성단위로 하는 혁명이다. GMO 또는 유전자 변형 유기체란 유전자가 조작된 곡물들로, 이것들은 유독 물질에 대해 내성이 있는 유전자를 몸속에 지니고 있다. 1차 녹색 혁명처럼 GMO는 '이 세계를 먹여 살린다'고 이야기된다. 하지만 실상은 다르다. GMO는 더 많은 양의 곡물을 생산하지 못하면서 화학 물질 사용량 증대를 야기했다. 나아가, 잡초와 해충을 통제하는 데도 실패하고 있다. 유전공학은 우리 지구에 완전히 새로운 유형의 오염을 일으키고 있고, 식물·동물·인간의 건강

---

* 지하수를 함유하고 있는 지층.

에, 마을 공동체와 농민들의 살림살이에 부정적인 영향을 미치고 있다. 유전자 변형 작물로 인해 이득을 얻는 이는 오직 기업뿐이다. 유독성 화학 물질을 더 많이 판매하고 종자 사용료를 더 많이 거두어들일 수 있기 때문이다. 사실상, 종자를 소유하려는 기업의 탐욕과 욕망이, GMO가 전 세계의 푸드·농업 시스템에 비민주적 방식으로 주입되는 유일한 이유인 것이다.

하지만 무언가 변화가 일어나고 있다. 1984년 펀자브에서 분출됐던 분노가 이제는 어디서나 분출되고 있다. 빵 값 상승에 대한 저항으로 '아랍의 봄'이 시작된 이집트의 거리에서도, (심각한 가뭄으로 인한) 흉작에 대한 보상을 요구하는 농민들의 항거가 사회 갈등을 촉발했던 시리아에서도, 기업들의 식량 지배에 저항하는 자발적 세계 시민운동인 '몬산토 반대 행진March Against Monsanto'에 참가한 수많은 사람들 속에서도 그러한 분노가 분출되고 있는 것이다. 한 줌의 기업들이 통제하는, 산업화·세계화된 지배적 푸드 시스템이 이 지구를, 농민들의 생계를, 사람들의 건강을, 민주주의를, 평화를 파괴하는 현실 때문에 어디서나 불만이 팽배해 있다. 이제 푸드 시스템의 재설계는 생존을 위한 절체절명의 과제가 되었다.

그렇다면 생태 친화적이고 인간 친화적인 푸드 시스템으로의 전환을 가로막고 있는 건 무엇일까?

첫 번째 장애물은, 전쟁 설계에 뿌리를 둔 기업들이 갖고 있는 힘이다. 단 다섯 개의 종자·화학 거대 법인(몬산토Monsanto, 신젠타Syngenta, 듀퐁DuPont, 베이어Bayer, 다우Dow)이 우리의 푸드 시스템을 완전히 장악하려 하고 있다. 이 법인들은 일개 법적 생산물에 불과함에도, 점점 더 강력하게 인격적 지위를 주장하고 있다. 하지만 법인은 인간이 아니다. 법인은 태어나지도 않고 죽지도 않는다. 식량을 길러내지도 못하고 식량을 먹지도 못한다. 그러나 이 법인들은 오늘날 양식을 제공하는 우리의 지속 가능한 푸드 시스템들을 잠식하고 있고, 그 시스템들을 상품과 폭력으로 대체하고 있다.

두 번째 장애물은 군사주의적이고 기계론적이며 환원주의적이고 파편론적인 농업 패러다임이다. 이 패러다임은 다양한 생물 종들의 기여, 그리고 그 생물 종들이 제공하고 참여하는 생태 과정과 기능을 알아보지 못하게 가로막는다. 또한 이 패러다임은 여성 농민, 소농가를 인정하고 포함하기를 거부하는데, 사실 세계 식량의 대부분을 생산해내는 건 바로 이들이며, 이들의 지식이야말로 지속 가능한 푸드 시스템에 긴요하다.

세 번째 장애물은 탐욕, 그리고 탐욕에 기초한 부의 계산법이다. 이윤에 대한 기업들의 탐욕이 건강하고 지속 가능하고 민주적인 푸드 시스템으로의 전환을 가로막고 있다. 농민들의 입장에서 보면, 고비용 산업 생산 시스템에서는 농민이 늘 손해를 볼 수밖에 없음에도 더 많은 돈이라는 환상을 좇아야만 하는데, 기업의 탐욕을 위해 돌아가는 시스템의 본질이 드러나는 대목이다. 시민들의 입장에서 보자면, 기업의 탐욕은 우리 시민들을 단순한 소비자로 환원한다. 그리하여 우리 대부분은 우리의 식량을 어디서 누가 어떻게 길러내는지, 또 우리의 식량이 실제로는 무엇을 담고 있는지 알지 못한 채로 살아간다.

＊＊＊

그렇다면 '정말' 지금 이 세계의 식탁을 차리고 있는 이는 누구일까? 다시 한 번 우리는 '푸드'가 무엇을 뜻하고 '세계'가 무엇을 뜻하는지 우리 스스로에게 먼저 물어봐야만 한다. '푸드'가 생명의 그물(생명체 간 교환을 가능하게 하는 생명의 통화通貨, 우리의 양식, 우리의 세포, 우리의 피, 우리의 정신, 우리의 문화, 우리의 정체성)이고 '세계'가 가이아(살아 숨 쉬는 풍요로운 우리의 행성, 다채로운 존재들과 생태계들 그리고 여러 민족과 문화로 활력이 넘치는 우리의 어머니 지구)라면, 이 세계를 먹여 살리는 것은 생물 다양성 그리고 소농들이 보유한 지식과 지성, 측은지심이다. 지난 30년간의 나의 연구와 삶의 경험은 내게 한 가지 진실을 가르쳐주었다. 식량 문제의 해답은 산업농이 아니라 농생태학에, 생태 농업에 있다는 것이다.

식량을 생산하는 주체는 토양, 종자, 태양, 물, 농민이며 이 요소들은 모두 상호 작용을 한다. 식량의 몸을 채우는 것은 생태적 관계들이며, 식량을 생산해내는 이러한 생태적 상호 작용과 상호 연결성에 관한 과학과 지식을 우리는 농생태학이라고 부른다. 지금 우리를 먹여 살리는 것은 농생태학이다.

비옥한 토양이 식량 생산의 기초다. 비옥한 토양을 만들어내는 것은 군집의 형태로 토양 내 먹이 그물을 구성하는, 무수히 많은 토양 유기체들이다. 생물 다양성, 그리고 유기 물질이 풍부한 토양은 기후 적응과 수자원 보존을 위한 최고의 방책이기도 하다. 물은 살아 활동하는 토양에 꼭 필요한 것인데, 유기 농법은 유기물 재순환을 통해 토양의 보수력保水力을 키움으로써 물을 보존한다. 이런 토양은 스펀지같이 되어서 점점 더 많은 물을 흡수하는데, 이로써 농업 용수의 사용량을 줄이고 기후 변화 회복력에는 기여한다. **지금 우리를 먹여 살리는 것은 살아 숨 쉬는 토양이다.**

나비 같은 꽃가루 매개자들은 한 식물에서 다른 식물로 꽃가루를 옮기며, 이 과정에서 식물을 수정시킨다. 꽃가루 매개자들이 없다면 식물은 자기를 재생산할 수 없는 것이다. **지금 우리를 먹여 살리는 것은 꽃가루 매개자들이다.**

지구를 먹여 살린다는 것은 곧 토양에서 해양에 이르기까지, 미생물에서 포유동물에 이르기까지, 식물에서 인간에 이르기까지, 온전함과 다양성을 갖춘 푸드 웹(먹이 그물)을 지속시킨다는 것을 뜻한다. 이 시스템은 자연과 지구 밖에 있지 않다. 이 시스템의 기초는 이 행성이 생명을 만들어내고 유지하고 재생하는 과정인 생태 과정이다. 지구는 살아 숨 쉬고 있다. 지구의 통화는 생명이고 또 푸드다. 고대 인도의 책《타이티리야 우파니샤드》가 상기시키듯이 "이 세상 모든 것이 푸드(먹이)다. 모든 것이 다른 무언가의 푸드(먹이)다." 자연은 산업농이 우리에게 말하는 바와는 다르게 확실히 살아 숨 쉬고 있으며, **지금 우리를 먹여 살리는 것은 자연의 다양성이다.**

농민은 식물을 번식시키는 자, 종자를 보존하는 자, 토양을 보전하고 만들어내는 자, 물을 보호하고 수호하는 자다. 또한 농민은 식량을 생산하는 자다. 오늘날 세계의 소농은 세계 자원의 30%만 사용하면서도 세계에 필요한 식량의 70%를 공급하고 있다. 지금 우리를 먹여 살리는 것은 소농, 농사짓는 가정, 그리고 텃밭 일꾼들이다.

씨앗은 이 푸드 시스템의 첫 번째 연결점이다. 씨앗이 없으면 식량도 없다. 씨앗이 다양하지 않으면, 생명체의 건강에 꼭 필요한 식량과 영양도 다양할 수 없다. 씨앗의 다양성이 사라지면, 기후 혼돈과 기후 불안정성의 시대에 기후 회복력도 있을 수 없다. 지금 우리를 먹여 살리는 것은 씨앗이다.

푸드는 상거래용 품목이 아니다. 그것은 세계 어디에서나 판매 가능한 향수나 보석 같은 것이 아니다. 지상의 모든 존재들이 푸드에 각기 다른 방식으로 개입하며, 모든 문화 또는 지역이 자체적으로 푸드를 생산한다. 모두가 먹어야만 하므로, 지역의 식량 주권은 식량 안보의 관건이다. 지금 우리를 먹여 살리는 것은 (식량 생산의) 지역성이다.

종자, 생물 다양성, 토양, 물과 더불어 자연의 법칙, 생태학의 법칙에 따라 일하기. 이것이야말로 식량 생산의 기초다. 그런데 이와 관련된 지식과 실천은 전통적으로 여성의 몫이었다. 지금도 여성이 세계 식량 생산자의 다수를 차지하고 있다. 지금 우리를 먹여 살리는 것은 여성이다.

푸드는 생명이며, 생명을 지속시키는, 살아 있는 생태 과정을 통해서 만들어진다. 농업과 식량 생산에서 우선적으로 중요한 것은 자연, 그리고 자연의 법칙이다. 이 법칙을 위반하는 것, 그리고 자연이 정해놓은 (씨앗, 토양, 물, 에너지의) 재생의 한계선을 넘어서는 것은 식량 불안과 굶주림으로 가는 길이다. 생태 농법은 자연의 경제에 활력을 불어넣을 뿐만 아니라 마을 공동체의 건강과 안녕에도 활력을 불어넣는다. 지구를 돌보는 일과 사람들을 먹여 살리는 일은 한 가지 일이다.

이 세계를 먹여 살리는 일은 우리 시대의 가장 근본적인 질문 몇 가지를 제기한다. 음식에 관한 질문은, 다른 생물 종들을 멸종으로 몰고 갈 권리가, 다른 인류 구성원들이 안전하고 건강하고 영양가 높은 음식을 섭취할 권리를 부정할 권리가 우리에게 있는지를 묻는, 지구 및 다른 생물 종과 인류가 어떤 관계를 맺어야 하는지에 관한 윤리적 질문이다. 음식에 관한 질문은 앞으로 인류가 지구 공동체Earth Community의 구성원으로서 살아갈 것인지, 아니면 농업의 생태적 토대를 파괴하며 스스로를 자멸의 길로 몰아갈 것인지를 묻는 생태적 질문이기도 하다. 음식에 관한 질문은 또한 우리의 식문화, 우리의 정체성, 그리고 우리의 장소 감각과 토박이성에 관한 문화적 질문이기도 하다.

사람들을 먹여 살리는 문제는, 파괴적이고 환원주의적이고 기계론적인 사고방식의 렌즈를 끼고 씨앗과 토양을 죽은 물질, 조작해야 하는 기계로 인식할 것인지, 아니면 씨앗과 토양을 화학 물질, 유독 물질을 사용하지 않고도 우리에게 먹을거리를 줄 수 있는, 살아 활동하며 자기 조직적이고 자기 재생적인 시스템으로 생각할 것인지에 관한, 인식의 문제다. 이 문제는 또한, 수천 년간 농민들이 지속해온 농업을 지식에 기초한 것으로 여기고 농민을 지성인으로 생각할 것인지, 아니면 대학을 나오지 않았을지도 모른다는 이유만으로 농민을 무식한 사람들로 생각할 것인지에 관한, 인식의 문제다.

음식에 관한 질문은 경제학과 관련된 질문이기도 하다. 그것은 빈곤층이 먹고 있는지 굶주리고 있는지, 지속 가능하지 않은 병든 산업농 시스템 보조금으로 우리의 세금이 지출되고 있는 것은 아닌지, 종자가 모두의 자산으로서 공유되고 있는지 아니면 특허를 매개로 몇몇 기업에 의해 독점되고 있는지, 식량이 정의·공평·주권의 원칙으로 유통되고 있는지 아니면 이른바 '자유 무역'이라는 불공정 규칙에 근거해 유통되고 있는지를 묻는 질문인 것이다.

지배적인 농업 시스템이 얼마나 잘못 인식되고 있고 또 얼마나 그릇된 것인지 인식하게 된 뒤로, 나는 모종의 행동에 나서기로 결심했다. 그렇게 하여 씨앗을 보존하고 유기 농업과 생태 농업을 증진하는 일에 나의 일생을 바쳤다. 소농가들을 부채의 늪으로 내모는 화학 물질과 자본의 투입을 강화하고 자연과의 전쟁을 선포하는 것이 아니라, 자연과 더불어 일함으로써 생물 다양성과 생태 과정들을 강화하는 데 온 힘을 쏟았다.

1987년, 나는 종자 보존, 생물 다양성 보호, 생태 농법 보급을 목표로 하는 운동인 나브다니야Navdanya 운동을 시작했다. 우리는 100개가 넘는 마을 '종자 은행'의 설립을 지원했는데, 이 은행들은 농민들이 외부 투입물 없이도 맛있고 영양이 풍부한 작물을 재배할 수 있도록, 그리하여 고수익을 올리는 동시에 자신들의 영양 섭취를 늘릴 수 있도록, 그들에게 씨앗을 나누어 주었다. 이 은행들은 가뭄, 홍수, 사이클론 같은 극단적 기후가 닥칠 때마다 농민을 구조해왔다. 우리는 시작 단계에서는 종자를 보존하고 공유하는 일에 매진했지만, 지금은 농생태학이라는 지식의 종자도 공유하고 있다. 그리고 '어스 유니버시티Earth University'를 통해서 살아 숨 쉬는 종자, 살아 숨 쉬는 토양, 살아 숨 쉬는 먹을거리, 살아 숨 쉬는 경제, 살아 숨 쉬는 민주주의와 관련된 아이디어들과 실천들을 널리 보급하고 있다. 또한 우리는 생물 다양성에 기반을 둔 생태 농업의 실천을 통해, 어떻게 건강하고 풍요로운 먹을거리를 재배할 수 있는지, 어떻게 농업이 토양의 비옥도를 향상시키고 생물 다양성을 증진시키고 물을 보존하고 (기후 변화를 야기하는) 온실가스 배출량을 감축할 수 있는지 가르친다.

　두 가지 푸드 패러다임의 경쟁은 두 가지 사상과 두 가지 조직 원리 간의 경쟁이다. 한 패러다임은 '착취의 법칙'과 '지배의 법칙'에 토대를 두고 있고, 전쟁과 함께 시작되었으며, 폭력에 뿌리를 두고 있다. 두 번째 패러다임은 농생태학과 살아 숨 쉬는 경제들에 내재되어 있으며, 사회·소농·지구에 되돌려주는(반환하는) 법칙인 '반환의 법칙'에 토대를 두고 있다. 이 패러다임은 이기심과 탐욕이 아니라 공유와 돌봄의 가치를 구현한다. 오늘날 패러다임의 전환이 전 지구적 차원에서 더는 늦출 수 없는 다급한 생존 문제가 되었다.

　이 책《이 세계의 식탁을 차리는 이는 누구인가》는 지난 30년간의 연구와 활동의 증류물이자 전 지구적 전환에의 요청이다.

지금 우리에게 필요한 건 패러다임 전환, 권력 전환이다. 기업의 탐욕이 만들어낸 산업농은 우리에게 지속 가능성과 건강을 보장하지 않으며, 보장할 수도 없다. 반면 우리는 농생태학으로 전환할수는 있다. 종자를 보존하고 토양에 생명을 되돌려주고 생물 다양성을 더욱더 풍요롭게 만들고 소농과 여성들을 보호함으로써, 우리는 스스로의 힘으로 우리의 식탁을 풍성하게 차릴 수 있다. 우리의 아름다운 지구를 궁핍한 지구로 만드는 활동을 이제는 멈춰야만 한다. 희망의 씨앗을 뿌릴 수 있는지 아닌지는 순전히 우리 손에 달려 있다. 지구와 지구에 사는 모든 사람들의 건강과 안녕을 위해 작동하는 푸드 시스템을 위한 희망의 씨앗 말이다.

1장

·

폭력적인
지식 패러다임이 아니라
농생태학

지난 만 년간 인류는 생태적인 방식으로 농업을 지속해왔다. 자연의 시스템과 순환은 재생·재생산·다양성으로 이어졌고, 이로써 모든 존재는 평화롭게 공존할 수 있었다. 이 지속 가능한 시스템들은 정체되거나 정지해 있는 것이 아니라 계속 진화하고 있다. 유기농이 번성한 건 바로 이 생태학적 시스템들 안에서였다. 사실 유기농은 워낙 번성해서, 심지어 맨 처음 산업농으로 이윤을 취하려 했던 사람들도 전통적 생태 농법에는 자신들의 화학제품과 살충제를 사용해 '개선'할 부분이 거의 없음을 간파했다.

1889년경 존 오거스터스 뵐커John Augustus Voelcker 박사는 인도의 농지에 화학농을 어떻게 적용할지 영국 정부에 보고하는 임무를 띠고 인도로 갔다. 인도의 농업 시스템을 연구하던 중 뵐커는 이렇게 말한 바 있다. "개선할 부분은 거의 없거나 아예 없다……이 점은 너무나 확실해서, 적어도 나는 사려 깊은 경작에 대한 이보다 더 완벽한 그림을 일찍이 본 적이 없다. 좀 더 과감히 말하자면, 영국 농업의 개선을 제안하는 일이 인도 농업을 위해 가치 있는 제안을 하는 일보다 훨씬 더 쉬운 과제일 것이다."[1]

이로부터 20년 이상이 흐른 뒤, 근대의 지속 가능한 농업의 '아버지'인 앨버트 하워드Albert Howard 경은 인도와 중국의 농업에 관해 이렇게 썼다. "동양의 농법은 최고 수준의 테스트를 이미 통과했다. 그것은 원시림, 초원, 해양의 활동만큼이나 거의 영원히 지속 가능하다."[2] 이러한 발언들이 놀라운 것은, 어찌 되었든 이 두 사람이 식민지에서 더 많은 이익을 뽑아내고 더 강력하게 식민지를 통치하려 한 식민지 개척자들이었기 때문이다. 이들은 심지어 그 '완벽한' 재배 시스템에서 아무런 결점도 찾아내지 못했다. 1943년의 벵골 대기근이 방증하는 것처럼, 널리 알려져 있는 바와 달리 당시에 인도 여러 지역에 닥친 기근은 전통적인 농업 시스템이 충분한 양을 생산하지 못해서가 아니라 식민지 착취 때문에 발생한 것이었다.[3]

하지만 지난 50년간 변화가 일어났다. 지난 반세기는 지속 불가능한, 화학 물질과 물과 자본을 대량 투입하는 농법의 짧은 실험기였다.[4] 종종 '관행' 농법으로 잘못 홍보되는 이 새 농법은 농업의 생태적 기초를 파괴하고 자연 환경을 황폐화하고 세계 식량 불안을 초래해왔다. 자족적 농업 시스템이 수천 년간 존재해왔건만, 어떻게 이러한 생태계 파괴적인 농법이 전 세계에서 지배적 농업 패러다임이 된 것일까? 이 질문에 답하려면 이러한 새로운 농업을 야기한 사고방식(지식 패러다임)을 살펴봐야 한다.

물리학자 토머스 쿤Thomas Kuhn이 썼듯이, 모든 과학 체계의 프레임을 짜는 것은 지식 패러다임이다. 이것은 농업 과학과 기술에도 적용되는 원리다. 식량 생산을 위한 기술적 도구들은, 그 도구들이 부분을 이루는 특정 지식 패러다임과 무관하게 존재하지 않는다. 또한 농업 시스템의 지속 가능성과 정교함은 그 시스템을 지배하는 지식 패러다임의 정교함에 좌우된다.

전통적 농업과 유기 농법은 몇 갈래의 지식들에 뿌리를 두고 있는데, 오늘날 이 지식들은 새로운 지식 체계인 농생태학이라고 불리고 있다. 농생태학은 생명의 상호 연결성과 복합적 생태 과정을 중시한다. 다양한 생태계와 문화권에서 진화한, 시간의 시험을 이겨낸 수천 년간의 농생태 지식은 오늘날 현대 과학의 최근 발견들에 힘을 받고 있다. 후성유전학epigenetics*의 새로운 과학 지식, 살아 있는 지구에 관한 발견, 유전자와 환경의 상호 작용에 관한 발견, 그리고 다양한 생물과 생태계가 제공하는 생태 서비스들에 관한 새로운 지식 같은 현대의 과학 지식 말이다. 이 모든 것들이 하나의 과학 패러다임으로서의 농생태학의 출현에 기여하고 있다.

산업 농업 혁명이 진행되는 가운데 이러한 전통 지식 체계는 지구에 산대한 폭력을 증진한 군사적 사고방식으로 대체되었다. 이 시스템 아래에서 설계된 도구들은 생명의 그물이 예민하다는 사실을 무시한 채 제작되었고, 식량 생산의 생태학적 토대를 줄곧 교란하고 파괴했다. 산업농은 특정 농생태계 내부의 생태 과정들에 관한 이해를 토대로 하는 지식 체계가 아니다. 더 정확히 말하자면 그것은 폭력적 도구들의 집합이다. 이러한 도구들은 말 그대로 전쟁의

---

* DNA 염기 서열상의 변화로는 다 설명되지 않는, 부가적인 유전적 특질과 유전적 변형을 연구하는 학문이다.

산물이었고, 본래 사람을 죽이려고 고안되었던 농화학 물질에 의존하고 있다.

　누가 정말 지금 이 세계를 먹여 살리고 있는지에 관한 토론은 그 무엇보다도 어느 지식 패러다임이 지속 가능한 식량 생산을 더 확실하게 보장하는지에 관한 토론이다. 지식을 위해서든 식량 생산을 위해서든 지속 가능한 정교한 시스템은 늘 존재해왔다. 인류가 음식을 먹기 시작한 것이 어제오늘의 일은 아닌 것이다. 그렇다면 어떻게 해서 우리는 녹색 혁명과 산업농이 수천 년이 넘도록 인류를 먹여 살려온 시스템을 대체하고 파괴하는 상황, 전쟁의 도구들로 생태 농업 체계에 관한 지식을(농생태학을) 대체하는 상황에 이르게 된 걸까? 그리고 어떻게 해서 시대에 뒤떨어지는 기계론적 철학이 계속해서 농업을 지배하고 있는 걸까? 더구나 과학의 새 분과 학문들이 전통 지식과 만나 농업과 식량에 관한 특정한 체계적 관점을 창조하고 있는 마당에 말이다. 그리고 마지막으로, 어떻게 하면 우리는 식량 생산에 불가결한 농업의 생태적 토대를 중시하는 미래로 나아갈 수 있을까?

* * *

　해충 제어용으로 유독 물질이 농업에 도입될 때, 또 '이 세계를 먹여 살린다'는 명분으로 GMO가 도입될 때, 이를 정당화하는 수단은 언제나 '과학'이다. 하지만 '과학'은 독립체가 아니며, 진공 속에서 출현하는 것도 아니다. 오늘날 우리가 말하는 '과학'은 사실상 서구의 기계론적·환원주의적 근대 과학이다. 이 과학은 산업 혁명기 때 세계를 이해하는 지배적 방식이 되었고, 지금까지 계속 지배 패러다임이 되어왔다.

식민주의가 정점에 달했던 18세기 중엽, '공유지commons'라 불리던 마을 공동체 소유의 땅이 폐쇄(인클로저)되기 시작했다. 산업 시설과 제국의 시설을 건설하기 위해서였다. 이 일을 해내기 위해서는, 지구에 대한 지식 및 서로 연결되어 있고 상호 호혜적인 관계에 있는 지구 생물 종들에 대한 지식이, 땅에 대한 폭력을 허용하는 다른 지식으로 대체될 필요가 있었다. 폭력적인 새로운 기술들의 형태로 산업 체계를 만들기 위해서, 그리고 이윤을 동력으로 하는 경제의 형태로 자본주의 체계를 만들기 위해서 특정한 '유형'의 과학이 장려·홍보되었고, '유일한' 과학 지식 체계로 특권적 지위를 부여받았다. 두 개의 과학 이론이 이 새로운 산업 패러다임을 지배하게 되었고, 그 두 이론은 아직까지도 식량·농업·건강·영양 관련 활동을 만들어내고 있다.

첫 번째 이론은 뉴턴-데카르트 식의 분리 이론이다. 세계는 고정된 불변의 원자들로 구성돼 있는 분절된 세계라는 이론 말이다. 이 세계관에 따르면, 뉴턴 자신이 썼듯, 그 "견고하고 질량을 지녔고 관통할 수 없고 이동 가능한 입자들은……아주 단단해서 조각으로 쪼개지지 않는다. 신이 첫 번째 창조 때 하나로 만든 것을 보통의 힘으로는 절대로 나눌 수 없다……그리하여 그 자연Nature은 영속할 것이다".[5] 이런 식의 세계 이해는 자연이 죽은 물질로 구성돼 있다고 본다. 자연을 불변의 입자와 부분이, 그 어떠한 심대한 결과를 초래하지 않으면서 사용되고 움직이고 대체될 수 있는, 하나의 레고 세트 같은 것으로 보는 것이다. 이 기계론적 가정은 오늘날의 유전자 환원주의와 유전자 결정주의를 초래했고, 분자생물학의 핵심 도그마로 알려지게 된, 유전 물질 또는 DNA가 지배자master 분자 역할을 한다는 믿음의 발전으로 이어졌다. 이 도그마는 과학적 신념으로 확실하게 자리 잡았다. "비석에 새겨진 과학의 십계명"[6] 중 하나가 된 것이다.

나중에 이 신념 체계는 유전자 변형 종자 또는 GMO의 토대가 되었다. 이 책에서 계속 살펴보겠지만, GMO는 해충을 죽이지도, 생산량을 증대하지도 못하며, 되레 생산량을 감소시키고 새로운 슈퍼 해충, 슈퍼 잡초를 만들어낸다. 또 이 슈퍼 해충과 슈퍼 잡초는 자라나는 동안, 자신들을 죽이려고 살포되는 물질에 점점 더 강한 내성을 띠게 된다. 그리고 GMO는 자신을 낳은 과학 패러다임과 마찬가지로, 토착 지식, 특히 여성의 지식을 기계론적이고 환원주의적인 세계관으로 대체해왔다. 유전학자 호매완Ho Mae-Wan이 말하는 것처럼, "이 유기체는 아주 훌륭한 솜씨로 자기 유전자를 자연스럽게 변형하고 있는데, 이 변형은 생존을 위해 꼭 필요한 생명의 분자 춤이다. 불행하게도, 유전자 변형 작업에 종사하는 엔지니어들은 이 과정에, 또는 이 춤의 리듬과 음악에 대해 무지하다".[7]

뉴턴-데카르트식 이론이 틀렸음을 입증해온 새로운 과학들이 있는데, 양자 이론, 생태학, 신新생물학, 후생유전학이 그렇다. 양자 이론은 세계가 단단하고 변하지 않는 물질로 구성되어 있는 것이 아니라, 입자가 파장으로, 파장이 입자로 역동적으로 변하는 가능성의 장場들로 구성되어 있다고 가르친다. 양자 이론의 기초에 관한 내 박사학위 논문은 양자 우주의 결정적 특징이 (뉴턴 식의 분리가 아니라) 미분리라는 데 초점을 맞춘 것이었다. 생태학은 모든 것이 생명의 그물이며, 세포부터 유기체와 지구에 이르기까지 모든 층위에서 가이아가 자기 조직적(생산적)인 시스템이라는 점을 가르쳐준다. 후생유전학은 (모든 살아 있는 유기체의 특성을 결정하는) '유전자'라는 생명의 원자가 존재한다는 관념이 그릇된 것임을 일깨워준다. 그리고 환경이 유전자에 영향을 미친다는 사실을, 유전자들이 주변 환경과 무관하게 스스로를 조절하거나 조직할 수는 없다는 사실을 알려준다.

《DNA 독트린The Doctrine of DNA》에서 리처드 르원틴Richard Lewontin은 이렇게 쓰고 있다.

DNA는 죽어 있는 분자이며, 반응을 보이지 않는, 화학적 비활성 분자에 속한다. DNA는 자신을 재생산할 힘이 없다. 되레 DNA는 세포 내의 복잡한 단백질 기계에 의해 만들어지며, 기초 물질로부터 생산된다……DNA가 단백질을 생산한다고 흔히 이야기되는데, 사실은 단백질이(효소가) DNA를 만들어낸다. 우리가 유전자를 자기복제 물질이라고 말할 때, 우리는 유전자가 생체 내의 다른 평범한 물질들보다 상위의 지위에 있다고 여기게 하는 어떤 신비하고 자율적인 힘을 유전자에 부여한다. 그러나 이 세계의 무언가가 스스로를 복제하고 있다고 이야기될 수 있다면, 그 무언가는 유전자가 아니라 복합 시스템으로서의 전체 유기체일 것이다.[8]

산업농을 위한 지식 패러다임의 틀을 만든 두 번째 중요 이론은, 진화의 원리로 경쟁을 논한 다윈Charles Darwin의 이론이다. 브루스 H. 립턴Bruce H. Lipton은《신념의 생물학*The Biology of Belief*》에서 이렇게 쓰고 있다.

[다윈은] 살아 있는 유기체는 끊임없이 생존 경쟁에 휩쓸리게 된다고 결론 내렸다. 다윈에게 경쟁과 폭력은 동물 본성의 일부분일 뿐만 아니라 진화 과정에서 작용하는 주요 동력이었다.《종의 기원: 자연 선택에 의한 종의 기원, 또는 생존 경쟁에서 유리한 종족의 존속*The Origin of Species: By Means of Natural Selection, or, The Preservation of Favoured Races in the Struggle for Life*》의 마지막 장에서 다윈은 피할 수 없는 '생존 경쟁'에 관해 썼으며, 또한 진화를 이끄는 동력은 '기근, 죽음 같은 자연의 방식'이라고 썼다.[9]

하지만 생명은 경쟁을 통해서 진화하는 것이 아니다. 생명은 협동과 자기 조직화(자기 생산)를 통해서 진화한다. 50조 개의 세포*가

---

* 인체 내 세포 수와 미생물 수에 대해서는 논란이 많고 연구자마다 이야기하는 수치가 다르다.

협동을 통해서 인체를 만들어낸다. 수백만 생물 종이 협동을 통해서 생태계들과 지구를 만들어낸다.

다윈주의의 경쟁 패러다임은 산업농 패러다임의 원천이 되었다. 식물들이 서로 싸운다는 생각에서 단일경작법이 탄생한다. 실제로는 식물들이 서로 협동하는데도 말이다. 예컨대 옥수수·콩·호박을 혼작하는 멕시코의 시스템에서는, 질소를 고정하는 콩류가 여유질소를 옥수수와 수수에 공급하고, 그 대신에 옥수수나 수수 같은 곡류의 줄기는 콩이 타고 오르는 지지대가 되어준다. 한편, 호박은 토양 표면을 덮는 덮개 역할을 하며, 토양 침식, 수분 증발, 잡초의 출현을 막아준다. 이러한 여러 작물 모두가 토양, 동물, 인간에게 양분을 제공한다. 반면에 다윈주의적 경쟁 패러다임은 모든 곤충을 인류와 전쟁 중인 존재로, 그리하여 유독 물질로 박멸되어야 하는 대상으로 본다.

이러한 두 가지 과학 이론이 함께, 무제한적 착취를 허용하는 환원주의적·기계론적 지식 패러다임을 형성한다. 이 지식 패러다임 하의 실행 도구들은 각양각색이지만, 이러한 지식을 특권화함으로써 생산 시스템 그리고 자연 통제 시스템으로서의 산업주의의 지적 토대가 세워지게 된다. 이 패러다임에서 탄생한 산업농 시스템 아래에서 토양은 화학 비료가 담기는 비활성 물질로 취급되며, 식물들은

에드 용Ed Yong의 《내 속엔 미생물이 너무도 많아》(어크로스, 2017)[I Contain Multitudes(2016)]에서는 최근의 연구 결과를 반영해 인체 내 세포 수가 30조 개라고 이야기한다.

공장으로 규정되고, 종자는 농화학 물질에 힘입어 가동되는 기계로 인식된다.

뉴턴-데카르트식 분절·분리 이론과 다윈주의적 경쟁 패러다임은 재생 불가능한 방식의 지구 자연 활용, 지속 불가능한 식량·농업 모델, 불건강한 건강·영양 모델을 낳았다. 이러한 주장들을 유일한 '과학적' 접근법으로 적법화하는 활동은 결국 농민의 지식과 어머니 지구의 지성과 창의성을 무시하는 일종의 '지식 아파르트헤이트 knowledge apartheid'로 이어졌다. 자연이 이미 죽은 물질이라면, 어떻게 자연을 또 죽일 수 있단 말인가?

***

폭력적 과학 패러다임은 전쟁의 격렬함을 높이는 길을 닦았다. 2차 세계대전 중에 대기업들은 수많은 사람들의 죽음이라는 사태에 기대어 더 많은 돈을 벌어들였다. 전쟁이 끝난 뒤, 전쟁에 (또 강제수용소에) 필요한 폭발물과 화학 물질을 생산함으로써 성장하고 이윤을 창출했던 산업은 농화학 산업으로 탈바꿈했다. 폐업이냐 '브랜드 쇄신'이냐의 기로에 선 폭발물 공장들은 이제 합성 비료를 생산하기 시작했고, 전쟁용 화학 물질은 살충제와 제초제로 쓰이기 시작했다. 산업농의 핵심은 다름 아닌 유독 물질의 사용이며, 산업농 시스템이란 일종의 네크로이코노미 necroeconomy, 즉 죽임의 경제 모델인 것이다. 즉, 산업농의 이윤은 죽음과 파괴에 뿌리를 두고 있다.

이러한 화학적 추진은 농업에 대한 이해와 농업의 실천 모두를 바꾸어버렸다. 생태 과정에 발맞추어 일하는 대신, 전체 농생태계의 안녕과 건강을 고려하는 대신, 농업은 유독 물질을 근간으로 하는 외부 투입 시스템으로 환원되었다. 이처럼 흙에서 물, 식물에 이르기까지 모든 것이 내적으로 재순환되고 재활용되던 농업 시스템이 있던 자리에, 이제는 부단히 구매해야 하는 종자, 화학 물질, 화학 비료라는 외부 투입물에 의존하는 시스템이 자리를 잡았다.

산업농은 기후 변화를 야기하는 심각한 원인이다. 세계 이산화탄소 배출량의 25%, 메탄 배출량의 60%, 아산화질소 배출량의 80%(이 모두가 강력한 온실가스들이다)가 산업농 활동에서 발생된다. 다음 장들에서 보게 되겠지만, 산업농은 또한 토양 침식과 불모지화, 수질 오염과 대수층 고갈, 그리고 전 세계의 자급적 사회 공동체 파괴의 원인이 되어왔다.

소농가들이 다종성을 통해서 더 많은 먹을거리를 생산하고 있음에도 전 세계 농업은 화학 물질, 화석 연료, 자본을 집중 투여하는 거대 규모의 단일경작 농장에 집중하게 되었다. 이 농장들은 전 세계 8,500종 이상의 식물에 기초해서 다양한 문화권의 사람들을 위해 다양한 먹을거리를 생산하는 대신에, 단일경작을 통해서 전 세계적으로 교역될 한 줌의 상품들을 생산한다. (화학 비료와 살충제 같은) 외부 투입물에 근거한 단일경작법은 또한 해충에 더 취약하며, 다종성을 중시하는 유기농 시스템에 비해 훨씬 실적이 적다. 농업에서의 다종에서 단일종으로의 전환은 음식의 다양성을 파괴하고 단일한 음식 문화를 야기했다. 이러한 농업·식문화 전환은 토양의 건강과 인류의 건강 모두를 악화시켰다. 우리 모두가 알고 있듯, 전쟁은 건강이나 생명을 위한 사업이었던 적이 없는 것이다.

환원주의 지식 패러다임 아래서, 농업을 상대로 벌인 전쟁은 상품 생산을 특권화한 환원주의 경제라는 결과로 이어졌다. 상품 생산이 경제학에서 차지하는 위상은, 분절적 사고방식이 생물학에서 차지하는 위상과도 같다. 유전자를 지배적 분자로 인식하는 바로 그 사고 체계가 상품을 세계의 지배적 통화로 여기는 것이다. 상품을 관리하는 시스템은 GDP, 즉 국내총생산량이다. 하지만 GDP는 언제나 존재했던 것이 아니다. 사실 GDP는 전쟁에 자금을 동원하기 위해 만들어진 개념으로, 이 개념을 통해서 각국 정부는 생계용 자원을 빼내 전쟁에 돈을 대는 행위를 정당화할 수 있었다. GDP 개념은 농업에 위험한 개념인데, 왜냐하면 만일 자기가 소비할 무언가를 생산한다면 그것은 사실상 생산한 것이 아니라는 허구적 관념을 초래했기 때문이다.[10] 그리하여 과거에는 자연과 여성이라는 식량 생산자가 있었지만, 지금은 생산품으로 간주되는 (경제적 이윤을 창출하는) 상품만이 있을 뿐이다.

인위적으로 도입된 이러한 경제 모델을 통해서, 사회 집단은 먹을거리를 길러내는 사람들과 먹는 사람들이 아니라 상품의 생산자와 소비자로 환원되고 말았다. 생태적 필요물과 서비스를 생산하는 자연, 그리고 자연을 존속시키고 생존의 양식을 제공하던 능력 있는 사회 집단은 우선은 사람들의 의식에서, 그다음엔 실제의 생태계들과 지역 경제에서 삭제되었다. 영양과 생존의 양식을 토양과 사람들에게 제공했던 이 오래된 지식을 제거한 것이야말로 전 세계 생태계 파괴의 기초이자 가난과 기아의 원인이다.

환원주의 경제 패러다임이 성립되자, 이러한 사태는 자본과 기업에 신비한 성격을 부여했다. 자본과 기업을 우리에게 음식을 가져다주는 창조력으로 여기게 만든 것이다. 자연·여성·소농에 의해 수행되는 생산은 보이지 않게 되었고, 이로써 식량 경제에서는 오직 기업의 통제하에 있는 부분만이 눈에 보이게 되었다. 다양성에 토대를 둔 시스템을 대체한 것은 영양분은 더 적게, 상품은 더 많이 생산하는 단일경작이었다. 농민들은 값비싼 종자와 화학 물질 구매에 종속되었고, 부채의 함정에 빠진 수많은 농민들은 결국 자살로 내몰렸다.

***

생명을 지탱시키는 하나의 농생태계 안에는 세 가지 경제가 공존한다. 자연의 경제, 인간의 경제, 시장의 경제가 그것이다. 이 경제들은 함께 지속 가능성의 경제를 구성한다. 자연의 경제는 다양한 생물, 비옥한 토양, 보존된 물을 포함하는데, 이것들은 모두 농업의 생태적 토대가 되어준다. 인간의 경제는 살림 유지의 경제로서, 여기서는 사회 공동체들이 필요 물자를 생산하고 서로를 돌본다. 그리고 마지막으로 시장의 경제에서는 법인 기업이 아니라 진짜 인간들 사이에서 교환과 상호 작용이 일어난다.

자연의 경제와 인간의 경제의 지속 가능성은 씨앗에, 흙에, 사회에 되돌려주는 법칙인 반환의 법칙에 기초한다. 씨앗의 반환 법칙은 살아 있는 씨앗의 순환을 지속시킨다. 씨앗이 우리에게 먹을거리를 주면서도 자기 자신으로 되돌아갈 수 있게 허용하는 것이 이 법칙의 일이다. 또한 이 법칙은 자연과 농민들의 힘으로 진화한 살아 있는 씨앗이 이른바 종자 독립seed freedom을 통해서 농민들 사이에서 자유롭게 이동하도록 허용한다. 토양의 반환 법칙에는, 토양에 유기물질을 돌려주는 것, 토양 비옥도를 되살리고 토양을 살아 있는 상태로 지속시키는 것이 포함된다. 사회에서의 반환 법칙에는 먹을거리를 생산해주고 우리의 생명을 영양으로써 지탱시켜준 농민들에게 정당하고 공정한 몫을 돌려주는 것, 그리하여 그들이 존엄과 자유의 삶을 살 수 있게 하는 것이 포함된다. 또한 이 법칙은 협동과 상호 의존성을, 생산과 소비 사이의 간격 좁히기를 포함한다. 그리고 무엇보다도 이 법칙은, 각 세대가 조상에게 받은 선물을 기억하고 후세대에게 씨앗·흙·지식·문화의 유산을 전하는 세대 간 반환의 법칙을 포함한다.

지속 가능한 모델에서는 이 세 경제가 안정적인 피라미드 꼴을 이룬다. 피라미드의 맨 아랫부분을 구성하는 것은 풍요롭고 스스로를 재생하는 지속성을 보이는 자연의 경제다. 자연의 경제는 인간의 경제를 지탱하고, 인간의 경제는 자기가 사용하는 자연 자원의 재순환과 재생에 기여한다. 피라미드의 가장 윗부분은 시장의 경제로, 자연의 경제와 인간의 경제를 토대로 하며 자원·지식·아이디어를 공유하는 상이한 사회 공동체들의 상호 작용으로 구성된다.

하지만 환원주의적이고 기계론적인 지식·이윤 패러다임 아래에서는 지속 가능성이라는 개념 자체가 돌연변이가 되고 있다. '지속 가능성'이라는 말에는 분명 두 가지 다른 의미가 있다. 이 말의 진정한 의미는 자연과 인간의 지속 가능성이다. 여기에는 자연이 우리의 삶과 생계를 지탱하는 존재이고 인간의 살림살이의 1차 원천이라는 인식이 담겨 있다. 자연을 지탱한다는 것은 자연의 과정·사이클·리듬, 이 모든 자연의 온전함을 지속시킨다는 것을 뜻한다.

하지만 오늘날 '시장'이라는 말을 대문자로 시작되는 'Market'으로 표기하는, 두 번째 종류의 '지속 가능성'이 있다. 이 개념은, 시장 경제의 성장을 오직 GDP를 통해서만 측정한다는 특징을 보인다. 시장 경제의 성장이 흔히 자연의 경제와 인간의 경제의 파괴, 축소와 관련되어 있음에도 말이다. 이 전지전능한 시장에서의 지속 가능성은 확실한 원자재 공급, 상품 유통, 자본 축적, 투자 수익과 관련돼 있다. 이런 개념의 지속 가능성은 생명을 지탱하는 자연의 힘을 손상시키기 때문에 지속적인 살림살이를 제공하지 못한다. 더욱이 우리는 이미 지속적 살림살이에서 손해를 보고 있다. 세계 시장의 성장은 가정에서의 생산과 소비를 기초로 하는 지역 경제의 파괴를 은폐한다. 또한, 인간과 자연이 대체 가능하지 않은 반면에 산업 원자재와 시장 상품은 대체 가능하기 때문에 지속 가능성은 물질의 대체 가능성으로 각색된다. 그리고 물질의 대체 가능성은 이윤과 현금으로 변환될 수 있는, 자연의 변환 가능성으로 한 차례 더 각색된다.

지속 가능성의 이 변형된 개념은 경제 피라미드를 뒤집었고, 그리하여 생태적·사회적으로 불안정한 피라미드가 만들어졌다. 이 피라미드에서 가장 윗부분에 있는 것은 이윤이 동력이 되는 거대한 시장이며, 그 아래에는 그보다 작은, 시장이 동력이 되는 인간의 경제가 있다. 그리고 그 아래에서 자연의 경제가 아주 작은 일각으로 축소된 채, 오직 가져가기만 할 뿐 돌려주는 법이 없는 시스템을 떠받치려 안간힘을 쓰고 있다.

　　이 피라미드를 원래의 형태로, 지속되는 형태로 복원해야 한다. 지속 가능한 살아 있는 농업으로의 이 전환을 이루려면, 농업의 생산성을 평가하고 비용 편익을 분석할 때, 두 개의 무시되어온 경제, 즉 자연의 경제와 인간의 경제가 드러나도록 해야 한다. 또 자연의 경제가 자연 생태 과정의 건강(즉 토양의 건강, 생물 다양성의 건강, 수계의 건강)을 반영할 때에만, 인간의 경제가 개인들의 사회경제적 지위, 영양 상태의 진정한 건강을 반영할 때에만, 지속 가능성이라는 평가 기준은 농업의 평가 기준이 될 수 있을 것이다. 이러한 전환을 시작하려면 이러한 논쟁의 프레임을 만든 지배적 지식 패러다임부터 먼저 전복해야 한다.

＊＊＊

　　보존에 관한 지식은 환원주의적 과학과 경제학의 수호자들에게 지식으로 인정받은 적이 없다. 그 대신에 지배적 지식 패러다임들은 착취에 초점을 맞춰왔다. 특정 유형의 산림 관련 활동 뒤에 있는 지식을 예로 들어보자. 이 지식에서, 나무 한 그루는 그 자체로는 아무런 가치가 없다. 오직 그 나무를 벨 때만 가치가 발생하게 된다. 이 논리에서, 유일하게 중요한 지식은 시장을 부양하는 지식이다. 그러나 나무는 그늘을 제공하고, 과일을 주고, 토양·새·동물을 존속시키고, 우리가 들이쉬는 산소를 공급한다. 이것은 최근의 농생태학이 되찾으려는 지식이다.

농생태학은, 생태학적 원칙을 기초로 하는, 지속 가능한, 오래된 전통 농업 체계들을 망라하는 과학 패러다임을 지칭하는 새 이름이다. 생태적 농업 활동에 대해서는 보통 전통적 마을 공동체의 세계관 속에서만 설명되었다. 부족 공동체와 토착민 공동체에서 여러 세대에 걸쳐 전수되어온 전래 지식 같은 것 말이다. 농생태학은 이러한 다양한 관점들을 모두 통합하는 동시에, 후생유전학과 양자 이론 같은, 세계의 상호 연결성을 강조하는 새로운 과학 지식과 융합하여 지속 가능한 새로운 지식 패러다임을 만들어내고 있다.

농생태학 지식 패러다임은 식량·농업 이슈들을 새로운 방식으로 이해하게 한다.

> ▷ 농생태학 지식 패러다임은 자연의 상호 연결성을 인정하며, 그것의 기초는 환원주의적·기계론적·군사적 접근법이 아니라 푸드·농업 시스템에의 생태 과학적 적용이다.
> ▷ 토양, 식물, 동물, 인간의 건강을 증진한다.

▷ 반환의 법칙을 통해서 식량 생산의 생태학적 온전성을 향상시킨다.

▷ 생물 다양성을 보존하고 꽃가루 매개 활동 같은 생물 다양성 서비스를 강화함으로써 유해생물억제제 같은 농화학 투입물을 불필요한 것으로 만든다.

▷ '단위 면적당 생산량' 대신에 '단위 면적당 영양 지수'와 '단위 면적당 건강 지수'를 최대화한다.

▷ 종자를 기업의 지적 재산권으로 보는 시스템이 아니라 종자 독립을 기초로 한다. 종자 독립이 이루어지면 농민들이 종자를 통제할 수 있게 된다.

▷ 식량 독립food freedom과 식량 주권이 실현되는 사회경제적·정치적·문화적 환경을 만들어낸다.

▷ 단일경작을 바탕으로 한, 기업이 통제하고 조작하는 지식이 아니라 생물 다양성, 생태계, 건강, 영양에 관한 여성들의 지식에 중점을 둔다.

▷ 글로벌 기업들에 불공정한 특권을 부여하는 대신에, 장소 감각을 기초로 하며 지역적인 것을 우선시한다.

농생태학은 고장 난 폭력적인 산업화학농 패러다임의 진정한 대안이다. 다음 장들에서 살펴보게 되겠지만, 정말로 이 세계를 먹여 살리고 있는 것은 농생태학이 발전시킨 방법들과 실천들이다. 산업농이 생물 다양성을 파괴하는 반면에 생태농은 다양한 생물 종을 보존하고 그 종들의 생명력을 살려낸다. 산업농이 물을 고갈시키고 오염시키는 반면에 유기농은 유기물을 순환시키며 흙의 보수력을 향상시킴으로써 물을 보존한다. 산업농이 자연을 죽은 비활성 물질 또는 기계로 보는 반면에 농생태학은 지구를 살아 숨 쉬는 존재로 보며 지구에 다시 생명을 불어넣는다.

농생태학 지식 패러다임과 유기 농업에서는 푸드가 곧 생명의 그물이다. 인간은 이 그물의 일부인데, 공동 창조자이자 공동 생산자로서, 동시에 먹는 자, 즉 식자食者로서 그러하다. 우리가 씨앗을 보존해 다시 심을 때, 우리는 생명 사이클의 일부가 된다. 우리가 유기물을 흙에 반환할 때, 우리는 흙에 사는 유기체들을 먹여 살리게 된다. 자연의 법칙과 발맞추어 일한다는 것은 곧 자연의 창조·생산 과정에 참여한다는 것이다. 이것이야말로 식량·농업 시스템의 지속 가능성의 기초다. 폭력적이고 환원주의적인 농업 패러다임이 아니라 농생태학 지식 패러다임이 이 세계를 먹여 살린다.

2장

화학 비료가 아니라
살아 있는 토양

내가 당신에게서 무엇을 캐내든, 오 대지여
그것이 당신 위에서 어서 자라나기를
오 순수하며 하나인 존재여, 나의 공격이 영원히, 꿰뚫지 않기를
당신의 급소, 당신의 심장을
— 인도 경전 〈아타르바 베다〉 중 고대의 기도 '프리트비-수크타'[1]

1905년, 영국의 식물학자 앨버트 하워드 경은 인도의 인도르라는 곳에 도착했다. 그리고 이곳에서 소작농들과 농부들이 사용해온 경작 방식을 관찰하면서, 아내 개브리엘과 함께 농업 자문가로서의 활동을 시작한다. 오늘날 하워드는 유기농의 아버지로 알려져 있고, 그의 농업 철학과 농법 역시 잘 알려져 있지만, 사실 그의 지식은 인도의 농민들에게서 배운 것이었다. 그가 흙에 양분을 되돌려주는 농업 기술을 신봉하게 된 것은 바로 이곳에서였다. 그는 몇몇 글에서 "토양·식물·동물·인간의 건강은 거대한 단일 주제"[2]라고 썼는데, 이는 그가 남긴 가장 유명한 말이기도 하다.

토양은 헤아릴 수 없이 많은 토양 유기체들로 구성된 살아 있는 시스템이다. 이 유기체들은 복잡 미묘한 토양 먹이 그물을 구성하면서 비옥한 토양을 생산하고 유지하고 재생해낸다. 지상의 모든 식량 생산은 바로 이 토양 먹이 그물에 의존한다. 토양의 안녕은 인간의 안녕에 필수적이며, 이런 관점에서 보면 기름진 토양 만들기라는 목표는 단순히 생산량을 증대하고 식물을 기름지게 하는 것이 아니라 살아 있는 토양을 키우는 것이다.

그러나 산업 화학농을 위한 길을 닦은 환원주의 패러다임은 토양을 불활성 물질로, 화학 비료를 담으면 그만인 빈 용기로 취급한다. 질소 고정fixation of nitrogen* 설비를 갖춘 공장을 소유한 폭발물 제조업체들은 1차 세계대전이 끝난 후 자신들의 생산품을 판매할 다른 시장을 찾아야만 했다. 합성 비료는 전쟁을 위한 생산품들을 평화로운 방식으로 활용하는 편리한 '전환'을 가능케 했다.[3] 이 화학 물질들은 전혀 평화롭지 않았고, 오히려 정반대로 토양과 지구에 대한 전투를 수행했지만 말이다. 2차 세계대전 뒤 이 전쟁은 이 독성 화학 물질들을 남반구에 수출하려는 의도에서 녹색 혁명이라는 깃발을 내걸었다.

인도만 놓고 본다면, 20년간 진행된 녹색 혁명으로 농업은 펀자브 지방의 비옥한 토양을 성공적으로 파괴했다. 이 지방의 농토는 수백 년 동안 수세대에 걸친 농가의 힘으로 유지되었고, 세계적인 '전문가'들과 그들을 추종하는 인도 내 세력이 기술이 농지를 대체할 수 있고 화학 물질이 비옥한 유기적 토양을 대신할 수 있다고 잘못 생각하지 않았다면, 영원히 유지될 수 있었을 것이다.

오늘날, 매년 240억 톤의 비옥한 토양이 세계 농업 시스템에서 사라지고 있다. 인도는 매년 66억 톤, 중국은 55억 톤, 미국은 30억

---

* 공기 중의 질소 분자나 무기질소화합물을 유기질소화합물로 변환하는 것을 말한다. 전자는 다른 화학 분자와 반응해 새로운 화합물로 변환하는 것이 불가능한 불활성 분자인데, 이를 활성 분자인 질산염의 형태(암모니아)로 변환해 생물이 활용할 수 있게 만드는 것이 바로 질소 고정이다. 인위적 질소 고정법과 무관하게 공기 중의 질소 분자를 생물이 이용할 수 있는 암모늄 형태로 바꾸는 일은 미생물이 담당하고 있다. 질소 비료는 인위적 질소 고정법의 산물이다.

톤의 토양을 소실하고 있다. 사실 전 세계 토양은 자연적으로 재생될 수 있는 속도보다 10~40배 빠른 속도로 소실되고 있다. 소실되는 토양의 양분은 매년 200억 달러(약 20조 원) 규모에 이른다. 화학적 단일경작은 또한 농토를 가뭄에 더 취약하게 만들어 식량 불안에 일조한다. 이러한 토질 악화가 가져오는 결과는, 활용 가능한 청정수의 감소, 해당 지역의 기후 변화, 식량 불안, 그리고 빈곤에 노출될 가능성의 증가다. 오늘날 전 세계의 15억 인구가 이미 토지 소실로 수입 감소, 식량 불안 등 직접적인 피해를 입고 있다.[4] 토질 악화 현황에 따르면, 우리가 계속해서 지구의 살아 있는 토양을 파괴할 경우 다음 20~50년간 지구의 식량은 현재보다 30% 감소하게 될 것이다.[5]

착취의 법칙과 지배의 법칙을 추종하는 가운데 우리는 토양의 자리를 화학 비료로 교체하고 말았다. 더 많은 비료를 투입해야 하는 필요가 새로운 씨앗의 보급을 불러왔다. 새로운 씨앗이 어디에 보급되든 그 씨앗들이 새로운 화학 비료 시장을 만들어냈기 때문이다. 1967년 뉴델리에서 열린 한 회의에서 (인도에서 녹색 혁명이 '성공'하는 데 결정적 공을 세운 인물로 평가되는) 노먼 볼로그는 새로운 농업 질서에서 화학 비료가 차지하는 역할을 강조했다. 그는 정치인들과 외교관들을 상대로 이렇게 말했다. "만일 제가 여러분 나라의 국회의원이라면 15분마다 자리에서 일어나, '비료를! 농민에게 더 많은 비료를!'이라고 목청껏 외쳤을 겁니다. 인도에 이보다 더 시급한 메시지는 없습니다. 비료는 인도에 더 많은 식량을 가져다줄 것입니다."[6]

하지만 토양 내 생명을 파괴하면서 세계를 부양한다고 주장할
수 있는 기술 체계란 없다. 바로 이 점이 자신들의 기술이 세계를 부
양할 것이라는 녹색 혁명의 주장(또는 유전공학의 주장)이 틀린 이유
다. 그 기술에는 토양의 생명력을 죽이는, 그리하여 토양 침식과 토
질 악화를 가속화하는 비결이 내재되어 있다. 악화되고 죽은 토양,
유기물이 없는 토양, 토양 유기체가 없는 토양, 보수력이 없는 토양
은 식량 안보를 보장하지 못한다. 이러한 토양들이 만들어내는 것은
기아이며, 또 오늘날 세계가 직면한 식량 위기의 중심에 있는 것이
바로 이러한 토양들이다.

* * *

건강하고 비옥한 토양은 건강한 식물을 만들며, 건강한 식물은
건강한 인간을 만든다. 하워드는 이렇게 썼다.

미소微小식물이 득시글대는, 건강한 생명력을 갖춘 토양은 건강한 식
물들을 길러내기 마련이며, 이러한 식물들은 동물과 인간의 입으로 들
어가 동물과 인간에게 건강을 선사한다. 하지만 비옥하지 않은 토양,
즉 미생물류와 균류 및 또 다른 생명체들이 충분치 않은 토양은 식물
에 모종의 결핍을 고스란히 전하고, 그러한 식물은 모종의 결핍을 동
물과 인간에게 전하게 될 것이다.[7]

토양에서 발견되는 무수한 유기체들이 토양을 비옥하게 만드는 원천이다. 토양 내에서 가장 덩치 큰 바이오매스biomass*를 구성하는 건 바로 미생물들이다. 토양 미생물들은 토양의 구조를 유지하며, 죽은 동식물의 생물 분해와 질소 고정에 기여한다. 이들이야말로 토양 비옥도의 관건이며, 따라서 화학 물질로 이들을 파괴하는 것은 우리의 생존과 식량 안보를 위협하는 일이다. 1997년에 덴마크의 한 연구는 1세제곱미터의 토양을 분석했는데, 그 안에서 수천 마리의 작은 지렁이, 5만 마리의 곤충·개미·진드기, 1,200만 마리의 회충roundworms이 발견되었다. 1그램의 토양은 3만 개의 원생동물, 5만 개의 조류, 40만 개의 균류, 수십억 개의 박테리아를 포함하고 있었다. 토양의 비옥도를 유지하고 토양의 생명력을 살려내는 것, 그리고 토양 내 일꾼들 또는 토양 유기체들을 번성시키는 것은 바로 이러한 경이로운 생물 다양성이다.[8] 토양 유기체에는 균류, 박테리아, 선충류, 지렁이류가 있다.

오염되지 않은 토양이라면, 토양의 유기 물질은 토양 유기체들에 의해 분해되어 부식토humus로 변환된다. 'humus'는 '흙' 또는 '대지/지구'를 뜻하는 라틴어다. 부식토는 토양 유기체들이 소화 작용을 통해 만든 유기 물질로, 생명력 넘치는 흙이다. 부식토의 중요한 한 가지 특징은 이것이 일종의 스펀지로 기능한다는 것으로, 물이

---

* 다섯 개의 생물계(동물계, 식물계, 균계, 원생생물계, 원핵생물계)에 속하는 유기체들과 유기체의 배출물들의 총체.

있는 환경에서 제 무게의 90%까지 다른 물질을 붙들 수 있다. 부식토가 없는 토양은 가뭄, 영양 결핍, 토양 침식에 더 취약하다.

부식토가 풍부한 토양에는 부식토 없이는 존재할 수 없는 균근 mycorrhizae 같은 균류가 풍부하다. 균근은 식물의 뿌리 속으로 들어가 식물에 필요한 양분과 수분을 식물 내부로 끌어당기며, 이로써 식물과 공생 관계를 이룬다. 또한 이러한 균류는 상호 의존의 사이클 속에서 부식토를 만들어내고 토양을 하나로 묶는 데 기여한다.

살아 있는 토양은 이로운 박테리아로 가득 차 있다. 티스푼 하나 정도의 토양에 1억~10억 개의 박테리아가 있는데, 이는 1에이커(4,050제곱미터)당 1톤의 박테리아를 의미한다. 박테리아는 양분들을 분해하고 고정시키는데, 이 양분들은 박테리아의 체세포 내에 보존되어 토양 양분의 손실을 예방한다. 박테리아는 자그마한 토양 입자들을 하나의 덩어리 또는 합성 토양 입자로 통합하는 물질을 만들어낸다. 그리하여 토양 침식을 막고 토양의 보수력을 향상시킨다.

방선균actinomycetes은 유기물을 분해하는 박테리아로, 부식토에 붙어 살면서 토양 입자들을 하나의 덩어리로 통합하는 접착제 구실을 한다. 흙은 토양 미생물 없이는 토양 입자를 덩어리로 통합하지 못한다. 그냥 먼지가 되어 바람에 쉽게 날아가 버리고 물에 씻겨버린다. 살아 있는 토양에는 또한 질소를 고정하는 박테리아들이 있는데, 이들은 식물 뿌리와 공생하며, 식물에게서 탄소를 가져가는 대신에 식물에게 질소를 공급한다.

선충류nematodes(또는 다세포 회충류)라는 이름은 '실'을 뜻하는 그리스어 'nema'에서 유래했다. 선충류의 90%는 표토층 15센티미터 이내에 머물러 산다. 선충류는 유기물을 분해하지는 않지만, 그 대신에 살아 있는 물질에 기생해서 산다. 선충류는 1분당 최대 5,000개의 박테리아를 집어삼키는데, 이로써 박테리아의 수를 효과적으로 조절한다. 그리고 바로 이 과정에서 선충류는 질소를 만들어낸다.[9]

지렁이들은 살아 있는 토양과 토양 비옥도에 필수적인 요소다. 1881년 찰스 다윈은 《지렁이의 활동을 통한 분변토의 형성, 그리고 지렁이의 습성에 대한 관찰 *The Formation of Vegetable Mould through the Action of Worms, with Observations on Their Habits*》이라는 책을 출간했다. 이 책에서 그는 지렁이에 관해 이렇게 적었다. "생명의 역사에서 이처럼 중대한 역할을 해온 동물들이 과연 또 있을지 모르겠다."[10] 지렁이들은 최고로 값비싼 비료 공장보다 훨씬 더 정교한 존재들이다. 왜냐하면 지렁이들은 토양을 비옥하게 만들 뿐만 아니라, (토양 생명력에 필수 요소인) 토양의 보수력과 토양 내 공기의 양을 증대시키기 때문이다. 이들은 흙 속을 뚫고 지나다니는 까닭에 작은 터널들을 만들어내고, 바로 이 터널들을 통해 공기와 물이 이동하게 된다. 지렁이들은 토양 내 공기의 양을 30%까지, 토양의 보수력을 20%까지 늘린다. 이렇게 되면 가뭄이 닥쳐도 토양은 더 잘 회복된다. 또한 지렁이가 사는 토양은 지렁이가 없는 토양보다 배수 속도가 10배 더 빠른데, 이는 홍수가 나도 토양이 더 잘 회복될 수 있게 해준다. 유기 토양 1제곱미터 안에는 30~300마리의 지렁이들이 산다.

지렁이·균류·박테리아 외에도, 토양 1그램당 1만~10만 개의 녹조류·남조류 세포들이 발견된다. 유기 토양 1제곱미터당 최소 1,000마리, 최대 10만 마리의 진드기·거미·개미·쇠똥구리·지네·노래기들이 발견된다. 토양 유기체들이 많을수록 토양은 더 건강하다. 즉, 더 비옥하고 더 많은 물을 보유하고 침식에 더 강하다.

질소는 농업에 필수 요소다. 식물의 생장을 돕기 때문이다. 그런데 질소가 사용될 수 있으려면 먼저, 공기 속의 질소가 암모늄으로 변환되며 '고정'되어야 한다. 공장에서는 어마어마한 양의 화석 연료와 에너지를 사용함으로써 공기 중의 질소가 고정된다. 서로 다른 작물들을 함께 재배하는 유기 농업에서는 콩류와 콩과 식물들pulses and legumes 같은 질소 고정 작물들이 질소를 공짜로 선물해준다. 이런 식물들은 근립균rhizobia과 공생 관계에 있는데, 근립균은 식물 뿌리로 들어가 식물들이 (생물학적 질소 고정 과정을 통해서) 공기 중의 질소에 접근할 수 있도록 돕는 토양 박테리아다.

게다가 유기 농업에서는 많은 식물들이 자연 비료를 제공한다. 예컨대 세스바니아, 글리리시디아, 크로탈라리아 같은 식물들은 토양 비옥도를 대폭 높일 수 있다. 이 식물들은 전통 농업에서는 흔히 논이나 밭의 울타리 용도로 재배되는데, 산업농·단일경작 시스템에서는 이것들을 전혀 찾아볼 수 없다. 이 식물들은 매우 효과가 좋아서, 울타리 하나의 글리리시디아는 1년간 1헥타르당 최대 6~8톤에 달하는 바이오매스 또는 유기 물질을 만들어낼 수 있다. 산업농 옹호자들은 유기 물질이 충분히 존재하지 않기 때문에 유기농은 가능하지 않다고 거듭 이야기한다. 하지만 우리는 자연 비료를 사용해 엄청난 양의 유기 질소와 유기 물질을 생산해낼 수 있고, 또 이것들은, 토양 유기체를 죽이고 그리하여 토양 생산성을 고갈시키는 합성 비료를 대체할 수 있다.

생태 농업의 기초는 유기 물질을 순환시키는 것, 그리하여 양분을 순환시키는 것이다. 생태 농업은 반환의 법칙을 기본으로 한다. 즉, 단지 토양에서 양분을 뽑아내는 것이 아니라 토양에 양분을 되돌려주는 것 말이다. 주지 않고 가져가기만 하는 것은 토양을 약탈하는 것이고 일종의 강도짓이다. "특히 비열한 강도짓인데, 왜냐하면 이 강도 짓에는 이 자리에 없어서 스스로를 보호할 수 없는 미래 세대를 상대로 한 강도짓이 포함되기 때문이다."[11]

***

앨버트 하워드 경은 《농업 성서 *An Agricultural Testament*》에서 이렇게 쓰고 있다.

서구의 비료 사용의 특징은 인공 비료를 쓴다는 것이다. 1차 세계대전 때 폭발물 제조를 위해 질소 고정 작업을 수행했던 공장들은 전후에 다른 시장을 찾아야만 했고, 그에 따라 농업에서의 질소 비료 활용이 증가했다. 오늘날까지도 대다수 농민들과 채소 재배자들은 시장에서 쉽게 구할 수 있는 값싼 질소 Nitrogen(N), 인 Phosphorus(P), 포타슘

Potassium*(K)을 비료로 쓴다. 간편하게 NPK 멘탤리티라고 묘사될 수 있는 것이 시골에서의 농업과 농업 시험장에서의 농업을 지배하고 있는 것이다. 국가적 위기의 시기에 깊이 뿌리내린 기득권 세력이 요새를 구축하게 된 셈이다.[12]

산업농 패러다임에서 토양은 죽은 물질로 취급된다. 화학 비료, 특히 NPK를 쏟아 넣을 수 있는 빈 용기로 취급되는 것이다. 식물과 토양이 건강하게 자라기 위해서는 33개의 물질 요소가 필요하다는 자명한 사실에도 말이다. 전쟁에 뿌리를 둔 이러한 화학 비료는 살아 있는 토양을 상대로 전쟁을 계속하고 있다.

균근 박테리아와 지렁이들은 화학 비료를 뒤집어쓰면 살아남지 못한다. 화학 비료는 식물에게 물과 양분을 공급하는 토양 모세관들을 막아버린다. 빗물의 침투가 중단되는 반면에 빗물의 넘쳐흐름은 증가한다. 또한 토양이 가뭄에 취약해져, 계속해서 많은 양의 관개가 필요하게 되고 지하수를 퍼내기 위해 계속해서 많은 양의 화석 연료가 필요하게 된다.

살포된 질소 비료의 약 3분의 2는 식물의 체내에 흡수되지 않는다. 그 대신에 지하수를 질산염으로 오염시킨다. 또한 이것은 표층수도 오염시켜 강과 호수의 부영양화(과다 영양화)**를 초래하고, 해

---

* 포타슘은 곧 칼륨이다. 그래서 K로 표기한다.

** 화학 비료나 오수의 유입 등으로 물에 영양분이 과잉 공급되어 수생 식물의 급속한 성장이나 소

안에서 '데드 존dead zone'(죽음의 구역)을 만들어낸다. 질소 비료의 많은 부분이 아산화질소로서 대기에 유입되는데, 아산화질소는 166년간 대기권에 남아 있으며, 이산화탄소에 비해 300배 더 대기를 오염시킨다. 화학 회사들이 우리로 하여금 믿게 하려는 바와는 다르게, 사실 질소를 고정시키는 작물들은 합성 질소를 대체할 수 있을 만큼 충분한 질소를 제공한다. 생명력 넘치는 토양을 만들고 유지하고 재생하는 생태적 대안들은 아무런 비용을 들이지 않고 그렇게 한다. 또한 토양 비옥도와 농업 생산성을 향상시키는 데 산업 비료보다 훨씬 더 효과가 좋다.

토양을 비옥하게 만드는 원천을 파괴하고 기후를 불안정하게 하는 합성 비료는 또한 많은 비용과 공공 보조금을 잡아먹으면서 재원을 낭비한다. 세계의 연간 비료 소비량은 1억 6,440만 톤으로, 이 중 질소는 1억 500만 톤, 인은 3,790만 톤, 칼륨(포타슘)은 2,150만 톤이다.[13] 반면, 지렁이가 내보내는 것(지렁이들이 토양에 분비하는 것)은 1년에 1에이커당 최대 36톤에 이르는데, 여기에는 인공 비료가 투입된 토양에 비해 3배 더 많은 교환 가능한 질소, 7배 더 많은 인, 3배 더 많은 교환 가능한 마그네슘, 11배 더 많은 칼륨(포타슘), 1.5배 더 많은 칼슘이 포함돼 있다.

합성 비료는 자연의 기체를 활용하며, 따라서 합성 비료의 제조는 고에너지를 소모하는 과정이다. 1킬로그램의 질소 비료를 생

멸을 유발하고, 물 속 산소를 없애 수생 생물을 죽게 하는 현상이다.

산하려면 디젤 2리터에 상응하는 에너지가 소모된다. 1킬로그램의 인 비료를 생산하려면 디젤 0.5리터에 상응하는 에너지가 필요하다. 2000년 한 해 동안 전 세계에서 합성 비료를 만드는 데 소모된 에너지의 총량은 디젤 1,910억 리터에 상응한다. 이 수치는 2030년 무렵이면 2,770리터로 상승할 것으로 예측된다.[14] 산업농은 농업에 필요한 노동량을 감소시켰다고 주장하지만, 산업농이 해낸 것은 기껏해야 수고로운 인간 노동을 보이지 않는 '에너지 노예'(인간 노동에 상응하는 화석 연료)로 대체한 것, 그리하여 농업의 생태 발자국을 늘린 것뿐이다.

오늘날 우리는 '피크 오일peak oil' 시대를 살아가고 있다. '피크 오일'은 M. 킹 허버트M. King Hubbert가 만들어낸 말인데, 지구에서 가능한 석유 생산량이 최대치에 이른 시점을 가리킨다. 이 시점을 지나면 석유 생산량은 필연적으로 감소하게 된다.[15] 생산량 감소는 곧 가격 상승을 의미하며, 2008년 이래 석유 가격이 전례 없이 상승한 것은 이제 천천히 전모를 드러내고 있는 새로운 위기의 한 신호다. 하인버그Richard Heinberg의 말처럼 "잔치는 끝났다".

합성 질소는 기본적으로 화석 연료를 기반으로 하여 만들어지므로, 석유 가격이 상승하면 합성 비료 가격도 상승한다. 인도에서 비료에 대한 국가 보조금은 1976~1977년에 6억 루피였는데, 2007~2008년엔 4,030억 루피로, 그리고 2008~2009년엔 9,660억 루피로(또는 거의 1조 루피로) 상승했다.[16] 이 보조금은 농가가 아니라 농기업으로 지급되며, 그래서 농민들은 비료 가격 상승 등으로 빚의 수렁에 더 깊이 빠지게 된다. 합성 비료는 재생 불가능한 에너지원을 원천으로 하기 때문에, 종국에는 생산이 불가능하게 될 것이다. 하지만 그에 앞서 합성 비료는 토양의 비옥함을 재생시키는 원천, 즉 살아 있는 토양 유기체들을 고갈시키고 말 것이다.

***

우리는 흙이며, 대지다. 우리는 우주를 구성하는 것과 동일한 다섯 가지 물질(흙, 물, 불, 공기, 공간)로 만들어져 있다. 우리가 흙에 하는 일은 곧 우리 자신에게 하는 일이다. 부식토를 뜻하는 'humus'와 인간을 뜻하는 'humans'의 어원이 같은 것은 결코 우연이 아니다.

지배적 지식 패러다임에서 이러한 생태학적 지식은 망각되었는데, 당대 산업농이 생태학적 아파르트헤이트에 기반을 두고 있기 때문이다. 산업농의 기반은 우리가 대지로부터 분리되어 있고 독립되어 있다는 그릇된 생각이며, 또한 토양을 죽은 물질로 규정하는 세계관이다. 만일 토양이 애초에 죽은 물질이라면 인간이 토양의 생명을 파괴하는 것은 불가능하다. 인간은 오직 화학 비료로 토양을 '향상'시킬 수 있을 뿐이다. 그리고 만약 우리가 토양의 지배자이자 정복자라면 바로 우리가 토양의 운명을 결정할 것이다.

영양의 결손과 결핍이 화학 비료 형태의 인, 칼륨, 질산염이라는 재생 불가능한 투입물의 사용으로 보충될 수 있다는 것이 녹색 혁명의 가정이었다. 산업농 패러다임에서 영양 사이클(영양분이 토양에서 발생해 식물의 체내로 갔다가 다시 유기 물질로서 토양으로 돌아가는 사이클)은 퇴적 지층에서 추출하는 인·칼륨과 석유에서 추출하는 질소의 재생 불가능한 직선의 흐름으로 대체되고 말았다.[17]

하지만 심지어 하워드의 초기 저작조차 "모든 훌륭한 재배의 기초는 식물에 있다기보다는 토양에 있다"라고 명시하고 있다.[18] 하워드는 자신의 농업 시험장에서, 식물의 생장력을 높이는 살아 있는 토양을 돌보는 것이 토양 개선 없이 그냥 식물을 기르는 것보다 농업에 훨씬 중대한 기여를 한다는 사실을 보여주었다. 아무런 조치 없이 식물을 기를 때 생산량이 10% 증가한 반면, 유기 물질과 자연 퇴비를 활용해 토양 비옥도를 향상시킨 경우에는 생산량이 200~300% 증가한 것이다.[19]

나브다니야에 있는 우리 농장에서 우리는 똑같은 경향을 발견한다. 우리 농장은 유칼립투스 플랜테이션 때문에 사막화되고 황폐화된 한 줌의 땅에서 시작했다. 이 나무들은 오스트레일리아에서 수입된 것들이었다. 즉, 이 나무들은 반환의 법칙에 참여할 수 없는 나라로 옮겨 온 것이었다. 이 나무들은 잎이 시들지 않는데, 이는 이 나무들이 너무 많은 양의 물을 흡수하고, 또한 다른 식물들의 성장을 방해하는 테르펜*을 배출하기 때문이다. 땅에는 토양 유기체도, 보

---

* 여러 동식물의 체내에 있는, 체외로 발산되는 탄화수소다. 거의 모든 유기체 내에 있는, 생물 합

수력도 없었다. 우리는 애정을 기울여 여러 작물을 길렀고, 가능한 한 많은 유기 물질을 토양에 돌려주었다. 지금 이곳의 토양은 유기체들과 함께 생명력이 넘치며, 지렁이들이 많은 흙이 농지의 표층을 이루고 있다. 또한 이제는 토양이 물을 붙들어둘 수 있게 되어서 물 사용량을 70%가량 줄일 수 있게 되었다. 토양은 생명들로 가득 차 있고 우리에게 생명을 선사하고 있다.

건강한 흙이 건강한 식물을 생산한다. 또한 하워드가 언젠가 말했듯이 "모든 작물에게 주어진 천부적인 권리는 바로 건강할 권리"다.[20] 기후 변화의 시대인 만큼 이는 특히 들어맞는 말이다. 산업농은 기후 변화의 원인 제공자인 온실가스 중 40%에 대해 책임이 있고, 화학 비료 집약적인 단일경작은 이상 기후에 더 취약하다.

2009년 가뭄이 인도 전역을 휩쓸었을 때, 나는 인도 내 다른 지역에 있는 나브다니야 농가의 농민들을 방문했다. 그들이 키우던 작물들은 가뭄의 피해를 입지 않았는데, 그들이 지역 환경에 적합한 씨앗을 쓰고 있었고 유기 퇴비 덕분에 그곳의 토양이 보수력을 지녔다는 것이 이유였다. 녹색 혁명을 좇아 화학 비료를 많이 쓰는 작물들이나 GMO Bt 면화를 재배하던 농가에선 흉작을 면치 못했는데, 씨앗도 토양도 가뭄에 취약하기 때문이었다.

토양이 기후 변화에 적응하려면, 다양한 작물의 유기 재배는 필

성적 빌딩 블록이기도 하다. 특정 식물이 체외로 발산한 이 물질은 주변 식물의 성장을 방해하는 역할을 하기도 한다.

수다. 건강한 토양을 지속시키는 것이야말로 대기에서 이산화탄소를 제거하는 가장 효과적인 방법이다. 유기 물질을 함유한 토양은 가뭄이나 또 다른 극단적 기후에서도 회복력이 더 좋다. 생물 다양성에 집중하는 시스템은(이 시스템은 사실상 광합성에 집중하는 시스템이다) 대기에서 이산화탄소를 빼내어 식물과 토양으로 보낸다. 석유가 아니라 토양이, 인류를 위해 미래를 지켜준다. 석유 기반의, 화석 연료 집약적이며 화학 물질 집약적인 산업농은 토양을 죽이는, 그리하여 우리의 미래를 끝장내는 프로세스를 가동시킨다.

사회 공동체들과 문명들의 운명이 토양을 다루는 방식과 긴밀한 관계에 있다는 사실을 역사는 여실히 보여준다. 우리는 반환의 법칙에 따라 토양과 관계를 맺고 있을까, 아니면 착취의 법칙에 따라 토양과 관계를 맺고 있을까? 반환의 법칙, 되돌려줌의 법칙은 사회 공동체들이 비옥한 토양을 만들고 유지하게 해주었고, 또 살아 있는 토양의 힘으로 사회 공동체들이 수천 년 동안 지탱되게 해주었다. 착취의 법칙, 되돌려줌 없이 가져감의 법칙은 문명들의 붕괴를 야기했다.

토양이 침식되고 악화되고 독성을 띠게 되고 콘크리트 아래 묻히고 생명력을 빼앗기게 되면서, 오늘날 전 세계의 사회 공동체들은 붕괴 직전에 이르게 되었다. 하지만 상황은 달라질 수 있다.

하워드는 거의 백 년 전에 이렇게 우리에게 경고했다.

우리는 우리의 현 문명을 전체로서 조망해야 하며, 지금 우리가 살고 있는 기계 시대를 창조한 호모 사피엔스의 활동이 매우 불안한 기반 위에 있다는 중대한 원리를 반드시 깨달아야 한다. 그 불안한 기반은 비옥한 토양 저장고를 약탈함으로써 확보되는 잉여 식량이며, 비옥한 토양 저장고는 우리의 것이 아니라 앞으로 올 미래 세대들의 것이다……그 어떤 세대에게도, 인류가 자신의 존속을 위해 의존해야만 하는 토양을 고갈시킬 권리는 없다.[21]

인도의 시인이자 철학자인 라빈드라나트 타고르Rabindranath Tagore는 우리에게 흙으로 돌아가라고, 대지와 평화로운 관계를 맺으라고 권유한다.[22]

> 우리 모두 흙으로 돌아가자
> 자기 옷의 귀퉁이를 스스로 세우고 있고
> 우리를 기다리고 있는 흙으로.
> 생명은 스스로 솟아난다, 그녀의 가슴으로부터
> 꽃은 피어난다, 그녀의 미소로부터
> 그녀가 부르는 소리는 지상에서 가장 감미로운 음악;
> 그녀의 무릎은 한 귀퉁이에서 다른 귀퉁이까지 뻗고,
> 그녀는 생명의 현을 조율하지.
> 지저귀는 그녀의 물은
> 영원으로부터 속삭이는 생명의 소리들을 불러내네.

3장

·

독과 살충제가 아니라
벌과 나비

해충 박멸은 농업 문제를 해결하는 것이 아니라
회피하는 것이다.
— 앨버트 하워드[1]

벌, 나비, 곤충, 새는 꽃에서 꽃으로 꽃가루를 옮겨 식물을 수정시키고, 그럼으로써 식물의 재생산을 가능케 한다. 이 꽃가루 매개자들이 없으면 대부분의 식물은 재생산을 할 수 없을 것이고, 식물이 재생산을 못하면 우리의 식량 공급도 위태로워질 것이다. 씨앗의 사이클은, 숲속 나무의 경우든 우리의 식량을 만들어내는 작물의 경우든, 수분受粉의 사이클에 의존한다.

생태학적 관점에서 보면, 다채롭고 풍요로운 생명들이 존재하는 생태계들은 우리를 부양하는 벌과 다른 꽃가루 매개자들을 그저 보호하기만 하는 것이 아니다. 그러한 생태계들은 또한 자연스러운 해충·천적 균형을 통해서 해충을 억제한다. 그 시스템들은 자연 내 천적을 풍부하게 유지시키는데, 이 천적들은 해충 수의 폭발적 증가를 방지한다. 반면, 산업형 단일경작은 해충을 위한 진수성찬을 만들어내는데, 해충 억제라는 생태적 기능을 제공하는 생물 다양성의 부재 탓이다.

산업[공업]적 지식·농업 패러다임에서 해충 억제는 전쟁과도 같은 일이다. 어느 해충 관리 교과서가 말하듯, "해충에 대한 전쟁은 인간이 스스로 생존을 확보하기 위해서 수행해야만 하는 지속전이다.

해충은 지구에서 살아가는 존재들 중에서 우리의 주된 경쟁자다".[2]

50년도 더 전에 레이철 카슨Rachel Carson은 미래 세대에게 주는 이른 경고인 《침묵의 봄 Silent Spring》을 썼다. 주위의 변화하는 세계에 대해 그녀는 의문을 품었다.

> 기이한 고요가 있었다. 예컨대 새들. 그들은 다 어디로 간 것일까? 어디에서나 보였던 새들 몇 마리가 마지막 숨을 쉬고 있었다. 그들은 격렬히 오들오들 떨었고 날지 못했다……농장에서 암탉들이 알을 품었지만 알에서 나온 병아리는 없었다……사과나무들은 꽃을 틔우고 있었지만 꽃들 사이에서 윙윙대는 벌은 없었고, 그리하여 수분은 일어나지 않았고 과일은 열리지 않을 터였다……봄이었지만, 소리 없는 봄이었다.[3]

지금은 하나의 아이콘이 된 카슨의 이 책은 화학 물질과 농약의 위험천만한 생태적 결과를 탐구한 것으로, 봄의 소리들을 앗아 가버리는 죽음의 화학 물질이 인류 또한 이 세계에 남겨놓지 않을 것이라고 경고했다. 오늘날 그녀의 경고는 어디에서나 볼 수 있는 현실이 되었고, 지금 우리의 푸드 시스템 어디에나 유독 물질이 발견된다.

지난 40년간, 우리는 급격한 살충제 사용량 증가를 목격해왔다. 그리고 그 살충제는 화학전에서 유래한 것이다. 살충제는 생태계와 꽃가루 매개자들만 유린하는 것이 아니라 인간의 건강도 유린한다. 또한 살충제 회사들은 흔히 제약 회사이자 종자 회사이기도 해서 그

화학 물질은 식물에게 안전한 '의약품'으로, 인류에게 식량을 제공해주는 것으로 시장에서 홍보되는데, 이는 비윤리적이다. 가난하고 무지한 농민들이 다수인 나라들에서 이 위험하고 파급력 강한 독소 덩어리를 물리치기란 언제나 어려운 일이었다. 더욱이, 농기업들이 엄청난 부를 창출하는 까닭에 정부 기관들은 인간과 자연에 유해한 살충제의 사용을 여전히 문제시하지 않고 있다. 해로운 것으로부터 사람들을 보호하는 것이 이들 기관의 임무임에도 말이다.

하지만 살충제는 해충을 억제하지 못한다. 오히려 해충을 '양산'한다. 살충제를 쓰면 해충이 더 증가하는데, 살충제로 작물에 이로운 생물들이 죽는데다, 시간이 지나면서 해충이 살충제에 대해 내성을 갖게 되기 때문이다. 농기업의 옹호자들은 최근 들어 해충들이 돌연 폭발적으로 증가해 이를 억제해야 한다고 주장해왔다. 하지만 사실상 살충제와 GMO(이것은 농약에 대한 대안으로 설계된 것이다)는 자연이 마련해놓은 해충 억제 시스템인 꽃가루 매개자들을 위태롭게 한다. 해충의 돌연한 증가는 한 생태계의 균형이 무너졌다는 증후다. 해충을 박멸하겠다고 더 많은 죽음의 물질을 끌어들여 불균형을 심화할 것이 아니라, 꽃가루 매개자들과 해충의 자연적 균형을 복구해야 한다. 그리하여 우리의 먹을거리가 가진 영양과 건강을, 우리네 생태계들 내의 지속 가능한 삶을 복구해야 한다.

***

1925년 12월 25일, BASF · 바이엘Bayer · 회흐스트Hoechst를 비롯한 당시의 화학 기업들의 합병으로 독일의 거대 화학 기업인 이게 파르벤IG Farben이 창립되었다. 1920년대와 1930년대에 이게 파르벤은 히틀러의 인종 박멸을 돕기 위해 치클론 B Zyklon B*를 테스트했다. 이게 파르벤은 또한 강제수용소들에서 죽음을 당한 홀로코스트 희생자들에게 신경가스를 사용했다. 또 다른 기업들도 신경가스 실험을 했는데, 뒤퐁DuPont, 셸Shell, 유니언 카바이드Union Carbide, 바젤 AG Basel AG(시바Ciba, 가이기Geigy, 산도스Sandoz), 아메리칸 시안아미드American Cyanamid, 론 풀렌Rhone-Poulene 등이다. 모두 오늘날 화학 물질, 유해생물억제제, 석유로 유명한 기업들이다. 이는 인류의 제노사이드에 탁월한 역량을 발휘했던 기업들이 전쟁 후 관심을 다른 데로 돌렸기 때문이다.

《침묵의 봄》 가운데 〈죽음의 묘약〉이라는 장에서 레이철 카슨은 어떻게 2차 세계대전 종식이 작물과 식량으로 유해생물억제제가 대량 유입되는 사태의 신호탄이 되었는지를 지적한다. 그녀는 이렇게 쓰고 있다. "화학전에 쓸 물질을 개발하는 과정에서, 실험실에서 탄생한 일부 화학 물질이 곤충에게 치명적인 것으로 밝혀졌다. 이 화학 물질들 중 일부는 죽음의 신경가스가 되었고, 그것들과 매우 유사한 구조를 지닌 다른 물질들은 유해생물억제제가 되었다."[4]

오늘날 전 세계에서 농업에 사용되는 유해생물억제제(농약)는

---

* 시안화물, 특히 청산가리를 이용해 만든 유해생물억제제다.

총 1,400종이다.[5] 여기에는 다섯 가지 범주가 있다. ① 원치 않는 잡초와 식물을 죽이는 데 쓰이는 제초제. ② 곤충과 다른 절지동물들을 죽이는 데 쓰이는 살충제. ③ 쥐와 다른 설치류를 죽이는 데 쓰이는 쥐약. ④ 균류를 박멸하는 데 쓰이는 살균제. ⑤ 연체동물을 죽이는 데 쓰이는 살연체동물제.[6]

이론적으로는, 이런 농약들은 오직 표적이 되는 유기체에 대해서만 효력을 내야 한다. 하지만 살포되는 농약 중 오직 1%만이 표적에 작용하고, 나머지 99%는 생태계 내부로 침투해 그곳의 모든 유기체들에게 효력을 미친다. 농약은 특정 유기체에만 반응하지 않고, 인간을 비롯해 표적으로 삼지 않은 수많은 유기체들에게도 독성을 발휘한다. 세계보건기구WHO의 1990년 보고서에는 이렇게 명시돼 있다. "농약에의 노출, 그리고 그것이 건강에 심각한 악영향을 미칠 가능성으로부터 안전하게 보호되는 인류 집단은 없다. 개발도상국과 각 국가 내 고위험 집단*의 부담이 더 크기는 하지만."[7]

농약은 살포될 뿐만 아니라, 현재 시중에서 판매되는 대부분의 씨앗 표면에 발라져 있다. 종자 코팅seed coating이란 비료, 영양 물질, 성장 촉진제, 화학 물질, 농약 같은 몇몇 물질을, '종자의 기능을 향상'하고 '종자의 질병'을 멈추게 할 목적에서 접착성 물질을 활용해 종자에 부착하는 기술이다. 하지만 종자의 질병은 농약을 기반으로 하는 단일경작법의 직접적인 결과물이다. 유해생물억제제라는 농약

---

* 특정 위험에 더 많이 노출되어 영향 받을 것으로 예상되는 집단을 말한다.

은 더 많은 유해 생물을 만들어내며, 유해 생물이 들끓는 작물의 종자는 질병을 옮긴다. 이때 농약 기업은 새로운 시장을 창출하게 된다. 작물 손실을 감소시키는 효과가 있다고 주장하면서 농약으로 종자를 코팅하는 것이다. 저절로 계속되는 악순환이다.[8] 현재 인도에서 상거래로 판매되는 종자는 전부 농약으로 코팅된 것들이다.[9] 미국의 경우, 전체 옥수수 씨앗 중 90%가 바이엘의 네오니코티노이드neonicotinoid*로 코팅되어 있는데, 이 농약은 벌들의 죽음과 깊은 관련이 있다.[10]

농약의 제조와 사용은 현재 계속 증가하고 있다. 새로운 화학 물질이 농약 시장에 정기적으로 유입되고 있고, 정부에 의한 농약 등재 및 통제 시스템은 큰 결함이 있을 뿐만 아니라 기업의 사적 이익에 따라 조정되기도 한다. 농약 사용량의 증가는 특히 남반구에서 확인되는데, 이곳에서는 농약 사용이 연간 5~7% 증가하고 있다. 농약은 오늘날 강, 지하수, 모유, 흙, 음식, 공기에서 두루 검출된다. 인간이 농약과 산업 오염물에 노출되는 핵심적인 경로는 다름 아닌 음식 섭취다. 우리 모두가 농약에 노출되어 있고, 우리의 체내로 이러한 해로운 화학 물질의 상당량을 옮겨놓고 있다. 매일 먹는 먹을거리를 통해서 우리의 체내로 들어오는 이러한 농약이 어떤 영향을 미치는지에 대해서는 아직 전모가 밝혀지지 않았지만, 연구들에 따르

---

* 줄여서 네오닉스neonics라고 부른다. 신경에 작용하는 살충제의 일종으로, 화학적 구성은 니코틴과 비슷하다.

면, 가장 해로운 결과는 체중보다 많은 양의 먹을거리를 소비하는 어린이들에게서 나타난다. 예컨대 인도의 유아들은 보통의 사람들보다 더 많은 양의 비소*에 노출되어 있는데, 그들이 비소 농축도가 더 높은 쌀을 더 많이 섭취하기 때문이다.[11] 농약은 우리의 음식 안에 독을 만들어낼 뿐만 아니라, 농약과 함께 일하는 사람들, 특히 농민들, 또는 농약 공장 인근 주민들의 건강을 심각하게 위협한다.

이게 파르벤이나 그와 유사한 다른 기업들은 유기인산염OPs**으로 분류되는 화학 물질인 사린sarin***과 타분tabun****을 개발하는 전문 기업이다.[12] 나치 강제수용소에서 신경가스로 사용되었던 것이 바로 유기인산염이다. 현재 시중에서 판매되는 농약들 대부분은 신경 독물이어서 신경계에 작용한다. 이는 이 농약들의 효력과 독물로서의 잠재성을 말해준다. 이 농약은 미량으로도 신경계를 파괴하며, 그리하여 만성적이거나 장기적인 신경정신 질환을 야기한다.[13] 유기인산염에의 노출은 메스꺼움, 구토, 두통, 복부 통증, 어지럼증, 피부병, 눈병, 사산, 선천적 장애 같은 중병을 야기할 수 있다.[14] 이게 파르벤은 홀로코스트 과정에서 일정 부분 역할을 한 것 때문에 2차 세계대전 후 뉘른베르크 재판에 회부되었다. 그러나 농약을 기반으로 한

---

* 원자 번호 33. 농약 원료 중 하나다.

** organophosphate. phosphate ester라고도 한다. 인산phosphoric acid의 에스테르ester를 통칭하는 용어다. 유기인산염은 제초제, 살충제, 신경가스의 주원료다.

*** 동물의 신경계를 교란하는 신경가스로, 화학전에 쓰이는 무색무취의 유기인산액이다.

**** 이 역시 신경가스다.

보다 최근의 제노사이드 확산에 대한 이게 파르벤의 역할에 대해서는 충분히 조사된 바가 없다.

1984년 12월, 많은 사람들에게서 세계 최악의 산업 재해로 간주되는 사건이 인도 보팔에 위치한 유니언 카바이드 사 소유의(지금은 다우가 소유) 농약 공장에서 발생했다.[15] 보팔 가스 대참사라고 불리는 가스 누출 사고가 발생해 하룻밤 사이에 3,000명이 사망했고, 그 뒤 3만 명 이상의 추가 사망자가 나왔다. 40분간 진행된 이 유출 사고로 인간뿐만 아니라 셀 수 없이 많은 동물들과 다른 생명체들도 희생되었다. 농약은 가는 곳마다 거기 있는 모든 것을 잔인하게 살해한다는 사실을 알려주는 극명한 사례가 아닐 수 없다. 농약 공장에서 나온 가스는 식수와 토양을 오염시켰고, 그 뒤 200명의 여성이 사산하고 400명의 아기가 태어난 지 며칠 만에 죽었다. 공식 집계에 따르면, 1만 명이 영구적인 장애를 입었고 3만 명이 부분 장애를 입었으며, 15만 명이 경미한 손상으로 고통을 겪었다.[16]

보팔 가스 대참사의 희생자들은 30년간 다우Dow를 상대로 소송을 벌였음에도 정의의 수혜자가 되지 못하고 있다. 오히려 다우는 정의를 요구하는 비폭력 시위를 했다는 이유로 활동가들을 계속해서 고소해왔다. 한편, 다우는 자사의 화학제품들을 전 세계로 확산시키고 있다. 제초제에 대한 내성을 지닌 GMO이자 업그레이드된 제초제인 새로운 '에이전트 오렌지Agent Orange'*(베트남전에서 영국과

---

* 제초제, 고엽제의 하나다. 베트남전 때 미군은 '오퍼레이션 렌치 핸드'라는 작전을 수행했는데,

미국의 군대가 살포했던 제초제의 이름을 땄다)는 다우가 개발한 제품으로, 미국 의약협회는 이것이 연조직 육종soft-tissue sarcoma, 비호지킨 림프종non-Hodgkin's lymphoma, 만성 림프구 백혈병chronic lymphocytic leukemia, 호지킨 병Hodgkin's disease, 염소좌창chloracne 같은 질병을 야기한다고 발표했다.[17]

농업과 식량에 사용되는 농약은 농장에서 일하는 사람들, 소비자들, 어린이들, 나비들과 벌들 역시 죽인다. 나브다니야 보고서 〈우리 음식 안의 독〉은, 암과 같은 질병의 유행과 농업에 쓰이는 농약 사이에는 분명한 관련이 있음을 보여준다. 소위 녹색 혁명의 땅이자 농약이 매일 대량 사용되는 곳인 펀자브 지역은 암 발생률이 터무니없이 높다. 펀자브에서는 '암 기차'라고 불리는 기차가 매일 암 환자들을 싣고서 무료 치료를 위해 라자스탄으로 떠난다.

음식물 속에 들어 있는 독은 그 무시무시한 효력을 멀리까지 미친다. 매년 거의 70만 명의 인도인이 암으로 사망하는가 하면, 100만 명 이상이 매년 이런저런 병에 걸렸다는 진단을 받고 있다.[18] 전 세계적으로는 2012년에 830만 명이 암으로 사망했고,[19] WHO는 농약의 독으로 인한 전 세계의 연간 사망자 수가 22만 2,000명이라고 보고하고 있다.[20] 1960년에 미국에서는 20명 중 한 명이 암에 걸렸다. 이

이는 에이전트 오렌지라는 이름의 제초제·고엽제로 베트남 국토 내의 식물들을 죽이는 작전이었다. 이 작전을 수행하는 과정에서 400만 명에 이르는 베트남인이 이 제초제·고엽제에 노출되었고, 현재 약 100만 명이 말초신경장애 등 후유증으로 고통 받고 있다고 전해진다.

수치는 1995년 무렵엔 8명 중 한 명으로 치솟았는데, 원인은 농약 사용량의 증가였다.[21]

스리랑카의 한 연구는 글리포세이트glyphosate(몬산토의 '라운드 업 레디Roundup Ready'라는 브랜드 작물에 사용) 사용량 증가와 신장병 간의 연관성을 밝혀냈는데, 지난 20년간 스리랑카에서 신장병으로 고통을 겪은 사람이 40만 명, 목숨을 잃은 사람이 2만 명이었다.[22] 미국 질병통제예방센터CDC에 따르면 미국에서는 2년 새에 자폐증이 아동 85명당 한 명에서 아동 68명당 한 명으로 35% 증가했다. CDC 는 그 원인이 환경적인 것이라고 말하는데, 그중에서도 글리포세이트와 GMO의 사용량 증가가 가장 중요한 환경 변화다.[23]

세계 곳곳에서 누적되고 있는 통계 수치는, 푸드 시스템 내에서 점점 늘어만 가는 유독 물질들로 인한 위험하고 치명적인 비용을 더는 무시해서는 안 된다는 점을 지적해준다. 기업들은 이러한 데이터를 반박하는 전략을 세워, 농약과 GMO의 유해함을 밝히는 과학자들을 입막음하고 공격하고 희생시키려 한다. 영국의 아파드 푸즈타이Arpad Pusztai, 프랑스의 질 에리크 세랄리니Gilles-Éric Séralini, 미국 UC 버클리의 타이론 헤이스Tyrone Hayes, 사우스캐롤라이나 대학의 비키 밴스Vicki Vance 등이 그러한 사례다. 나는 이것을 '지식 테러리즘'이라고 불러왔다.

***

표적으로 삼은 '유해 생물'에 실제로 작용하는 유해생물억제제가 전체의 1%뿐임을 감안하면, 익충과 꽃가루 매개자들에게 미치는 유해생물억제제의 악영향은 어마어마하다. 꽃가루 매개자들은 우리의 식량 안보와 농업 경제에 중차대한 기여를 하는 존재들이다.

예컨대 꿀벌들은 세계 식량 공급의 90%를 책임지는 가장 보편적인 100개 작물 가운데 71개 작물의 꽃가루를 매개한다. 전 세계적으로, 벌이 작물 생산에 기여하는 바는 2,000억 달러(약 200조 원) 가치를 지니는 것으로 추산된다.[24] 전 세계 식량의 4분의 1이 꽃가루 매개자들의 생태적 기여를 통해서 생산된다.[25] 미국의 경우, 곤충에 의해 수분을 하는 작물의 가치는 200억 달러(약 20조 원) 규모에 달한다.[26] 그러나 식량 생산에 꼭 필요한 존재들인 벌과 나비가 산업농의 기반인 유독 물질들에 의해 죽어나가고 있다.

1985년부터 1997년까지 미국 농지 내에 사는 꿀벌 집단의 수가 약 57% 감소했는데, 이러한 변화의 주된 책임은 농약에 있었다. 농약에 노출되면 꿀벌의 면역 체계가 약해지고, 결국 꿀벌은 천적들에게 더욱 취약해진다. 농약에 노출되면 꿀벌의 번식과 진화 역시 교란되기 쉽다. 꽃가루 매개자들은 농민들에게 제공되는 자연의 필수 서비스이며, 이들이 존재하지 않는다면 우리의 식량 안보 자체가 위태로워진다.[27]

미국의 과학자 폴 드바흐Paul DeBach는 이렇게 쓰고 있다.

화학 물질을 통한 유해 생물 억제라는 원칙은 최대한 많은 죽음을 성취하는 것이었고, 실험실에서 진행되는 새로운 화학 물질에 대한 초반 검사에서 주요 기준은 바로 치사율이었다. 가능한 한 많이 죽인다는 이러한 목표는, 죽이지 않아도 되는 곤충과 진드기에 대한 무시나 경시와 결합되어, 화학 물질에 노출된 생명체의 재기를 교란하고 농약에 대한 내성을 키우는 확실한 지름길이 되고 있다.[28]

농화학 기업으로 변신한 수많은 대규모 전쟁 기업들은 유전공학을 통해서 종자 기업들이 되었다. 이러한 기업들 중 미국에 본사를 둔 몬산토는 세계 특허 종자 시장의 23%를 점유하고 있는 독점 기업이다.[29] GM 작물이 흔하디흔한 미국에서 80%의 옥수수와 93%의 콩은 몬산토가 특허권을 가지고 있는 GM 종자로 재배된 것들이다. 몬산토 작물을 재배하는 데 쓰이는 땅은 전 세계적으로 2억 8,200만 에이커에 이른다(1996년엔 300만 에이커였다).[30]

유전공학은 농약에 대한 하나의 대안으로 제시되었다. 그러나 GM 작물은 지배의 법칙과 군사주의적 패러다임이 활성화하는 대對 자연 전쟁이라는 동일한 논리의 결과물이다. GMO는 식물 속에 독성을 생산하는 유전자가 들어가 있는 경우로, 사실상 GMO는 농약을 스스로 생산하는 식물이 된다. 농약이 유해 생물을 억제하기보다는 양산하는 것과 마찬가지로, 농약을 스스로 생산하는 식물인 GMO 역시 유해 생물을 억제하기보다는 늘린다. 새로운 유해 생물이 출현하는가 하면 옛 유해 생물들은 저항력을 갖게 된다. 그 결과, 농약 사용량은 증가할 수밖에 없다.

GMO는 유해 생물과 잡초를 억제하지 못하고 있다. 되레 슈퍼 유해 생물과 슈퍼 잡초를 양산했다. 유전자 변형 작물의 상업화가 진행된 20년간, 오직 두 가지 특징만이 주목할 만한 수준으로 상업화되었다. 바로 제초제 내성과 곤충 저항력이다. 제초제에 대해 내성이 있는 작물(몬산토의 제품명은 '라운드업 레디')은 잡초를 억제하는 역할을 하도록 되어 있었다. 또 Bt* 작물에는 유해 생물을 억제하는 역할이 주어졌다. 2013년 '푸드 앤드 워터 워치Food and Water Watch'** 는 몬산토의 이윤 중 27%가 라운드업 레디용 제초제 판매에서 나왔다고 밝혔다.[31] 그러나 이 GM 작물들은 잡초와 유해 생물을 억제하지는 못하고 되레 슈퍼 잡초와 슈퍼 유해 생물의 출현을 야기했다. 미국에서 라운드업 레디 작물들은 라운드업에 대한 내성이 생긴 잡초들을 만들어냈다. 현재 약 1,500만 에이커의 땅이 슈퍼 잡초의 영역이 되었고, 이 잡초들을 제거하기 위해 농민들은 몬산토에서 1에이커당 12달러를 지급받고 있다. 에이전트 오렌지 같은 보다 강력한 제초제를 뿌리기 위해서이다.

라운드업 레디 옥수수·콩 같은 제초제 내성 식물들은 글리포세이트 사용 증가를 야기했는데, 글리포세이트는 주변 식물들을 모두 죽인다. 그런 주변 식물 중에는 밀크위드milkweed도 있는데, 제왕나

---

* 바실루스 투린지엔시스Bacillus thuringiensis라는 토양 박테리아가 지닌 유전자로, 이 유전자가 만드는 단백질은 곤충의 소화기 내에서 독소로 작용해 곤충을 죽게 한다.
** 미국 워싱턴 시에서 활동하는 비정부기구로, 식량·물과 관련된 기업 및 정부의 책임에 대해 살피는 일을 주로 한다.

비는 오로지 이 식물에만 산란한다. 제왕나비는 작물들에 불가결한 꽃가루 매개자이자 지구상에서 가장 아름다운 나비의 한 종류다. 라운드업 레디가 90%까지 증가했을 때 밀크위드는 60%로 감소했고, 미국을 통과해 멕시코로 이동하는 제왕나비의 숫자 또한 1997년에 10억 마리이던 것이 사상 최저치인 3,350만 마리로 감소했다.[32]

인도의 경우, 볼가드Bollgard라는 제품명으로 판매되는 Bt 면화는 목화씨벌레bollworm를 억제하는 기능을 지녔다. 오늘날 목화씨벌레는 Bt 면화에 대해 내성을 갖게 되었고, 그래서 현재 몬산토는 두 가지 독성 유전자가 추가된 볼가드 II를 판매하고 있다. 나브다니야와 '과학·기술·생태학 연구재단Research Foundation for Science, Technology and Ecology'이 2008년에 수행한 현장 연구에 따르면, 마하라슈트라 주에 있는 비다르바에서는 Bt 면화가 도입된 후 농약 사용량이 13배 증가했다. 또한 최근의 한 연구는, Bt 면화의 경우 다른 작물보다 농약 지출비가 더 크다고 밝히고 있다.[33]

이런 통계는 인도만의 것이 아니다. 찰스 벤브룩Charles Benbrook의 연구에 따르면, 제초제 내성 작물 개발 기술로 인해 미국 내 제초제 사용량은 1996년에서 2011년 사이의 기간에 2억 3,900만 킬로그램 증가했다. 한편 Bt 작물들은 대체로 살충제 사용량을 5,600만 킬로그램 감소시켰다. 하지만 전체적으로는 농약 사용량이 약 1억 8,300만 킬로그램 또는 7% 증가했음을 의미한다. 더욱이 살충제 사용량 감소는 모든 작물에 해당하는 이야기가 아니다. Bt 옥수수는 화학 물질 사용량에 그다지 영향을 미치지 않았지만, Bt 면화가 널리

재배되는 앨라배마 주에서는 살충제 사용량이 1997년에서 2008년 사이에 2배 증가했다.[34]

게다가 같은 연구 보고서는, 2008년에 GM 작물들을 재배한 농지에는 다른 전통 작물들을 재배한 농지에 비해 1에이커당 26% 더 많은 양의 농약이 필요했음을 알아냈고, 글리포세이트에 대해 내성이 있는 잡초의 번성 탓에 이러한 경향이 지속될 것이라고 전망했다.[35] 글리포세이트에 대해 내성이 있는 잡초가 발흥하면 또 다른, 보통은 더 독성이 강한 제초제들을 동원해 이 잡초들과 싸우지 않을 수 없었다. 2010년 미국 농무부의 농약 데이터는 이러한 경향을 확인해준다.[36] 이 데이터는 글리포세이트 사용량의 급증이 보다 독성이 강한 또 다른 제초제 사용의 증가 또는 유지 현상과 함께 일어난다는 사실을 보여준다.

중국에서는 1997년 Bt 면화를 도입한 이래, 그 전에는 농민들에게 거의 문제가 되지 않았던 장님노린재들이 12배나 증가했다. 2008년 《바이오테크놀로지 국제 저널*International Journal of Biotechnology*》에 발표된 한 연구에 따르면, Bt 면화를 심어서 얻은 금전적 이득은 표적이 아닌 생물과 싸우는 데 필요한 제초제의 사용량 증가가 갉아먹었다.[37]

아르헨티나에서는 1999년 라운드업 레디 콩이 도입된 뒤 제초제 사용량이 2006년까지 3배 이상 증가했다. 라운드업 레디 콩을 재배하는 이들은 일반 콩을 재배하는 이들보다 제초제를 2배 이상 더 많이 사용하며, 2007년엔 글리포세이트에 대해 내성을 지닌 존슨그래스Johnsongrass(지구에서 가장 질이 나쁘고 다루기 힘든 잡초 중 하나로 여겨진다)가 12만 헥타르 이상의 주요 농지에서 발견되었는데, 이는 글리포세이트 사용량 증가에 따른 결과였다. 또한 내성을 지닌 잡초를 억제하기 위해서는 농민 한 사람당 매년 25리터의 제초제가 추가적으로 더 필요할 것으로 추산된다.[38] 아르헨티나의 'GM 벨트'라 알려진 지역 전체에서 시민들이 암, 선천적 장애 등 증대하는 건강 위험을 호소하는데, 이런 위험들은 농화학 물질의 공격적 살포와 관련이 있다.[39]

브라질은 2008년 이래 지금까지 세계에서 가장 농약을 많이 사용하는 나라였는데, 브라질에 심어진 줄뿌림 작물들 중 45%가 바로 GM 작물이다. 이 비율은 계속 증가할 것으로 예측된다.[40]

미국 내 농약 사용을 연구한 벤브룩의 연구는 이렇게 결론을 내리고 있다.

오늘날의 유전자 변형 작물들이 제초제 사용량을 줄여왔고 줄이고 있다는 흔히 되풀이되는 주장과는 정반대로, (제초제 내성 작물 관리 시스템에서는) 글리포세이트에 대한 내성을 갖춘 잡초의 보급은 제초제 사용량의 심대한 증대를 야기해왔다……제초제에 이미 내성을 갖게 된 농지에 살포되는 제초제의 양이 엄청나게 증가하면서, 지난 16년간의 Bt 작물용 살충제의 감소는 무색해졌고, 앞으로도 이 사태는 지속될 것으로 보인다.[41]

GMO가 화학 물질 사용 수준을 낮출 것이라는 주장이 있지만, 실상은 절대로 그렇지 않다. 이는 실로 걱정스러운 일인데, 두 가지 이유에서다. 하나는, 이러한 화학 물질이 생태계와 사람들에게 끼칠 악영향 때문이다. 또 하나는, 화학 물질 사용량 증가로 유해 생물과 잡초가 내성을 갖게 됨에 따라 이들을 관리하는 데 더 많은 화학 물질이 필요하게 될 위험이 있기 때문이다.

이것은 식량 생산이 아니다. 이것은 전쟁이다.

***

농화학 기업인 신젠타Syngenta*의 CEO 마이크 맥Mike Mack은 세계경제포럼에서 GMO 사용을 옹호한 바 있다. 그는 이렇게 말했다. "자연 농업이란 거의 존재한 적이 없습니다……농업은 1만 년간 지속되어왔는데 농업 활동 중 많은 부분이 어떤 식으로든 농장에서 유해 생물을 떼어놓으려는 것이었죠."[42]

그러나 유해 생물과의 전쟁은 필요하지도, 효과적이지도 않다. 유해 생물은 농업 생태계 내의 다양한 요소들이 생태적 균형을 이루고 있을 때에만 억제되며, 유해 생물 문제를 처리하는 과제에 최고로 도움이 되는 친구는 다름 아닌 생물 다양성이다. 두 가지 차원에서 그러하다.

---

* 스위스에 기반을 둔 농화학·바이오테크 기업. 세계 1위의 작물용 화학제품 생산 기업이다.

첫째, 다양성에 기반을 둔 농업 생태계에서는 유해 생물이 나타나지 않는다. 왜냐하면 생태 농법이 적용되는 농업 생태계에서는 그 어떤 곤충이나 잡초도 '유해 생물'이 아니기 때문이다. 생물 다양성을 통한 생태적 균형이 최고의 유해 생물 억제 메커니즘이며, 무당벌레·딱정벌레·병대벌레·거미·말벌·사마귀 같은 익충들 모두가 이 억제 작용에 기여한다.

생물 다양성은 '푸시-풀 시스템push-pull system' 같은 일괄적 유해 생물 억제 시스템을 가능하게 해준다. 어떤 작물은 유해 생물을 끌어들이고pull, 또 어떤 작물은 그 생물을 밖으로 밀어내는push 시스템 말이다. 이러한 농업 기술은 동아프리카의 수많은 농민들이 사용하는 것으로, 이들은 은백색 잎을 지닌 도둑놈의갈고리(꼴로 쓰이는 콩과 작물)를 옥수수, 내피어 그래스napier grass(야생 부들), 수단 그래스Sudan grass와 섞어서 재배한다. 이 콩과 작물에서 나는 향기는 옥수수 줄기좀벌레 같은 유해 생물을 물리치는 반면, 내피어 그래스와 수단 그래스에서 나는 냄새는 이 줄기좀벌레를 끌어들여 (옥수수가 아니라) 자기들 내부에 알을 낳도록 유도한다. 그런 뒤에 이번에는 내피어 그래스가 이 줄기좀벌레의 유충들을 덮치는 진득진득한 물질을 분비하며, 이 때문에 줄기좀벌레들이 알에서 깨어나도 극소수만이 성충으로 자라게 된다. 이런 식으로 이들은 줄기좀벌레의 수를 줄인다.[43]

전 세계 수많은 나라들은 생물 다양성에 기초한 일괄적 유해 생물 억제 시스템을 채택하고 있다. 인도네시아에서는 유엔 식량농업

기구FAO와 정부가 공동으로 농민 현장 학교를 만들어 일괄적 유해 생물 관리법을 가르쳤는데, 이는 생물 다양성을 통해서 농약 의존도를 줄인 가장 성공적인 사례의 하나로 평가된다.[44] 인도에서는 안드라프라데시 주정부가 농약 없는 농업을 활성화하는 데 앞장서고 있는데, 농민들의 수확량은 증가하고 비용은 감소했다.[45]

생물 다양성의 두 번째 혜택은, 유해 생물이 폭발적으로 번식하게 되면 생물 다양성 자체가 유해 생물을 억제하는 식물과 같은 생태적 대안을 제공한다는 것이다. 인도에 고유한 나무인 님neem(학명 Azadirachta indica)이 한 가지 사례로, 이 나무는 유해 생물 억제라는 효용 탓에 전 세계에 보급되었다. 1985년 보팔 가스 참극이 있던 해에 나는 "보팔은 이제 그만, 님을 심자"라는 슬로건으로 캠페인을 시작했다. 10년 뒤, 나는 미국 농무부와 W. R. 그레이스(보스턴 외곽의 지하수를 오염시켰다는 혐의를 받은 화학 기업인데, 이 지하수 오염으로 암이 급속도로 퍼졌으며, 이 사태는 《시빌 액션A Civil Action》이라는 책과 영화로 다루어졌다)가 님 사용에 대한 특허권을 취득했음을 알게 되었다. 나는 유럽연합 의회의 녹색당 의원인 마흐다 아엘부트Magda Aelvoet, 국제 유기농업운동재단의 대표인 린다 불러드Linda Bullard와 함께 님에 관한 생물 해적 행위를 고발하는 소송을 제기했다. 소송은 11년 동안이나 지속되었지만 끝내 우리는 특허권을 무효화했고, 유해 생물을 억제하는 자연력인 님에 대한 사용권은 자연과 농민에게 남게 되었다. 다양한 생물이 공존하는 생태계에서는 안전하고 효과적으로 유해 생물을 억제해주는 몇몇 식물들이 충분히 번성할 수 있다. 이런 식물류로는 님, 다이칸dhaikan(학명 Melia azedarach), 누르군디nurgundi(학명 Vitex negundo), 샤리파sharifa(학명 Annona squamosa), 폰감pongam 또는 카란지karanj(학명 Pongamia pinnata), 마늘(학명 Allium sativum), 담배(학명 Nicotiana tabacum)가 있다.

전 세계 곳곳에서 사람들은 산업농 시스템의 농약과 독물 사용에 반대하는 투쟁을 벌이고 있다. 미국 양봉인들은 화학 기업인 바이엘을 고소한 바 있다. 유채 씨앗에 바이엘 농약을 살포한 결과 수없이 많은 봉군蜂群이 소실되었기 때문이다. 1999년에 프랑스 정부는 다양한 곤충을 죽이는 살충제인 가우초Gaucho의 반입을 금지했는데, 벌과 인간을 비롯한 다른 생명체에 대한 독성 때문이었다.[46]

2013년 4월 29일, 유럽연합은 네오니코티노이드Neonicotinoid의 사용을 금지했는데, 벌을 보호하기 위해서였다. 네오니코티노이드는 전쟁 병기를 뜻하는 제품명들로(헬릭스Helix, 크루저Cruiser, 플래그십Flagship, 혼초Honcho) 시판된다. 유럽에서 네오니코티노이드는 80억 유로 규모의 농약 시장의 16%를 점유하고 있으며, 5억 3,500만 유로 규모의 종자 소독seed treatment 시장의 77%를 점유하고 있다.[47] 당시 유럽 위원회 보건위원장이었던 토니오 보그Tonio Borg는 그 기념비적인 금지가 2013년 12월부터 시행될 수 있도록 준비하고 있다고 말했다. "저는 우리의 생태계에 너무나도 소중한 존재, 유럽의 농업에 연간 220억 유로 이상을 가져다주는 존재인 우리의 벌들을 보호하는 데 최선을 다할 것을 맹세합니다."[48] 그러나 바이엘은 이러한 결정이 실행으로 이어지지 못하게 막았고, 오히려 농약 사용 금지를 시도했다는 이유로 2013년에 유럽 위원회를 고소했다.

2014년 5월 6일, 중국 정부는 자국의 군인들에게 더 이상 GMO 작물·푸드·오일을 제공하지 않을 것이라고 발표했다. 후베이湖北 성 샹양襄陽 시의 곡물 부서 웹사이트에는 "현재 중국 내 GMO 작물과 오일 제품의 안전성은 확인되지 않은 상태이며, 이 나라에 거주하는 군인들의 건강을 책임지기 위해서" GMO 푸드가 금지될 것이라고 적혀 있다.[49] 더욱 의미심장한 일은 2014년 4월 러시아가 GMO 제품의 자국 내 수입을 일체 금지한 것인데, 이 조치를 취하면서 드미트리 메드베데프 총리는 이렇게 말했다. "미국인들이 GMO 제품을 먹고 싶어 한다면 먹으라고 하자. 우리에겐 그런 것이 필요 없다. 우리에겐 유기농 푸드를 생산할 충분한 공간과 기회가 있다."[50]

화학 물질 없는, 농약 없는, GMO 없는 농업을 지향하는 유기농 운동이나 기후 변화를 극복하려는 환경 운동이나 모두, 유독 물질 없는 세계를 만들어내려고 노력하고 있다. 유독 물질을 보급하라는 요구는 자연의 작동 방식을 고려하라는 생태적 요구도, 경제 번영을 만들어내라는 사회경제적 요구도 아니다. 그보다는 기업들의 이윤을 창출하라는 요구일 뿐이다. 그것도 전쟁 중 개발된 유독 물질 덕에 성장할 수 있었던 기업들의 이윤을. 이 기업들은 곧이어 이윤에 중독되었고, 유독 물질이 유해 생물을 억제하는 데, 나아가 이 세계를 부양하는 데 불가결한 것처럼 보이게 만드는 군사주의적 사고방식과 지식 패러다임에 중독되었다.

그러나 우리가 살펴보았듯이, 가능할 뿐만 아니라 성공적이기까지 한 무독성 농업의 길도 있다. 유독 물질의 사이클로부터의 해방은 인간의 건강과 지구의 생물 다양성(둘 다 농약과 농약 공장에 위협받고 있다)을 보호하는 데 긴요하다. 생물 다양성과 생태 과정들이야말로 유해 생물을 억제하는 가장 세련되고 입증된 접근 방식이다. 모든 생물 종을 멸절해야 하는 적으로 간주하는 군사주의적 사고방식을 벗어나, 인류를 지구 가족Earth Family의 일원으로 보고 꽃가루 매개자들과 익충들을 먹이 그물 내의 공동 생산자로 인정하는 세계관으로 패러다임을 전환할 때다.

전쟁 군수 물자 War Arsenal*

갑자기 덤벼들다, 걸출한, 격분, 결정타, 경계, 고수확 킬잘Hi-Yield Killzall
(제초제 이름), 교란, 군대, 군도軍刀, 극단의, 기간 요원, 난폭 행위, 단언,
당국, 대혼돈, 동맹, 듀얼 매그넘(쌍권총), 라운드업, 마체테(벌채용 칼),
매복, 맹금, 먹이를 찾아 배회하다, 목표, 무기고, 발포, 방아쇠, 복수, 봉
쇄, 브라보, 비셉2BICEP2**, 비행중대, 사관학교 생도, 사령부, 사이클론,
살상용 해머, 성취, 소방대, 심사위원, 싸움질, 아포칼립스(묵시적 종말),
연발사격, 엽총, 영토, 올가미, 왕위, 우두머리 집행인, 의장대, 일제사격,
임팩트, 전광석화, 점화, 정복하다, 종렬비행편대, 챔피언, 체포, 총기 소
유 범죄자, 총탄, 코브라, 퀵 킬Quick Kill***, 탄약, 토털 킬Total Kill(제초제
이름), 펜타곤, 포악한, 폭주, 항복, 행동 개시, 화재 폭풍, 회전식연발권
총, 41 보병연대

출처: Vandana Shiva, *Staying Alive*(New Delhi: Kali Unlimited, 2010); Joni
Seager, *Carson's Silent Spring*(New York: Bloomsbury, 2014).

---

* 전쟁용 군수 물자를 지칭하는 단어들, 군사적 행동과 관련된 단어들, 군사주의적 사고방식이 깃
들어 있는 단어들의 모음. 원서의 abc순 열거를 여기서는 가나다순으로 바꾸었다.
** 우주 배경 복사의 편광 현상polarization of CMB을 측정하는 실험 과정.
*** 미국 군대에서 사용된 능동 방어 시스템의 하나.

4장

독성 어린
단일경작이 아니라
생물 다양성

이제까지 7,000종이 넘는 생물들이 인류를 먹여 살려왔다. 이는 지구 내 생물 다양성의 정도를 알려주는 놀랄 만한 지표다. 다양한 생물이 참여하는 농업 생태계에서는 수없이 많은 곤충들이 우리가 키우는 작물의 수분을 담당하고 우리에게 먹을거리를 제공해준다. 익충들은 자연의 해충/포식자 균형을 유지시키며 해충을 억제한다. 곤충보다도 수가 더 많은 토양 내 유기체들은 토양의 생명과 비옥함을 만들어낸다. 풍부하고 건강한 먹을거리를 제공하는 것은 비옥하고 건강한 토양이다. 여러 생물이 참여하는 농장이나 생태계나 지구에서 먹이 그물은 곧 생명의 그물이다.

하지만 오늘날엔 단 30종의 작물이 인류의 식단에서 90%의 칼로리를 제공하고 있다. 또한 겨우 3종의 작물(쌀, 밀, 옥수수)이 칼로리 섭취의 50% 이상을 담당하고 있다. '식량과 농업을 위한 세계 식물 유전자원 상태State of the World's Plant Genetic Resources for Food and Agriculture'에 따르면, 20세기 초 미국에서 기록되었던 7,098종의 사과 가운데 96%가 사라져버렸다. 또한 양배추 종류의 95%, 필드 메이즈field maize(옥수수) 종류의 91%, 완두콩 종류의 94%, 토마토 종류의 81%가 사라졌다. 멕시코에서는 1930년에 보고된 모든 옥수수

종자 중 겨우 20%만이 오늘날 남아 있다.[1]

우리의 식탁과 대지에서 생물 다양성이 사라지는 것은 산업농 시스템들이 단일경작을 장려하기 때문이다. 단일경작의 기초는 단일 품종의 단일 작물 재배로, 이 품종은 외부에서 살포되는 화학 물질이나 유독 물질에 반응하도록 길러진다.

생물 다양성의 급속한 붕괴는, 농지를 식량 생산의 그물, 생명의 그물로 인식하지 않고 상품 생산을 위한 공장으로 인식하는 푸드 시스템 아래서 일어났다. 이 공장들은, 한때 전쟁을 위해 고안되었고, 수천 년간 우리의 지구에서 번성해온 다양한 생물 종들을 파괴하고 있는 화학 물질에 의존해 운영된다. 생물 다양성이 생태계들의 안정성과 생태학적 기능들을 강화하는 반면, 유기체 집단·종·유전자의 감소는 전체 유기체 군집들의 효율성과 회복력을 약화시킨다.[2]

전 세계적으로 생물 다양성의 소실을 야기한 힘은 세 가지로, 모두 기업들의 종자 통제와 관련 있다. 첫 번째 힘은 대기업들의 종자 시장 진입으로, 이로 인해 농민과 더불어 진화해온 지역의 다양한 종자들은 기업들이 개발·판매하는 획일적 상업용 하이브리드, GMO들로 대체되었다. 과거에 우리가 모양이 제각각인, 영양 풍부한 제철 과일들을 먹었다면, 지금 우리는 특정한 품종들만을 일 년 내내 먹고 있다. 두 번째는 세계화가 야기한 장거리 무역이다. 과일의 다양성은 지역 기반의, 집중화되지 않은 시스템에서는 자연스러운 현상이다. 하지만 글로벌 산업농 시스템에서는 과일의 신선함과 말랑말랑함이 딱딱함으로 대체되는데, 그래야 장거리를 이동할 수 있기 때문이다. 오늘날 우리는 과일이 아니라 돌덩이를 재배하고 있는 셈이다. 세 번째는 식품 산업계의 가공 행위로, 맥도널드나 펩시 콜라 같은 기업에 의해 영양 풍부한 지역 먹을거리가 정크 푸드 상품으로 대체되었다. 이러한 현상은 재배되는 작물의 성격도 바꾸고 말았다. 예컨대 액즙이 풍부한 맛있는 토마토는 사라지고 그 대신에 딱딱하고 맛없는 토마토가 재배되는데, 토마토케첩 제조에는 후자의 토마토가 필요하기 때문이다. 오늘날 모든 요리법은 영영 소멸되기 전에 문화유산으로 인정받아야 마땅하다.

생물 다양성, 음식 다양성, 문화 다양성은 서로서로 연결되어 있다. 인도 중심부에 살고 있는 부족민들은 '오리자 사티바oryzia'라는 이름의 한 야생초에서 20만 종의 쌀을 진화시켰다. 쌀은 이들의 생명이고 식량이고 문화인 것이다. 나는 한 해의 농사의 시작을 기념하는 축제인 아크티Akti에 참가한 적이 있는데, 이 축제에서 이들은 자신들이 키우는 다양한 품종의 쌀을 가져와 함께 음식을 지어서 먹고, 그 뒤에는 농지에 볍씨를 뿌린다. 멕시코는 어떤가? 수천 년 전 멕시코 농민들은 야생초의 한 종인 테오신테teosinte를 길들여 수많은 옥수수 품종으로 진화시켰다. 멕시코 사람들은 한마디로 옥수수 민족이다. 즉, 옥수수는 멕시코인의 정체성이자 식량이고 문화인 것이다.

생물 다양성을 침식해온 기업의 종자 독점은 획일성과 단일경작을 기본으로 하는 생산 패러다임의 결과물이다. 나는 이 패러다임을 '정신의 획일화Monocultures of the Mind'라고 불러왔다. 세계를 이해하는 데는 복수의 다양한 지식 체계들이 필요함에도, 이 정신의 획일화는 세계에 대한 단 하나의 앎의 방식, 즉 환원주의적이고 기계론적인 앎의 방식을 강요한다. 그 다양한 지식 체계에는 자연을 동반자 삼은 노동과 경험과 실천에서 나온 지식과 전문 기술이 포함된다. 즉, 여성들과 노동자들의 지식, 농민들의 지식이 포함되는 것이다. 이러한 지식 체계는 본래 복수이고 또 다양하다. 그러나 상품화될 수 있고 특허권의 대상이 될 수 있는 식량과 작물을 키우는 단일경작이 생태적 생물 다양성을 대체하게 되면서, 그리고 정크 푸드의 획일 문화가 풍부한 다양성을 지닌 음식 문화를 대체하게 되면서, 인간의 정신 역시 축소되어 획일화되고 있다. 정신의 획일화는 환원주의적이고 기계론적인 패러다임에 뿌리를 두고 있으며, 세계의 다양성에 대한 무지를 낳는다. 기계론적 사고에 기반을 둔 이러한 획일화는 세포, 유기체, 생태계, 마을 공동체의 진화 잠재력과 지성에 대해 무지하다. 또한 농생태계 내부의 다양한 생명 구성 인자들 간의 유대와 협동에서 발생하는 생태 기능들에 대해서도 무지하다. 그리고 획일성이라는 악순환 속에서, 정신의 획일화는 단일경작을 영속시킨다.

기계론적 산업농 패러다임은 외부에서 투입되는 화학 물질에, 그리고 산출물인 획일적인 단일경작 상품에 집중하며, 작물 다양성을 단일경작으로 변질시킨다. 우리는 화학 물질 집약적 단일경작이 더 많은 식량을 생산하며 따라서 기아와 식량 안보에 대한 해답이라는 생각에 이끌려왔는데, 이는 기만이다. 그 같은 기계론적 사고방식은 또한 유독성 화학 물질, 화석 연료, 자본이라는 투입물을 통해 단일경작을 강화하면 농지가 더 적게 사용될 것이므로 생물 다양성이 보존될 것이라는 생각을 확산시키는데, 이 역시 기만이다.

화학 물질을 대량으로 사용하는 단일경작은, 모든 산출물을 고려하면, 생물 다양성에 기초한 생태 농업보다 단위 면적당 생산량이 더 적다. 단일경작은 농지에서 생물 다양성을 추방하는데, 1995년 독일 라이프치히에서 열린 '식물유전자원을 위한 유엔국제기술회의'에 따르면 산업형 단일경작으로 농업 생태계 내 생물 종수의 75%가 사라지고 말았다. 이 비율은 계속 증가해왔다고 보는 게 맞을 것이다.

산업농은 외부에서 투입되는 농약, 그리고 농약을 체내에 갖춘 GMO 작물에 기반을 둔 농업이다. 물론 이런 화학 물질들은 이로운 생물 종들을 죽이고 식량 생산을 침식한다. 이 화학 물질들은 전쟁에서 유래했는데, 산업농을 통해 지금도 전쟁을 지속하고 있다. 산업농의 생산성은 조작된 것인데, 생산량 산정 과정에서 다양한 식물, 토양 유기체, 꽃가루 매개자들이 농업과 식량 생산에 기여하는 부분을 무시하기 때문이다. 기계론적이고 환원주의적인 프레임을 통해서, 화학적 단일경작 없이는 우리에게 식량은 없을 것이고, 생물 다양성에 기초한 유기농은 부자에게나 걸맞은 값비싸고 호사스러운 것이라는 신화가 창조되었고, 이 신화는 아직까지도 영향력을 행사하고 있다.

우리는 반드시 이 신화를 해체해야만 한다. 산업 패러다임 아래서는 유독성 화학 물질이 다양한 종의 벌, 나비, 익충을 죽인다. 화학 비료는 토양 유기체들을 죽이며 토양과 토양 비옥도를 파괴한다. 질소 비료는 데드 존을 만들어내며, 다양한 종의 수생·해양 생물을 죽인다. 더욱이 단일경작 농업에서는 치명적인 화학 투입물에 대한 의존도가 높아서, 농민이나 소비자나 모두 더 많은 비용을 부담해야 한다. 그리고 오직 거대 농기업들만이 이윤을 가져간다. 정신의 획일화는 오직 하나의 경제에만, 즉 글로벌 기업들이 통제하는 글로벌 시장 경제에만 집중한다. 자연의 경제, 사람들의 살림살이 경제에는 계속 눈감고 있는 것이다. 대지 위에서든 인간의 정신 안에서든 모노컬처monoculture*를 종식해야 하며, 산업농에 소요되는 진짜 비용을, 생물 다양성에 기초한 생태 농업의 진정한 이득을 하루속히 산정해야 한다.

***

다양한 생물이 참여하는 혼작 시스템은 흙, 물, 농장 동물, 식물의 공생 관계를 기반으로 한다. 생태 농업은 이 각 요소들을 연결해서 결합시키며, 지속 가능한 방식으로 그렇게 한다. 그래서 각 요소들이 서로 의존하는 동시에 그 요소들의 관계가 강화된다. 녹색 혁

* 이 책에서 'monoculture'는 (농지에서의) '단일경작'이라는 뜻으로도 쓰이고 (정신의) '획일화'라는 뜻으로도 쓰인다.

명 또는 산업농은 화학 물질에 반응하도록 제조된 종자와 같은 외부 투입물, 또는 화학 물질 자체의 도입으로 이러한 융합을 대체해버린다.[3] 종자, 화학 물질 패키지는 생태 농업의 상호 연결망을 파괴할 뿐만 아니라 토양 시스템, 물 시스템과 고유의 (유독성) 상호 작용을 시작한다. 그럼에도 산업농의 생산량이나 비용을 산정할 때 이러한 새로운 상호 작용은 계산되지 않는다.

농업에서 다양성이 파괴돼온 것은 그것이 낮은 생산량과 관련 있다는 잘못된 가정 때문이었다. 그 결과 농민들의 다양한 토착 품종들이 새 작물들로 대체돼왔는데, 이 작물들은 고수확 품종high yielding varieties, 줄여서 HYV라고 잘못 불리고 있다. HYV는 산업농, 단일경작 시스템을 추진하는 동력이 된 첫 번째 신화, 즉 화학농이 생산량을 증대한다는 신화의 일부다. 다국적 기업들이 자기들의 편의대로 결코 말하지 않는 것은, HYV가 '그 자체로는' 생산량이 많지 않다는 사실이다. 그보다 이것들은 인공 화학 물질에 잘 반응한다(이 인공 화학 물질은 대개 HYV를 홍보하는 바로 그 종자 회사의 제품이다). 사실, 이 작물들을 지칭하는 더 적합한 용어는 '고반응 품종high response varieties'일 것이다.

이 품종들은 화학 물질의 대량 투입을 통해서만 가능한 곡물 생산량 증대를 위해 길러졌다. 농업 시스템을 인간만이 아니라 농지에서 살아가는 모든 생명 있는 것들까지 부양하는 생태계로 바라볼 경우, HYV는 전체적으로 매우 저조한 생산성을 드러낸다. 예컨대 인도 같은 국가들에서는 작물에서 나오는 짚의 양이 가축 사료로 중요하다. HYV는 양적으로나 질적으로나 충분한 짚을 생산하지 못하는데, 바로 이런 이유로 시장에서 판매 가능한 곡물의 소출량은 증대될 수 있다. 하지만 농장의 동물들은 여전히 먹어야만 하고, 따라서 원래는 인간을 위해 준비되었던 곡물을 공급받게 된다. 이 곡물은 동물들에게는 영양학적으로나 양적으로나 충분하지 않다. 토양도 동물도 사람도 HYV로부터 혜택을 누리지 못하는 셈이고, 시장에서 판매할 수 있는 곡물 소출의 증대에는 반드시 토양과 동물을 위한 바이오매스의 감소, 그리고 생태 자원의 남용으로 인한 생태계 생산성의 감소라는 대가가 따랐다.

어느 한 농지 내 전체 바이오매스를 계산해보면 농민들의 토착 품종들이 HYV를 능가한다는 것이 드러난다. 사실, 수많은 토착 품종들은 이것들의 자리를 차지해온 HYV보다 곡물 소출 면에서나 전체 바이오매스 산출(곡물+짚) 면에서나 생산성이 더 높다. 전통적 다종경작과 산업형 단일경작을 비교한 한 연구는, 다종경작 시스템이 5유닛의 투입물당 100유닛의 식량을 생산할 수 있는 반면에 단일경작 시스템에서는 동일한 100유닛의 식량을 생산하는 데 300유닛의 투입물이 필요함을 밝히고 있다. 허비된 295유닛의 투입물이 생물다양성이 풍부한 농장에 투입되었다면 5,900유닛의 식량을 추가로 생산할 수 있었을 것이다. 이런 식으로 산업농 시스템은 5,900유닛만큼의 식량 감소를 초래한다. 이것은 사람들을 굶주리게 하는 방안이지 먹여 살리기 위한 방안이 아닌 것이다.[4]

녹색 혁명 패러다임에서의 수확·생산성 산정법은, 생물 종 각각이 갖고 있는 각각의 생명 기능을 증대시키는 과정이, 농업 생산의 조건들을 지탱하는 과정에 어떻게 영향을 미치는지에 관한 이해와 단절되어 있다. 이 산정법에서는 농업 생태계 내 생물 종의 수와 다양한 생태 기능이 축소되고, 생물 다양성 그 자체가 제공하는 내적 투입물이 위험천만한 농화학 물질로 대체된다. 수확·생산성에 관한 이런 환원주의적 범주들 덕에, 단일 상품의 수확 가능량은 더 높게 산정되는 반면에 미래의 수확에 영향을 미치는 생태적 파괴, 다양한 생물 종이 살아가는 생태계 내의 다양한 (생태적) 산출물의 파괴는 아예 산정되지 않는다.

전통 농업에서는 언제나 생산성이 높았는데, 외부 투입물이 거의 필요하지 않았기 때문이다. 반면 녹색 혁명은 절대적 의미에서 생산성을 증대해온 것처럼 묘사되어왔지만, 생태 자원 활용이라는 요소가 계산될 경우, 전체 바이오매스 생산량이라는 측면에서나 외부 투입물의 활용이라는 측면에서나, 낮은 생산성을 보인다. 산업형 화학농은 1칼로리의 식량을 생산하는 데 10칼로리의 투입물을 사용한다. 또한 같은 양의 식량을 생산하는 데 생태 농업보다 10배 많은 물을, 훨씬 더 많은 땅을 사용한다. 단일경작에서 활용되는 추가 자원들은 인간을 먹이는 데 사용될 수도 있는 것들이다. 허비된 자원들의 합계는 곧 기아의 창조인 셈이다. 새로운 바이오테크놀로지들은 강력한 외부 투입물을 통해 유지되는 1차원적 단일경작으로 자연 자원을 계속 허비함으로써 식량 불안과 기아를 야기하고 있다.

농작물 대상 유전공학의 옹호자들이 흔히 주장하는 것은, 오직 산업형 농업과 산업형 축산업만이 인구 증가에 따른 식량 수요의 증가를 따라잡을 수 있다는 것이다. 먹어야 할 입이 늘어나면 보다 효율적인 자원 활용이 요구된다. 그러나《사이언티픽 아메리칸*Scientific American*》지에 실린 한 연구는, 산업농이 식량 생산 능력의 60배 감소라는 사태를 야기했고, 한정된 대지와 물과 생물 다양성을 활용해 이 세계를 부양하는 데 효율적인 전략이 아니라고 밝히고 있다.[5]

더욱이, 식량 안보의 기초는 식량을 획득할 수 있는 능력(또는 식량 접근권)이고 농촌 사회에서 그러한 능력의 토대는 생계유지 활동과 노동이므로, 농가의 생계 파탄을 대가로 식량 유용성을 증대한다는 건 말이 되지 않는다. 식량 생산성과 식량 획득력을 모두 참조하는 프레임에서 보면, 산업농은 다양성을 토대로 하는 내적 투입 시스템에 비해, 증가하는 식량 수요를 충족하는 데 결함이 있는 농업이다. 반면에 반환의 법칙을 토대로 하는, 다양한 생물이 참여하는 생태 농업은 두 가지 면에서 농민들을 돕는다. 첫째, 생태 과정을 거스르지 않고 거기에 발맞추어 농사짓는 농민들은 값비싼 투입물(그들을 빚의 수렁으로 몰고 가는 것)로부터 자유롭게 된다. 둘째, 사회 내의 반환의 법칙 덕분에 농민들은 소비자들과 공정한 거래 관계를 맺으며, 좋은 먹을거리와 인체의 건강을 만들어내는 노동에 대해서, 지구의 청지기 역할을 하는 활동에 대해서, 정당한 대가를 받을 수 있다.

착취의 법칙과 지배의 법칙에 따라 움직이는 농기업들은 단일 경작이야말로 화학 농법과 유전공학을 활용하는 가장 효율성 높은 식량 생산 방식이라고 이야기한다. 그러나 단일경작농은 손해 보는 경제 모델이다. 일찍이 1978년에 윌리엄 로커레츠William Lockeretz 교수는 유기 농업과 축산업에 종사하는 미국 중서부 지역 14개 농장의 경제 성과를, 관행 농업 또는 단일경작 농업을 실시하는 14개 농장의 경제 성과와 비교한 바 있다. 연구 대상이 된 농장들은 물리적 특징과 사업 운영 유형에 따라 분류되었다. 단위 면적당 생산 작물의 시장 가격은 유기농 농장의 경우 11% 낮았다. 그러나 유기농은 화학 물질과 비료 같은 외부 투입물에 적게 의존하기 때문에 생산 비용 또한 낮아서, 단위 면적당 순이익은 양 시스템이 거의 같았다. 단일경작농은 유기농보다 더 많은 이윤을 내지 못한다.

유기농을 하는 농민들은 더 다양한 종류의 작물을 재배하기 때문에, 농장의 생산물 전체가 유해 생물이나 이상 기후에 취약한 경우는 없다. 게다가 유기농 농지의 토양은 보다 많은 양의 빗물을 흡수해 우리를 가뭄으로부터 보호한다.[6] 전 작물에 걸쳐 흉작인 해에도 유기농 농가의 경제 손실이 더 작은데, 투입물 구매에 대한 투자분이 적기 때문이다. 유기농 농지에서 자라는 다양한 종의 작물은 다른 경제적 혜택도 주는데, 단일 작물 상품의 가격 하락으로부터 농가를 일정하게 보호해주는가 하면, 계절별로 투입물을 더 효과적으로 배분할 수 있게 해주는 것이다.

유기농을 하는 농민들은 관행농을 하는 농민들에 비해 대출할 필요도 적은데, 이유는 두 가지다. 첫째, 화학 비료와 농약 같은 투입물을 덜 구매하기 때문이고, 둘째, 한 해의 각기 다른 시점에 서로 다른 작물들이 수확되어, 비용과 수입이 한 해 전체에 걸쳐 골고루 배분되기 때문이다. 인도에서 유행병처럼 번지고 있는 농민 자살은 화학 물질의 대량 사용으로 생산 비용이 증가했던 농촌 지역, 환금 작물만을 경작하다가 세계화로 인해 가격·수입의 하락에 직면했던 농촌 지역에서 집중적으로 발생하고 있다. '단일경작=화학 물질=부채=자살'이라는 등식이 성립되는데, 여기서 농가 부채를 야기하는 가장 중대한 원인은 높은 생산 비용이다.

이 모든 데이터를 고려하면, 단일경작을 하면 이용 가능한 값싼 식량이 더 많이 생산된다는 주장은 다음 네 가지 점에서 착각에 불과하다. 첫째, 단일경작은 완전무결한 생태계와 여러 작물들이 함께 만들어내는 총 생태계 수확량이 아니라, 단일 작물이라는 부분에만 초점을 맞춘다. 둘째, 산업형 경작은 사람들이 실제로 먹는 다양한 작물이 아니라 한두 개의 글로벌 상품의 수확에만 집중한다. 여기서 초점이 놓이는 부분은 단위 면적당 영양분이 아니라 수확량인데, 사실 지금 우리는 산업농의 결과로서 단위 면적당 영양분이 감소한 시대를 살고 있다. 셋째, 유전자 변형을 포함하는 산업형 경작은 자연 자원들을 지나치게 많이 사용하고 또 허비한다. 만일 생산성이 자연 자원 사용에 근거해 산정된다면, 산업농의 생산성은 매우 낮은 셈이다. 또 산업농은 지속 가능한 식량 생산 시스템에서라면 더 많은 식량을 생산하는 데 직접 사용될 수도 있었을 자연 자원을 남용함으로써 식량 안보를 위협한다. 넷째, 핵심적인 것으로, 화학 물질 집약적인 단일경작 농업과 유전공학은 생물 다양성 집약적인 농업을 기반으로 하는 생태학적 대안보다 더 적은 양의 식량을 생산한다.

* * *

지배적인 식량 생산 패러다임에 따르면, 다양성은 생산성을 방해한다. 이러한 믿음은 획일성과 단일경작만이 정답이라는 생각을 만들어낸다. 또한 현대식 식물 '개량'이 생물 다양성의 파괴에 근거하지만, 그 식물 개량은 생물 다양성을 하나의 원재료로 활용한다는 역설적인 상황도 야기했다. 식물 재배와 동물 사육의 아이러니는, 재배와 사육의 테크놀로지가 의존하는 바로 그 물질적 토대를, 재배와 사육 활동이 파괴한다는 것이다. 산림 개발 계획은 유칼립투스 같은 산업용 수종樹種의 단일경작을 불러오고, 한때 지역의 수요를 충족했던 다양한 지역 수종들을 멸종으로 내몬다. 농업 현대화 계획은 농민들의 땅에 새로운 작물들, 획일화된 작물들을 불러오고 다양한 지역 품종들을 파괴한다. 축산업의 현대화 역시 품종의 다양성을 파괴하고 공장형 사육을 불러온다.

다양성의 파괴를 기초로 생산성 증대를 꾀하는 이러한 전략은 위험하고 불필요하다. 단일경작은 자연의 경제도 인간의 경제도 파괴하기 때문에, 생태학적으로나 사회적으로나 지속 불가능하다. 지금 농업, 산림 관리, 어업, 축산업에서 생산은 끊임없이 다양성을 파괴하는 방향으로 나아가고 있다. 그래서 획일성에 기초한 생산은 생물 다양성 보존의 주적이자 생태적·사회경제적 지속 가능성의 주적이 되고 있다.

다양성은, 보존되기 이전에 먼저, 생산 법칙이 되어야만 한다. 획일성과 균질화라는 생산 법칙에 따라 생산이 지속될 경우, 획일성은 계속해서 다양성을 몰아낼 것이다. 기업의 관점이나 서구의 농업·임업 연구의 관점에서의 '개량'은 대체로 남반구에서, 특히 남반구의 가난한 이들에게, 일종의 손실이다. 농업에서 식물 개량의 근거는 언제나 바람직한 상품의 수확량 증대였는데, 이 과정에서 바람직하지 않은 식물들의 희생이 수반되었다. 하지만 그 '바람직한' 상품이 무엇이냐에 대해서는 농기업의 생각과 농민의 생각이 다르다. 또 농업 생태계 내 어떤 부분이 '바람직하지 않은' 것으로 취급될지도, 판단 주체의 계급과 성별에 따라 다르다. 농기업에 바람직하지 않은 무언가가 가난한 이들에게는 바람직한 것일 수도 있고, 이른바 '농업 발전'은 농업 생태계 내 생물 다양성을 추방하면서 농가의 빈곤과 생태적 쇠락을 촉진하기도 한다. 따라서 생산성이 다양성과 충돌한다는 신화에는 전혀 진실이 담겨 있지 않다. 통제와 수익성이 적용되는 조건에서만 획일성은 필수적인 생산 패턴인 것이다.

생산성과 지속 가능성은 다양한 산출물을 내는 혼작 농업·임업 체계에서 훨씬 더 높다. 다양한 산출물과 수요라는 맥락에서는 단일경작은 생산성이 낮다. 단일경작의 생산성은 숲과 농지의 바이오매스 가운데 '일부의 일부'에서 나온 산출물이라는 제한된 조건에서만 높다. 녹색 혁명의 '고수확' 재배 양식은 수백 종의 작물 가운데 하나의 작물만을(예컨대 밀) 골라내, 그 작물의 한 부분에서만 수확하는 것이다. 즉, 밀의 일부분인 낟알만을 수확하는 것이다. 이러한 부분적 고수확은 전체적 고수확은 아니다. 따라서 생산성은 다양성의 프레임에서 측정되는지 획일성의 프레임에서 측정되는지에 따라, 반환의 법칙을 통해 이해되는지 지배의 법칙을 통해 이해되는지에 따라 각기 다를 수밖에 없다.

이처럼, 현재의 주류 패러다임에서의 농업 생산성에 관한 경제 계산들은 진정한 생산성의 산정을 왜곡한다. 그 계산법들은 생물 다양성에서 파생되는 내적 투입물의 효능을 무시하며, 내적·자연적 투입물의 대체재인 외적·화학적 투입물의 구매에서 발생하는 추가적인 재정적·생태적 비용을 계산에 넣지 않는다.

다양성에 기초한 체계들의 고생산성이 말해주는 것은, 유전자 변형과 산업농의 대안이, 더 생태적이고 더 공평한 대안이 분명 존재한다는 것이다. 그 대안은 화학 물질 위주의 농업이 아니라 생물 다양성 위주의 농업이다. 그러나 다종경작(혼작)이 단일경작보다 더 많이 생산함에도, 단일경작이 시장의 입장에서나 통제 권력의 입장에서나 더 수익성 좋은 산업이라고 여겨지고 있다. 고수확의 다양성에서 저수확의 단일경작으로의 전환은 가난한 이들에게서 자원을 빼앗아 부유한 이들에게 전달하는, 그래서 결국은 그 자원을 파괴하는 시장 논리에 기인한다. 한편, 상품 생산성 증대로 이득을 보는 사람은 오직 경제 권력자들뿐이고, 아이러니하게도 가난한 사람들의 기아를 더 악화하는 농업 전략을 정당화하는 데 동원되는 것은 바로 그 가난한 사람들의 기아다.

***

    나는 인도 남부에 위치한 타밀나두의 한 지역에서 채종 작업을 하던 중, 9개 작물을 함께 재배하는 농부를 만난 적이 있다. 그는 농지에서 자라는 작물들의 다양성이 어떻게 거시적 차원에서 미시적 차원까지 연결되는지 설명해주었다. 태양계의 행성 간 균형에서 지구의 생태 균형까지, 또 우리 인체의 영양 균형까지 어떻게 연결되는지 말이다. '나브다니야'는 '9개 씨앗' 또는 '9개 작물'이라는 뜻으로, 그 농부가 말한 다양성을 기억하고 기리고자 나는 우리의 종자 보존 운동을 '나브다니야'라고 명명했다.

    '다양성이 곧 번영'이라는 생각은 옳은 생각이기도 하지만 그만큼 오래된 생각이기도 하다. 그리고 이러한 생각의 실천을 우리는 지구 곳곳에서 볼 수 있다. 가르왈 히말라야 지역에서 현지 산악 농부들은 다양한 작물들을 이용해 서로 작용하며 상보적 효력을 내는 혼합물을 개발하며, 생물 다양성 중심의 농법을 촉진해왔다. 이 가운데에서도 '바라나야baranaaja' 경작법은 탁월한 사례이며 다양성 속의 번영이 무엇인지 말해준다. 바라나야를 구성하는 곡물은 총 12가지로, 왕바랭이finger millet를 기초 작물로 하여 이 12개의 곡물이 간작間作된다. 비름, 메밀, 강낭콩, 호스 그램horse gram, 흑대두, 블랙 그램black gram, 그린 그램green gram, 동부cowpea, 쌀콩rice bean, 팥, 수수, 풍접초cleome가 보통 왕바랭이와 함께 간작되는 작물들이다. 바라나야는 최소한의 농지에서 최대한 많은 먹을거리가 생산되도록 도우며 또한 균형 잡힌 식사를 보장한다. 바라나야 작물들은 재배지 중에서 가장 비옥도가 떨어지는 땅, 습기를 좋아하거나 물을 많이 먹는 작물들은 자라지 못하는 땅에서 재배된다. 세심히 설계된 이러한 생물 다양성 관리법은 농생태계의 지속 가능성을 향상시키고 농촌 마을 공동체 전체의 식량 안보 수준을 높인다.

히말라야 산맥에서 멀리 떨어져 있는 중앙아메리카의 농부들은 수세기 동안 '밀파milpa'라고 알려진 혼작 시스템을 이용해왔다. 밀파 농법은 마야족, 사포텍족을 비롯한 중앙아메리카 사람들의 고대 농법에 기초한 것으로, 옥수수, 콩, 호박 및 지역 조건들에 맞는 또 다른 작물들을 생산한다. 이 시스템은 완전한 자급자족 시스템으로, 생산물에는 아보카도, 멜론, 토마토, 고추, 고구마, 히카마jicama, 비름, 무쿠나mucuna도 포함돼 있다. 저널리스트이자 저술가인 찰스 C. 맨Charles C. Mann은 밀파가 "영양학적으로나 환경적으로나 상보적"이라고 말한다. 그는 이렇게 쓰고 있다.

옥수수에는 인체가 단백질과 니코틴산을 만드는 데 필요한 아미노산 리신과 트립토판이 없다……콩에는 리신과 트립토판이 있다……호박은 여러 가지 비타민을 제공하고, 아보카도는 지방을 제공한다. 보스턴 매사추세츠 대학의 옥수수 연구자 H. 개리슨 윌키스H. Garrison Wilkes의 평가에 따르면, 밀파는 "이제껏 출현한 인류의 발명품 중 가장 성공적인 것들 중 하나"다.[7]

산 펠리페 델 아구아*에서는 밀파가 논밭과 작물 이상의 의미를 띤다. 밀파가 아주 오래된, 가정들의 네트워크, 교역·교환 네트워크, 실천 네트워크인 것이다. 산 펠리페의 밀파를 구성하는 것들은 전래된 지식, 손으로 만든 도구들, 쟁기질에 쓰이는, 등에 혹이 있는 크리오요criollo 소, 당나귀들과 개들, 뒷마당의 토르티야tortilla** 제조소, 식탁, 음식, 힘든 노동이다. 즉, 밀파는 옥수수를 중심으로 한 하나의 삶의 방식이며, 생물 다양성만이 아니라 문화 다양성이 무엇인지도 알려준다.

이런 식의 유기적 실천(작물의 측면에서만이 아니라 마을 공동체 안에 뿌리를 내리고 있다는 의미에서도 유기적이다)의 변주들은 여러 문화권에서 발견된다. 어떤 아메리카 원주민 부족들은 밀파 시스템을 '세 자매'라고 부르는데, 옥수수·콩·호박을 함께 재배하기 때문이다. 17세기 초 유럽의 이주민들이 아메리카에 도착했을 때, 원주민 이로쿼이족은 이미 300년 넘게 이 세 자매를 재배해온 상태였다. 이 채소 트리오는 물리적으로나 영적으로나 아메리카 원주민들을 부양했다. 전설에 따르면, 이 식물들은 신들이 준 선물이었고, 언제나 함께 재배하고 함께 먹고 함께 찬미해야 하는 것들이었다.[8]

식량 위기의 두 측면, 즉 농업의 위기와 영양의 위기는 모두 식량 생산이 화학 물질 집약적 생산이 되고 '단위 면적당 수확량'에만

---

* 멕시코 오악사카 주에 자리한 지역.
** 옥수수 가루를 반죽해 얇고 둥글넓적하게 펴서 구운 빵.

집중하게 된 사실과 관련 있다. 그러나 '단위 면적당 수확량'은 영양실조라는 위기로 귀결되는 영양 소실의 문제를 무시한다. 즉, 녹색혁명은 화학 물질 집약적이고 자본 집약적이고 물 집약적인 투입물을 가지고 쌀과 밀의 생산량을 늘리는 동시에, 농지와 사람들의 식단에서 콩·지방종자·기장·채소·과일을 추방했다. '단위 면적당 수확량'이란 오직 농기업에게만 주어지는 이윤의 측정법일 뿐이다. 농생태학 패러다임하에서는 이것의 대안으로 '단위 면적당 영양'을 측정할 수 있을 것이다.

나브다니야의 보고서 〈단위 면적당 건강Health Per Acre〉에 따르면, 다양한 생물이 참여하는 유기 농업과 생태 집약적 농업으로의 전환은 투입 비용을 절감하는 반면에 영양 산출을 증대한다. 이 연구를 위해서 우리는 자체적으로 조성한 유기농 농장에서 현장 실험을 수행했다. 그곳에서 농부들은 각기 12개의 작물(바라나야), 9개의 작물(나브다니야), 7개의 작물(사프타르시saptarshi)을 재배했다. 1에이커의 농지에서 유기농 바라나야는 관행 농업, 단일경작보다 73.5% 더 많은 단백질, 3,200% 더 많은 비타민, 67% 더 많은 미네랄, 186% 더 많은 철분을 생산했다. 유기농 나브다니야는 1에이커당 관행 농업이나 단일경작보다 355% 더 많은 단백질, 5,174% 더 많은 비타민, 57% 더 많은 미네랄, 160% 더 많은 철분을 생산했다. 그리고 마지막으로 유기농 사프타르시는 관행 농업이나 단일경작보다 66% 더 많은 단백질, 54% 더 많은 미네랄, 153% 더 많은 철분을 생산했다.[9] 농산물이 '단위 면적당 수확량'이 아니라 '단위 면적당 건강', '단위 면적당 영양'의 관점에서 측정되면, 다양한 생물이 참여하는 생태적 시스템은 분명 더 높은 산출량을 보인다.

현재의 푸드 시스템 내에서 나타나는 급속한 변화와 위기를 고려할 때, 농업의 세계화가 초래한 생태적 손실을 서둘러 모니터링해야만 한다. 그리고 이 모니터링은 자연의 경제와 인간의 경제의 건강을 반영하는, 생물 다양성을 중시하는 생산성 평가 기준들을 적용해 진행해야 한다. 지난 30년간 우리는 나브다니야에서 그러한 평가 기준들을 개발해왔는데, 이것들은

▷ 작물·나무·동물의 다양성을 비롯한, 특정 농지의 생물 다양성 상태에 관한 자료를 제공한다.
▷ 내적 투입물 공급에, 그리고 (토양, 물, 생물 다양성의 보존을 통한) 자연의 경제의 건설과 존속에 생물 다양성이 기여하는 바를 보여준다.
▷ 농가와 농촌 공동체의 식량 자급에, 그리고 인간의 경제의 건설과 존속에 생물 다양성이 기여하는 바를 보여준다.
▷ 농산물 판매로 인한 수익의 측면에서, 생물 다양성이 손실되는 경우 소매 식품과 외적 투입물에 들어가는 추가 비용의 측면에서, 농가의 시장 경제를 반영한다.

우리가 제안하는 패러다임 전환은 단일경작에서 다양성으로의 전환이다. 즉 화학 물질 집약적 농업에서 생태 집약적 농업으로의,

외적 투입물에서 내적 투입물로의, 자본 집약적 생산에서 저비용·무비용 생산으로의 전환이다. 또한 단위 면적당 산출량에서 단위 면적당 영양으로의, 상품인 푸드에서 심신을 살려내는 물질·영양인 푸드로의 전환이다. 이 전환은 산업농 시스템과 관련된 여러 가지 위기들과 대결한다. 농민들이 겪는 수익 감소라는 위기, 소비자들이 겪는 가격 상승이라는 위기, 그리고 우리의 입에 들어가는 음식의 오염 수준 증가라는 위기 말이다.

생물 다양성 기반의 유기 농업은 농가 생산성과 농가 수익의 증대로 이어진다. 또한 공정한 거래를 통해 소비자가 부담하는 비용을 낮추는가 하면, 농약과 화학 물질의 개입이 없는 생산과 가공을 통해 사람과 동물을 위한 안전하고 건강한 먹을거리를 만들어낸다. 이 농업은 우리가 어떻게 자연 환경을, 아울러 우리의 농민들을, 우리 자신의 건강을 보호할 수 있는지를 보여준다. 이러한 농업으로 단위 면적당 건강의 총량을 최대화한다면, 또 생물 다양성을 키워간다면, 모든 사람들이 건강하고 영양가 높고 안전하고 훌륭한 음식을 접하게 될 것이다.

5장

•

대규모
산업형 농업이 아니라
소농

거대화에 대한 집착의 시대에, 우리는 '큰 것이 최고'라는, 큰 것이 더 많이 생산하고 큰 것이 더 강력하다는 착각 속에서 살고 있다. 식량과 관련해 이러한 착각은 곧, 이 세계를 먹여 살리려면 넓은 농지와 대기업이 필요하다는 생각으로 변환된다. 오늘날 단 5개의 기업들이 이 세계의 씨앗·물·대지 대부분을 통제하고 있고, 이들의 통제력은 점점 더 커지고 있다.

하지만 사실은 '작은 것이 크다'. 생태학적으로나 문화적으로나 경제적으로나 그러하다.

식량 안보의 미래는 소규모 농업(이하 소농)을 보호하고 진흥하는 데 달려 있다. 생태적 차원에서 보면, 작은 씨앗 한 톨 안에는 더할 수 없이 큰 나무가 될 가능성이 잠재돼 있다. 씨앗 하나하나에는 수천 개의 씨앗으로 증식될 가능성이 잠재돼 있다. 그리고 그 수천 개는 다시 수백만 개로 증식될 잠재력을 가지고 있다. 큰 것이 아니라 작은 것으로부터 나오는 풍요인 셈이다. 이런 이유로 인도에서는 씨앗을 뿌릴 때 농부들이 "이 씨앗이 영원히 고갈되지 않기를"이라고 기도한다. 거대 기업에 의해 씨앗이 특허권의 대상이 되거나 생물학적으로 박멸되는 대규모 산업농에서는 씨앗 한 톨은 증식될 수도 없고 재생산될 수도 없다. 산업농은 씨앗을 전혀 만들어내지 않는다. '이 씨앗이 고갈되어 우리의 수익이 영원히 고갈되지 않기를', 산업농의 모토는 이것인 듯하다.

대기업들의 위협이 있지만, 지역 농업 공동체들은 여전히 세계 식량의 70%를 생산하고 있다. 수세기 동안 지속돼온 이런 농업 시스템들은 소규모 농가의 농민들, 즉 소농들에 의해 운영되며, 다양성이 넘친다. 이 시스템들은 한편으로는 다양한 기후의 특성을 반영했고, 다른 한편으로는 다양한 음식 문화권 안에서 성장해왔다. 앞에서 본 것처럼, 농업 시스템의 생물 다양성과 푸드 시스템의 문화 다양성은 자연과 문화의 상호 작용 속에서 함께 진화해왔다. 생물 다양성과 문화 다양성은 동반자이고, 문화적으로도 작은 것이 크다.

경제의 관점에서 말하자면, 작은 농장과 소규모 농업은 생산량이 낮다고 생각하는 사람들이 많은데, 이는 틀린 생각이다. 앞에서 살펴봤듯이, 생물 다양성이 풍부한 작은 농지가 거대한 산업형 단일경작보다 생태적 효율성이 더 크다. 세계의 작은 농지들이 영양분 풍부한 작물들을 더 많이, 더 다양하게 생산한다는 사실을 인식할 때, 산업형 재배가 실제로는 식량 안보의 수준을 '떨어뜨렸다'는 사실이 분명해진다. 산업농은 기아와 가난을 만들어냈다. 그럼에도 거대한 산업형 농장은 식량을 더 많이 생산하기 위해 필요한 것으로 여전히 정당화되고 있다.

농업의 세계화로 세계 곳곳의 다양한 농업 생태계들이 급속히 파괴되고 있고, 소농들이 사라지고 있다. 그리고 이러한 현상은 결국 환경과 농촌 지역의 생계를, 특히 농민들의 생계를 파괴해왔다. 우리의 안녕, 영양, 환경, 그리고 문화적 건강 또한 지금 위협받고 있다. 그리고 우리 자신의 미래, 지구의 모든 생명의 미래를 확보하기 위해서 우리는 서두에서 이야기한 바 있는 핵심 진리로 돌아가야 한다. 작은 것이 크고 작은 것이 아름답다는 진리 말이다.

***

산업농이라는 주류 패러다임에 따르면, 화학적 투입물과 에너지의 집약적 사용은 증가하는 인구를 부양하는 데 필수다. 투입물의 강화와 대규모 농장이 고생산성으로, 그리하여 더 많은 식량으로 이어질 것이기 때문이다. 그러나 이것은 진실이 아니다. 생산성 수치는 투입물당 산출물을 측정한 수치다. 자원과 에너지의 측면에서 보면, 투입물이 많을수록 생산성은 낮아진다. 산업농은 자원 집약적이고 에너지 집약적인 농업이어서, 생태적 효율성과 자원 활용 효율성의 측면에서는 생산성 감소를 불러왔다.

생태적 소농 시스템에서는 생태 과정들의 재생, 다양한 작물·가축·수목이라는 산출물, 그리고 공동 창조cocreation와 공동 생산coproduction을 통해 만들어진 생계수단, 이 모두가 산출물에 포함된다. 반면 대규모 산업농 시스템에서 산출물은 단 하나의 상품(한 식물의 한 부분의 부분)으로 축소·환원되고, 투입물은 노동으로 축소·환원된다. 화학 물질과 화석 연료의 집약적 사용은, 소규모 농가의 노동을 대체하고 대규모 농지의 기업 소유권을 강화하는 데 목적이 있다. 노동이 '중요한' 유일한 투입물로 인위적으로 선택되고, 노동과 관련된 생산성이 유일한 '진짜' 생산성으로 여겨질 때, 하나의 환상이 만들어진다. 이 환상은 전체적으로 더 높은 생산성과 더 큰 식량 가용성이 실현되고 있다는 잘못된 인상을 키운다. 실제로는 더 많은 (생태) 자원들이 허비되고 있고, 더 많은 생계수단들이 파괴되고 있으며, 더 많은 기아가 발생하고 있다.

여기서 '생계수단livelihood'이라는 용어가 지시하는 것은, 살아 숨 쉬는 경제 단위 내에서의 노동, 공동 창조와 공동 생산에 기초한 자기 조직적인 노동이다. 생계수단은 직업·직무job가 아니다. 'job'이라는 단어는 산업혁명의 발흥기에 단편 작업을 지시하는 말로 처음 사용되었다. 즉, 의복과 연장 같은 생산된 제품의(또는 부분들의) 수로 측정되는 작업 유형을 가리키는 말이었다. 이러한 어원은 오늘날 'job'이라는 단어가 어떻게 사용되고 있는지를 생각해볼 때 중요하다. 하나의 'job', 즉 '직업' 또는 '직무'는 창의적이고 자율적인 인간을 '노동'으로 환원하고, 나아가 노동을 상품으로 환원하는 것을 기초로 한다. 농업 노동자들과 소농가 농민들은 '직업'을 가지고 있지 않다. 그들이 가지고 있는 것은 바로 생계수단이다. 자기 가정과 마을에 먹을거리를 공급하는 여성들은 '직업'을 가지고 있지 않지만, 이 세상 그 누구보다 열심히 일한다.

의미 있고 생산적인 일을 만들어내는 것, 그리고 자기 고용을 포함해 고용을 창출하는 것이 모두 생태적인 생산 시스템의 산출물이다. 인간의 활동을 노동으로 축소·환원하고 그것을 하나의 산출물에서 투입물로 변환하는 것은, 소농가 농민들을 실업과 추방으로 이끄는 지름길이며, 전 세계적으로 그들 자신의 생계와 그들의 마을 공동체의 생계를 파괴하는 길이다.

생계수단에 대한 평가절하는 또한 화학 물질, 화석 연료라는 외적 투입물(사람을 부양하고 농업 체계를 지탱하기보다는 기아를 초래하고 환경 수준의 악화를 불러오는)의 사용을 더욱더 강화하게 만든다. '더 많이의 신화'라고 알려진 것이 바로 이것이다. 단일경작을 통해 나온 상품 하나를 팔아서 벌 수 있는 것보다 더 많은 돈을 투입 비용으로 쓰게 되는 농업 시스템이 '생산적'이라고, 더 많은 수익과 더 높은 생산으로 가는 길이라고 묘사되는 신화 말이다. 이 신화의 허구성을 드러내는 진실이 있다. 글로벌 무역, 유전자 변형 종자, 농민들이 기업들에 진 부채를 통해서 농민들의 수입이 실제로는 감소하고 있고, 이러한 사태는 농민의 부채, 삶의 기반 상실, 자살로 이어지고 있다는 진실 말이다.

산업형 대규모 농업에 기득권을 부여해온 인도의 농무부는 다음과 같은 논리를 갖고 있다.

인도의 1인당 보유 대지에 대한 제한은 대규모 기계화를 가로막아 생산성 향상을 위한 다른 방법들의 채택과 생산 비용의 절감을 가로막는 커다란 장애물이다. 미국, 캐나다, 호주 같은 주요 수출 국가들에서 농업 생산 비용이 낮다는 것은 잘 알려진 사실이다. 이런 국가들에서는 농장이 완전히 기계화되었고, 인간의 노동력이 거의 필요하지 않으며, 비옥한 토양, 강수량 배분원 같은 자연 자원이 더 우수하기 때문이다.[1]

그러나 현재 발전한 국가들에서는 빵 가격 중 오직 15%만이 농민들에게 돌아가고, 나머지는 제분·제빵·포장·유통·마케팅 분야에 돌아간다. 농기업의 입장에서는 높은 생산 비용과 낮은 상품 가격은 수익을 얻는 두 가지 길이 된다. 농민들의 입장에서는 이 둘은 나쁜 경제와 점점 늘어가는 부채를 불러온다. 미국 내 대규모 단일 경작 농장의 수출량은 증가하고 있지만, 농민들은 생존할 수가 없을 지경이다. 오늘날 미국 농민들은 그 어떤 사인보다 자살로 더 많이 죽고 있다. 농민을 단일 집단으로 보면, 이 집단은 일반인보다 자살할 확률이 3배 더 높다.[2]

2000년에 캐나다 전국농민조합이 캐나다 상원에 제출한 〈농가 위기The Farm Crisis〉라는 보고서는 다음과 같이 밝히고 있다.

곡물(밀, 귀리, 옥수수)을 재배하는 농민들은 수익 감소를 겪고 있고 거의 파산할 지경까지 내몰리고 있는 반면, 아침용 곡물 시리얼을 제조하는 회사들은 어마어마한 수익을 올리고 있다. 1998년에 시리얼 회사들인 켈로그, 퀘이커 오츠, 제너럴 밀스는 각각 자기 자본 수익률*

---

* return on equity. 기업이 자기 자본(주주 지분)을 활용해 1년간 얼마를 벌어들였는가를 나타내는 대표적인 수익성 지표다. 자기 자본 수익률이 10%인 경우, 1억 원의 자본을 투자했을 때 1,000만 원의 이익을 냈다는 것이다.

56%, 165%, 222%라는 성과를 거두었다. 1부셸의 옥수수가 4달러 미만의 가격으로 팔린 반면에 1부셸의 콘플레이크는 133달러에 팔렸다. 1998년 기준으로 시리얼 기업들은 농민들보다 186~740배 더 많은 수익을 얻었다. 농민들의 수입은 너무 적은데, 이는 아마도 다른 이들이 너무 많이 가져가기 때문일 것이다.[3]

'더 많이의 신화'를 통해서 잘못된 논리가 만들어지는데, 이 신화에 따르면 산업형 단일경작 농장들은 더 많은 농산물을 생산하며, 농산물 양의 증가는 농산물 가격의 하락으로 이어진다. 그러나 전체적인 식량 산출물(시장에서 판매 가능한 상품이라는 산출물이 아니라)의 관점에서 보면, 대규모 농업은 더 많이 생산하지 않는다. 7장에서 살펴보게 되겠지만, 식량 가격 하락은 밀이라는 곡물의 경우처럼 생산량 증대보다는 독점 지배와 관련 있다. 농산물 가격 하락의 원인은 생산성이나 효율성의 증대가 아니라, 자신들이 농민이나 지구에 반환하는 것보다 몇 배 더 많은 것을 가져가는 농기업들인 것이다.

인도의 농무부는 녹색 혁명, 대규모 단일경작을 시행하기 전에 인도의 자체적인 식량 생산 성공 사례들로부터 배움을 얻어야 할 것이다. 인도의 전 총리 차란 싱Charan Singh은 이렇게 말한 바 있다.

농업은 생명의 과정이고, 일정한 조건에서 실제로 농사를 지을 때 단위 면적당 농산물 생산량은 농장의 규모가 커질수록(달리 말해서 단위 면적당 노동력의 이용과 관리감독 활동이 감소할수록) 감소한다. 이 결과는 거의 보편적이다. 즉, 투자 대비 단위 면적당 산출물은 소농장이 대농장보다 더 높다. 따라서 인도같이 자본이 부족하고 인구는 많은 나라에 100에이커의 단일 농장과 2.5에이커의 농장 40개라는 두 개의 선택지가 주어진다면, 그리고 그 나라가 후자를 선택한다면, 국가 경제에서 지출되는 자본 비용은 감소할 것이다.[4]

소규모 농장은 대규모 산업형 농장보다 더 많은 식량을 생산하는데, 그것은 소농들이 토양과 식물과 동물을 더 잘 보살피기 때문이며, (화학적인 외부 투입물이 아니라) 생물 다양성을 키우기 때문이다. 농장 규모를 늘리게 되면, 노동력은 농기계용 화석 연료로, 농지를 배려하는 농민들의 노동은 유독성 화학 물질로, 그리고 자연과 농민들의 지성은 부주의한 테크놀로지들로 대체되고 만다.

하지만 이윤이 (푸드) 게임의 핵심이 될 때, 무역을 동력 삼은 경제 개혁들과 세계화로 인해 파괴되고 있는 것은 소농장과 소농을 하는 농민들이다. 인도의 경우 농업 '개혁'이 시작된 이래 500만 농민들의 생계수단이 사라지고 말았다. 그리고 15년 동안 28만 4,000명의 농민이 자살했는데, 재생 불가능한 종자들에 기초한 자본 집약적이고 화학 물질 집약적인 농업의 지속 불가능성이 그 이유였다.[5]

이제 '더 많이의 신화'를 깰 때가, 더 믿을 만한 곳에 신용을 줄 때가 되었다. 물론 그 믿을 만한 곳은 글로벌 농기업들이 아니라, 직면한 그 모든 위협들에 아랑곳하지 않고 우리의 식탁에 식량을 제공하고 있는 전 세계의 소농들이다.

***

식량 문제와 관련해서라면, 작은 것이 도리어 크다. 유엔 식량
농업기구에 따르면, 모든 국가 보조금이 대규모 농장으로 들어가고
있음에도, 그리고 모든 정부 정책들이 산업농을 증진하고 있음에도,
오늘날 세계 식량의 70%는 소농가들에서 나오고 있다. 여기에 부엌
에 딸린 텃밭들과 도시 텃밭들을 추가한다면, 사람들의 입으로 들어
가는 식량의 대부분이 작은 규모의 땅에서 재배된다는 것은 한층 더
분명해진다. 대규모 농장에서 재배되는 것들은 사실 음식이 아니다.
그것은 상품이다. 예컨대 세계 농업의 현장에서 거두어들이는 옥수
수와 콩 중에서 인간이 먹는 것은 10%에 불과하다. 90%는 바이오
연료로서 차량 운전에 사용되거나 가축용 사료로서 공장식 농장의
가축들을 고문하는 데 사용된다.

환원적이고 군사주의적인 지식과 과학 패러다임이 조장하는 착
취의 법칙 아래서는 먹을거리가 단선적 체인에서 생산되는데, 이 체
인은 생태적 지속 불가능성과 사회 부정의를 은폐한다. 기업 용어
중 하나인 푸드 체인food chain은 가치 사슬들value chains 중 하나다.
푸드 웹food web(먹이 그물)은 푸드 체인food chain으로 변환되고, 스스
로 재생하고 젊음을 되찾는 순환 구조는 착취의 단선적 흐름으로 변
환된다. 농민들에게 돌아가는 금전적 가치는 기업 이윤 증대를 위해
감소하는데도, 우리는 이를 부가 가치가 발생한다고 표현한다. 산업
형 가공 과정이 푸드에서 영양분과 퀄리티를 빼앗아 가는데도, 우리

는 이를 부가 가치가 발생한다고 표현한다. 푸드 체인에서는 가치의 소멸이 부가된 가치로 표현되고 있는 것이다.

반면, 반환의 법칙은 관계들의 그물망 속에 존재하는 순환 구조들을 기반으로 한다. 이 그물망은 지구, 사회, 농민에게 되돌려준다. 푸드 체인이 착취와 폭력을 정당화하는 데 활용되는 반면, 푸드 웹은 지속 가능성과 정의의 기초가 된다. 푸드 체인을 통제하는 것은 기업들의 탐욕이지만, 푸드 웹을 지탱하는 것은 소농장과 소농가 농민들이다. 이는 전 세계에서 확인되는 사실이다.

농업 노동자들과 소농가 농민들, 특히 여성 농민들은 러시아 농업 생산량의 절반 이상을 책임지고 있지만, 전체 농지의 4분의 1만을 점유하고 있다. 우크라이나에서 소농들은 국가 농산물의 55%를 생산하고 있지만, 농지의 16%만을 점유하고 있다. 카자흐스탄의 경우, 소농들은 농지의 절반을 점유하고 있지만 농업 생산량의 73%를 책임지고 있다. 이 국가들을 부양하는 것이 농업 노동자들과 소농들이라는 점은 엄연한 사실인 것이다. 그리고 이는 전 세계적인 사실이기도 하다. 유럽연합·콜롬비아·브라질 등 공식 데이터가 집계된 곳 어디서나, 아시아·아프리카·중남미의 국가들을 비롯해 연구가 진행된 곳 어디서나 소규모 농업이 대규모 농기업보다 훨씬 더 효율적이라는 것이 밝혀지고 있다.[6]

예컨대 다음과 같은 몇 가지 사례를 보라.

▷ 파푸아뉴기니에서는 5,000종에 이르는 다양한 품종의 고구

마가 재배되는데, 한 텃밭에서 20개 이상의 품종이 자라기
도 한다.

▷ 자바의 소농가의 가정용 텃밭들에서 재배되는 농작물은
607종에 달하는데, 이 정도면 열대 낙엽수림 내의 전체 생물
종수만큼이나 많은 수준이다.

▷ 태국의 경우에는 집 텃밭 하나에서 230종 이상의 농작물이
자란다.

▷ 나이지리아 동부에서는 전체 농지 면적의 단 2%만을 차지
하는 집 텃밭들이 전체 농산물의 절반을 책임진다.

▷ 인도네시아에서는 집 텃밭들이 가계 수입의 20% 이상, 가계
식량 공급의 40% 이상을 담당하는 것으로 추산된다.[7]

식량의 산업화와 농업의 기업화를 옹호하는 데 동원되는 주된
논거는 소농은 생산성이 낮다는 것이다. 과연 개인 텃밭을 둔 이러
한 가정들과 농민들이 그 자그마한 농지들로 세계의 식량 수요를 충
족할 수 있겠는가?

유엔무역개발회의UNCTAD가 발간한 《2013 무역과 환경 리
뷰》[8]는 단일경작 농업과 산업형 농업의 방법들이 식량을 필요로 하
는 곳에 적정 가격의 충분한 식량을 제공하지 않으며, 지속 가능하
지 않은 환경 파괴를 점점 더 많이 야기하고 있음을 보여준다. 또한,
부국에서든 빈국에서든 화학적이고 세계화된 대규모 단일경작 농업
에서 더 많은 작물 다양성으로, 비료를 비롯한 투입물 사용량의 축

소로, 소농에 대한 더 많은 지원으로, 더욱더 지역 중심적인 식량 생산과 소비로 전환해야 한다고 역설한다. 이와 마찬가지로, 유엔 식량농업기구의 분석은 소농장이 대농장보다 수천 배 더 생산적일 수 있다는 사실을 밝히고 있다.[9]

국제노동기구ILO의 한 보고서[10]는 소농이 생태적 위기, 식량 위기, 노동과 고용의 위기 모두에 대한 해법이라고 밝히고 있다. 이 보고서는 아프리카의 소농들이 생태 농업을 통해 어떻게 식량 생산량을 증대했는지를 언급한다. 케냐 사우스 니안자에서 농민 1,000명의 참여로 진행된 한 프로젝트는, 평소 평균 1인당 2헥타르의 농지를 경작하던 농민들이 유기농법으로 전환한 첫해에 1헥타르당 2~4미터톤가량의 수확량 증대를 경험했음을 보여주었다. 또 다른 사례로, 케냐의 티카에서는 3만 명의 소규모 자작농의 수입이 3년 만에 50%까지 증가했다. '개발을 위한 농업 지식·과학·기술에 대한 국제 평가IAAKSTD' 또한 소규모의 생태적 농장들이 녹색 혁명이나 유전자변형보다 세계 기아에 대한 더 효과적인 해법이라고 밝히고 있다.

인도의 나브다니야 연구들 역시 생물 다양성 기반의 소농을 통해서 농가 소득이 증대한다는 사실을 밝히고 있다. 오늘날 인도 농민들에게 강요되고 있는 4개 작물은 GMO Bt 면화, 하이브리드 쌀, 하이브리드 옥수수, 대두大豆다. 유기농 면화, 토종 쌀과 기장, 토종 콩류를 재배하는 농민들은 공정한 유통망을 통해서, 일반 상품 유통망을 이용해 판매하는 농민들보다 더 많은 수익을 얻고 있다. 하이브리드 쌀을 재배하는 농민들이 1헥타르당 7만 1,862루피를 버는 반면에 토종 유기농 쌀인 바스마티 쌀을 재배하는 나브다니야 회원 무쿤디 랄은 1헥타르당 11만 3,031루피를 번다. 대두를 재배하는 농민들이 1헥타르당 2,863루피를 버는 반면, 토종 강낭콩을 재배하는 차크라타의 모한 싱 같은 농민은 1헥타르당 26만 7,399루피를 번다. 하이브리드 옥수수를 재배하는 농민들이 1헥타르당 3만 657루피를 버는 반면, 왕바랭이를 재배하는 루드라프라야그의 라제시와리는 1헥타르당 21만 9,400루피를, 비름을 보존하고 재배하는 수셸라 데비는 1헥타르당 36만 7,000루피를 번다. 작은 농장에서 생물 다양성을 보존하고 농생태학적 농법을 실천하는 농민의 수익은 증대했고, 이는 결코 부인할 수 없는 사실이다.

소농가 농민들은 단순히 식량과 영양분의 생산자만이 아니다. 이들은 종자와 토양을 보호하는 존재이자, 물과 대지를 보존하는 존재이고, 생물학적·문화적 다양성을 보호하고 재생하는 존재이다. 이들은 더 적은 것을 사용해 더 많은 것을 생산하며, 따라서 이들의 농업은 (이들을 대체하고 있는) 산업형 대규모 단일경작 농업보다 더 생산적이고 효율적이다. 소농가 농민들은 현재 전 세계의 경작 가능한 땅 중 30% 미만의 농지에서 전 세계 식량의 70%를 생산하고 있다. 반면에 농기업들은 전 세계의 경작 가능한 땅 중 70%를 사용해 겨우 식량의 30%를 생산하고 있을 뿐이다.

그렇다면 지금 이 세계를 정말로 먹여 살리는 이는 누구인가? 이 수치들은 크고 분명하게 답변을 들려준다.

* * *

　　오늘날 소규모 농가들은 위기에 처해 있다. 소농의 희생을 대가로 하여 기업 이윤을 극대화하도록 설계된, 기업 주도의 세계화라는 게임의 규칙에 의해 괴멸되고 있는 것이다. 기업들은 종자와 화학 물질이라는 형태의 값비싼 투입물들을 농민들에게 판매하고 있고, 싼값에 그들의 생산물을 구매하고 있다. 농민들은 부채에 감금되고 있고, 농업은 경제 운영의 방법으로는 불가능한 것이 되고 있다. 이러한 사태는 농촌 지역에서 도시 빈민가로의 대대적 인구 이동 현상을 낳고 있다. 1991년 농업 세계화의 정책들이 도입된 이래, 전 세계 농민의 수는 1억 1,000만에서 9,580만으로 감소했다. 거의 1,500만 명의 농민이 유실된 것이다. 매일 2,000명씩 농민이 유실된 셈이다.

　　토지 강탈로 인해 농민들은 자기 땅을 잃고 있다. 전 세계 경작 가능한 땅의 총면적이 줄어들고 있는데다가, 그나마 몇몇 소수의 대기업 집단이 거머쥔, 몇몇 거대한 대기업 지분에 흡수되고 있다. 유럽연합에서는 상위 1%의 농장이 유럽연합 농지의 20%를 장악하고 있고, 상위 3%의 농장이 유럽연합 농지의 50%를 장악하고 있다. 전체 농장 중 아마도 소규모 농장주들에 의해 운영될 80%의 농장은 전체 농지의 14.5%만을 장악하고 있다. 대규모 농업으로의 전환으로 소농가 농민들이 급속히 사라졌다. 2007년부터 2010년까지, 10헥타르 미만의 농지를 소유하고 있던 소농가 농민들은 유럽의 농지 중 17%에 대한 소유권을 상실했는데, 이는 스위스 영토보다도 더 큰 면적이다. 반면, 50헥타르 이상 소유하고 있던 농장주들과 기업들은 같은 기간에 거의 700만 헥타르의 농지를 새로 매입했는데, 이 면적은 벨기에 영토의 2배에 달한다.[11]

미국의 경우에도 농지가 농민들의 손에서 빠져나가고 있는데, 농민들이 농장 일을 하기엔 '너무 늙었거나' 아니면 농지를 저당 잡히도록 강요되었기 때문이다. 기업들은 농지를 사들이기 시작했고, 산업형 대규모 농업이 지배적인 지역에서 특히 그렇다. 미국 농무부의 한 보고서에 따르면, 미국 내 농지의 40%가 농민이 은행과 투자자들로부터 임대받은 것이다. 아이오와, 일리노이, 캘리포니아를 비롯해 산업형 농업의 중심지에 해당하는 주들에서는 이 수치가 더 높아서 50%에 이른다.[12]

인도에서는 광산, 고속도로, 도시 확장을 위한 토지 강탈로 농민들과 지역민들이 자신들의 농장과 고향에서 뿌리 뽑혀왔다. 인도 농무부에 따르면, 2000~2001년부터 2010~2011년까지 인도에서는 총 농경지의 0.8%, 즉 1만 6,000제곱킬로미터가 소실되었다. 이러한 소실은 대부분 농촌의 토지를 희생시키고 도시의 면적을 늘리는 결과를 가져왔다. 인도 인구조사위원회는 같은 기간에 도시의 면적이 2만 4,000제곱킬로미터까지 치솟았다고 밝히고 있다.[13] 도시들이 외연을 확대하면서 인근 농업 지역들은 줄어들고 있다. 28만 4,000명에 이르는 인도의 농민 자살자 문제는 부채로 인한 토지 강탈과 관련 있다. 돈을 더 많이 벌게 된다는 환상을 심어주면서 기업들이 농민들에게 값비싼 종자와 화학 물질을 강매함에 따라 농민들은 빚의 수렁에 빠지고 있다. 채권자들이 부채 상환용으로 자신들의 땅을 빼앗으러 오면(그사이 농민들은 부유해지기는커녕 빚더미에 깔리게 되므로) 농민들은 농약을 먹고 스스로 생을 마감하는 것이다.

작은 것이 아니라 큰 것이 세계를 부양한다는 가정은, 우리를 부양하는 것인 농업과 농업 공동체의 기반을 파괴하는 결과를 가져온다. 그러므로 바로 이 가정이 우리의 식량 안보의 기반을 파괴한다.

이제 살아 있는 작은 경제들이 살아 있는 작은 민주주의들과 결합해 모두를 위한 평화와 조화와 풍요와 안녕을 만들어낼 때다. 간디가 대영제국의 거대성에 대응한 방식은, 물레를 돌리며 자기가 입을 옷을 자기 손으로 짓는 것, 그럼으로써 영국으로부터 수입하는 기계로 짠 직물(인도에서 수출되는 면화를 원료로 한 직물)을 거부하는 것이었다. 이러한 행동을 통해서 그는 스와데시(외국산 제품 불매) 운동을 촉발했고, 수많은 인도인들이 자신을 따라 소규모 직물 생산을 회복하도록 부추겼다. 이 '소규모'의 파급 효과는 컸다. 간디는 이렇게 말했다. "수백만 명이 함께 할 수 있는 일이라면 무엇이든 특별한 힘을 갖기 마련이다……물레 그 자체는 생명력이 없지만, 내가 거기에 상징을 부여할 때 내게는 그것이 살아 있는 생명체가 된다."[14]

간디의 물레에서 영감을 받은 나는 종자를 보존하고 유기 농업을 진흥하기 위해 나브다니야를 시작했다. 거대 기업들이 우리의 종자와 먹을거리에 대한 지배력을 강화하던 때였다. 우리는 소농가 농민들과 일하면서 식량 안보, 생계 안보, 생태 안보를 만들어가고 있다. 그 어느 때보다 기업의 지배 영역이 확장되고 있는 시대에 우리는 작은 씨앗과 소농들을 연결하고 있고, 되살려야 할 옛 지혜, 즉 작은 것이 큰 것이라는 지혜로 패러다임을 전환해가고 있다.

씨앗은 자그마하다. 하지만 씨앗은 생명과 자유의 발전소이기도 하다. 우리 각자는 마음만 먹는다면 씨앗의 보존자, 생명력 넘치는 먹을거리의 재배자가 될 수 있다. 또한 우리의 접시에 먹을거리를 놓아주고 있고 지구에 생명을 주입해주고 있는, 세계 곳곳의 수많은 소농가 농민들과 재배자들을 지원하느냐 마느냐도 우리 자신의 선택에 달려 있다. 최근, 유엔 식량농업기구의 연구 결과와 상반되게, 이 기구의 사무총장인 조제 그라지아노 다 시우바José Graziano da Silva는 유럽부흥개발은행EBRD 총재인 수마 차크라바르티Suma Chakrabarti와 공동으로 집필한 어떤 글에서 "돈으로 이 대지를 비옥하게 하라"라고 요구했다.[15] 그러나 토양을 비옥하게 하는 것은 유기물질, 살아 있는 유기체들, 그리고 소농가 농민들의 사랑과 돌봄과 지능이지, 돈이 아니다.

루미Rumi의 시를 음미해보기로 하자.

이 대지에
이 대지에
이 순결한 땅에
우리는 어떤 씨앗도 심지 말아야 한다
남과 함께하는 마음을 위한 것이 아니라면
사랑을 위한 것이 아니라면

6장

•

종자 독재가 아니라
종자 독립

우리는 씨앗을 파는 것이 아니다. 우리는 이익을 판다.
— 스리람 바이오시드 제네틱스Shriram Bioseed Genetics 기업의 인쇄물

씨앗은 먹을거리 공급 사슬의 첫 번째 연결 고리이자 미래를 향해 가는 생명의 진화가 저장돼 있는 곳이다. 씨앗은 우리 존재의 근간 그 자체인 것이다. 씨앗은 수천 년간 자유롭게 진화해왔고, 우리에게 지구 생명의 다양함과 풍부함이라는 선물을 안겨주었다. 수천 년간 농민들, 특히 여성들은 서로 함께, 그리고 자연과 함께, 씨앗을 자유롭게 진화시키고 개량해왔다. 농민들의 씨앗에는 서로 연결된, 농생태학적인 먹이 그물, 생명의 그물에 관한 지식이 담겨 있다.

지난 50년간 환원주의적이고 기계론적인 패러다임은 씨앗들과 씨앗들에 관한 지식을 사유화하기 위한 법적 · 경제적 기틀을 마련했다. 그 결과, 생물과 문화의 다양성이 파괴되었고, 농민들이 지닌 혁신과 개량의 권리가 부정되었으며, 생물학적 · 지적 공유 재산이 특허권을 통해 봉쇄되었고, 종자 독점 기업들이 탄생하게 되었다.

이러한 파괴가 가능했던 것은 농민들이 대대로 지켜온 다양한 품종의 토착 종자들에 대한 전반적 불신이 조장된 탓이었다. 이러한 종자들은 수천 년간 농민들이 자신들의 생태적 · 영양적 필요, 미식의 필요, 의약적 필요, 사료와 연료에의 필요 및 그 밖의 여러 필요에 맞게끔 개발해온 것이다. 그러나 기업들이 자신들의 이윤을 위해 종자를 통제하고 개조하고 유전적으로 변형시키는 활동에 돌입하면서 농민들의 다양한 품종들은 '원시적 재배 품종'으로 불리게 되었고, '엘리트 재배 품종' 또는 과학자들이나 '엘리트'가 진화시킨 종자들과 대비되게 되었다.

이런 '엘리트' 지식은 농민들의 다양한 품종을, 대기업이 훔칠 수 있고 추출할 수 있고 특허권을 부여할 수 있는 유전적 밈meme*으로 환원하고 있다. 농민들의 육종을 부정하는 것은 농민들에게만 부당하고 불공평한 일이 아니라 사회 전체에도 부당하고 불공평한 일인데, 농민들이 육종한 다양한 품종들은 맛이 좋고 영양이 풍부하고 질이 높기 때문이다. 또한 재래종 또는 전통 품종들이 보존되고 개량되어온 곳이라면 어디에서나 하이브리드 품종과 GMO보다 그러한 품종들이 선호되기 때문이다.

토착 농민들의 다양한 품종들은 보존되어 해마다 다시 심을 수 있다. 현재 전 세계적으로 14억 명 이상의 사람들이 토착 농민들이 보존한 씨앗을 주된 종자 원천으로 삼고 있다.[1] 농기업들로서는 이윤을 창출하려면 스스로의 힘으로 존속하고 스스로 영양을 공급하는 이러한 자급 시스템을 교란해야만 한다. 그리하여 오늘날 농민들

---

* 생물학자 리처드 도킨스Richard Dawkins가 《이기적 유전자The Selfish Gene》에서 처음 도입한 개념이다. 도킨스는 생물학적 자기 복제자인 유전자가 있어서 생물의 진화가 가능했듯이 문화적 자기 복제자가 있어서 문화가 유지, 전수되어왔다고 주장한다. 밈은 바로 그 문화적 자기 복제자(사상, 상징, 행태, 스타일 등을 사람들 간, 세대 간에 전달하는 단위)를 지칭하기 위해 도킨스가 고안한 용어다.

의 다양한 품종이 3개의 새로운 품종으로 대체되고 있는 것이다. 그 것은 바로 HYV(고수확 품종), 하이브리드 종자, GMO다.

앞에서 살펴본 것처럼, HYV는 사실상 고반응 품종이며, 화학 물질과 화학 비료 의존도가 매우 높다. HYV는 또한 질병과 유해 생물에 취약해서, 처음에 이 품종의 재배에 성공했더라도 한두 차례 수확한 뒤에는 다른 품종으로 대체해야 한다. 그리고 그러려면 새로운 씨앗을 사야만 한다.

하이브리드 종자는 유전적으로 비슷하지 않은 두 개의 부모 종을 교배해 얻은 첫 세대 종자다. 이 종자의 후손들은 보존되거나 이식될 수 없는데, 다음 세대들이 이전 세대보다 훨씬 낮은 생산량을 보일 것이기 때문이다. 하이브리드 종자를 사용하는 농부들은 계절마다 종자를 구입할 수밖에 없다. 하이브리드 종자는 종자의 생물학적 특허를 위한 기틀이 되고 있는 것이다. 농부든 경쟁 업체든 그 누구도, 부모 계열을 알지 못하는 이상 정확히 동일한 종자를 생산할 수 없는데, 이 '부모 계열'은 기업 비밀에 속한다. 이러한 생물학적 특허권은 새로운 법률의 제정에 힘입어, 농민들이 종자를 증식하거나 보존하거나 팔 수 없도록 효과적으로 막고 있다.[2]

GMO 또는 유전자 조작 유기체는 어느 한 식물의 세포 내에 그와 무관한 유기체에서 나온 유전자를 집어넣는 유전자 접합 기술 또는 DNA 재조합 기술을 통해서 만들어진다. 여기에는 두 가지 방법이 있다. 첫째는 유전자 총gene gun으로 유전자를 쏘는 방법이며, 둘째는 종양균 또는 암종균agrobacterium이라 불리는 식물 암종을 주입해 해당 식물을 감염시키는 방법이다. 그런데 이 두 방법 다 완전하지 않아서, 새 유전자를 흡수한 세포들을 그렇지 않은 세포들로부터 분리하기 위해 항생물질에 대해 내성을 지닌 유전자가 추가로 주입된다. 더욱이, 주입된 유전자가 해당 식물의 게놈의 일부가 아닌 탓에 식물은 그 유전자가 들여온 새로운 형질을 발현하지 않는 경향이 있는데, 이 때문에 식물이 새 형질을 발현하도록 유독성을 띤 바이러스 유전자가 추가로 주입된다. 이런 식으로 모든 GMO는 네 가지 유전자를 갖추고 있다. 해당 식물에 속해 있지 않은 유전자, 식물 암 유발 유전자, 항생물질에 대해 내성을 지닌 유전자, 그리고 식물의 반응을 자극하는 바이러스 유전자. 이러한 유전자 다발은 식물에, 생물 다양성에, 그리고 그것을 먹는 이들에게 해를 입힌다.

또 다른 유형의 보다 새로운 GMO는 터미네이터 씨앗terminator seed이다. 터미네이터 씨앗은 씨앗의 씨눈을 죽이는(그래서 씨눈이 열매를 맺지 못하게 하는) 치명적 독을 방사하는 유전자 조작 씨앗이다. 몬산토는 미국 농무부와 함께, 터미네이터 기술에 대한 특허권을 소유하고 있다. 몇 년 전 터미네이터 기술을 상업화하려는 시도가 있었지만, 나도 참여한 한 세계적 캠페인이 유엔 생물다양성협약을 통해서 이러한 씨앗들에 대한 일시적 사용 금지 조치를 이끌어냈다.

기업들은 GMO가 성분상 non-GMO 작물·음식과 다르지 않다고 말한다. 하지만 이렇게 말하는 기업들은 동시에, GMO는 새롭고 다르다고, 새로운 발명품이라고 주장한다. 이러한 논리를 따른다면, 똑같은 GMO가 안전에 대한 책임을 회피하려 할 때는 자연적인 것이 되지만, 그것을 소유하는 것이 중요해질 때는 자연적인 것과는 다른 것(또는 비자연적인 것)이 된다. 이것은 존재론의 정신분열증이다. GMO가 도입된 목적은 오직 하나로, 특허권을 통해 종자와 생물을 소유하려는 것이었다. 이처럼 GMO는 통제의 원천이자 로열티 징수를 통한 이윤의 원천이 된다.

농민들이 관리해온 종자의 다양성은 녹색 혁명으로 시작된 어떤 변화 속에서 영영 사라지고 말았다. 녹색 혁명의 농업은 농민들의 다양한 씨앗들은 '텅 빈' 씨앗들이라는 가정을 주입하면서 오늘날에도 계속되고 있다. 영양학적으로 텅 비었을 뿐만 아니라 유독 물질까지 내장한 종자와 작물을 우리에게 계속 공급하는 기업들의 산업형 육종을 통해서 말이다.

HYV, 하이브리드 종자, GMO로의 이러한 전환은, 예전에는 농장에서 재생산되는 자유로운 자원이었던 씨앗이 이제는 농민들이 구매해야 하는 값비싼 투입물로 변해버렸음을 뜻한다. 수많은 국가들이 새 종자의 보급을 위해서 차관을 끌어오지 않을 수 없었고, 농민들도 새 종자를 사용하기 위해서 은행으로부터 융자를 받아야 했다. 멕시코의 '국제 옥수수·밀 향상 센터International Maize and Wheat Improvement Center/CIMMYT', 필리핀의 '국제 쌀 연구소International Rice Research Institute/IRRI'(이들은 나중에 세계은행에서 운영하는 농업 연구 센터의 일부가 된다) 같은 국제 농업 센터들은 이러한 새로운 종자들을 위한 플랫폼이 되었다.[3]

20년 전만 해도 수없이 많은 종자 회사들이 존재했고, 이들 중

대다수는 가족이 운영하는 소규모 회사였지만, 지금은 단 10개의 상위 글로벌 기업들이 총 230억 달러 규모에 달하는 세계 상업 종자 교역량의 3분의 1을 지배하고 있다.[4] 초국적 종자 회사들은 종자의 완전한 장악을, 그리고 종자의 장악을 통한 푸드 시스템의 완전한 장악을 추구한다. 원래 종자를 관리해온 이들인 농민들 전부가 종자 시장에 의존하게 된다면, 종자 산업은 수조 달러의 가치를 지닌 시장을 가지게 될 것이다.

***

씨앗 하나하나는, 수천 년간 진행된 자연의 진화와 수백 년간 농민들이 해온 채종과 육종을 구현하고 있다. 씨앗은 대자연의 지능과 농업 공동체의 지능을 나타내는, 증류된 표현물이다. 농민들은 다양성, 회복력, 맛, 영양, 건강, 그리고 지역 농생태계 적응을 위해 육종을 계속해왔다.

반면 산업형 육종은 자연의 기여와 농민들의 기여를 아무것도 아닌 것으로 취급한다. 테라 눌리우스terra nullius*라는 법적 판단이 대지를 텅 빈 것으로 규정하고 유럽 제국주의 국가들의 대규모 식민화를 허용했던 것과 똑같이, 생물과 관련된 지적 재산권에 대한 법적 판단은 비오 눌리우스bio nullius, 즉 생명에는 지능이 없다는 판단

---

* '대지는 주인이 없는 텅 빈 곳'이라는 뜻이다.

이다. 대자연은 죽은 물질로 규정되며, 따라서 대자연은 창조할 능력이 없다. 그리고 농민들의 머리는 텅 비어 있으며, 따라서 이들은 식물을 육종할 능력이 없다.

페루의 인류학자이자 시인인 호세 마리아 아르구에다스José María Arguedas는 〈몇몇 학자들에게 고함〉이라는 글에서 이렇게 쓰고 있다.

> 그들은 우리가 아무것도 모른다고 말한다. 우리가 뒤떨어졌다고. 머리가 더 나아지려면 우리 자신이 변해야 한다고. 어떤 배운 이들은 우리에 대해서 이런 이야기를 한다. 우리의 삶의 자리에서 자신들을 재생산하고 있는 학자들 말이다. 이 강들의 기슭에는 무엇이 있는가, 박사? 당신의 쌍안경과 안경을 꺼내라. 할 수 있다면, 보라. 500가지 다른 유형의 감자에서 피어난 500가지의 꽃이 당신의 눈이 도달할 수 없는 심연 위의 테라스에서 자라고 있다. 이 500가지 꽃들이 바로 내 뇌이고, 내 살이다.[5]

지배의 법칙과 착취의 법칙을 통해 비오 눌리우스를 위한 토대를 세우기 위해서, 기업들은 자신들이 씨앗의 '창조자'라고 선언하고 있다. 이로써 이 기업들은 씨앗들이 자신들의 '발명품'임을, 따라서 이제 자신들에게 특허권을 부여해주는 대단한 것임을 주장하는 것이다. 특허권이란 어느 한 발명품에 부여되는 배타적 권리로서, 특허권 소유자는 다른 모든 이들이 해당 제품을 제조·판매·유통·활용하지 못하도록 제한할 수 있다. 종자에 대한 특허권이 생기게 되면서, 이제 종자를 보존하고 공유할 농민들의 권리는 '도둑질'로, 또는 '지적 재산권 범죄'로 규정된다.

종자에 대한 특허권과 생명에 대한 특허권으로 가는 문을 연 것은 다름 아닌 유전공학이었다. 기업들은 어느 식물의 세포에 새로운 유전자를 주입하면서 자신들이 씨앗을, 식물을 발명하고 창조했다고, 또한 모든 미래의 씨앗들은 자신들의 소유물이라고 주장했다. 이러한 논리에서 GMO는 'God Move Over(신은 저리로 비켜!)'라는 의미가 되고 말았다. GMO는 단지 또 하나의 테크놀로지인 것처럼 홍보되지만, 사실상 우리의 식량과 종자에 대한 전 세계적 통제 시스템을 만들어내는 도구일 뿐이다.

대기업들은 농민들의 종자 보존 행위를 문제로 규정하고, 농민들의 종자 보존과 종자 공유를 제약함으로써 이 문제를 '시정'해야 한다고 보았다. 이를 위해 이들은 녹색 혁명의 '성공' 후 전 세계적 지적 재산권을 주장하기 시작했다. 이것이 바로 1994년 세계무역기구 WTO의 '무역 관련 지적 재산권에 관한 협정(TRIPS 협정)'이 탄생한 배경이다. TRIPS 협정의 27.3(b) 조항은 다음과 같이 밝히고 있다.

가맹국들은 미생물 이외의 동식물을, 그리고 동식물을 생산하기 위한, 비생물학적·미생물학적 방법 이외의 본질적으로 생물학적인 방법을 특허 대상에서 제외할 수 있다. 그러나 가맹국들은 특허나 별도의 효과적인 제도(sui generis* system)를 통해서, 또는 이 둘의 조합을 통해서 식물의 품종들을 보호해야 한다.[6]

여기서 말하는 식물 품종의 보호란 정확히는 농민들 사이의 자유로운 종자 교환을 금지하는 것이다. 몬산토(5대 거대 종자 기업들 중 하나이며 GMO를 상업화한 유일한 기업)는 TRIPS 협정의 문안을 작성하는 데 자사가 참여했음을 시인하고 있다. 실제로 몬산토의 한 인사는 파렴치하게도 자신들이 "환자이자 진단 전문의이자 의사"라고 악명 높은 발언을 한 바 있다. 이들이 진단하여 치료하려 한 '질병'은 바로 농민들이 종자를 보존한다는 것이었다. 그리고 '치료법'은, 종자를 보존하고 교환할 수 있는 농민들의 기본적 자유를 하나의 범죄로 규정해, 농민들이 그러한 행위를 하지 못하도록 금지하는 것이었다. 간단히 말해서, TRIPS는 종자에 대한 특허권을 부여하며, 특허권은 몬산토 같은 기업들이 농민들의 종자 보존 행위를 금지할 수 있게 해준다. 현재 몬산토는 전 세계에 걸쳐 종자, 식물 및 기타 적용 가능한 과정들에 대한 1,676개의 특허권을 보유하고 있다.[7]

2007년 몬산토는 특허권이 부여된 씨앗을 재생산했다는 이유로 미국 인디애나 주의 농민 버넌 휴 보먼을 고소했다. 그러나 보먼은 몬산토 종자를 구매한 적이 없었다. 그는 곡물 엘리베이터라고 알려진 유통망을 통해 다른 농민들에게서 종자를 구매하곤 했다. 그런데 이렇게 구매한 그의 종자들 중 일부가 유전자가 이식된 종자로

---

* '그만의 혈통'이라는 뜻의 라틴어로, '고유한 클래스'라는 의미로 쓰인다. 철학·법·정치·예술 등 다양한 범주에서 사용되는 말이며, 생물학에서는 특정 '종'을 위해서 '속'이 만들어져야 할 때 그 종을 '수이 제네리스'라고 부른다.

판명되었다. 즉, 그 종자들 내부에 몬산토가 만든 유전자가 들어 있었던 것이다. 보먼이 법정 투쟁을 계속한 끝에 이 사건은 2013년 미국 대법원으로 올라갔는데, 미국 대법원은 최종적으로 몬산토의 손을 들어주었다. 이 판결은 해당 종자로부터 나온 곡물을 몬산토 소유물로 규정했는데, 이는 사실상 농민들이 몬산토에 일정액을 지불하지 않고는 시장에서 그 종자를 구매할 수 없고, 그 종자로 작물을 기를 수 없다는 것을 의미한다.

더욱 지독한 것은 캐나다 농민 퍼시 슈마이저의 사례다. 슈마이저가 재배하던 캐놀라 작물이 몬산토의 라운드업 레디 캐놀라에 유전적으로 감염되었다. 이러한 사실은 몬산토가 슈마이저의 농지에 회사의 조사관을 파견한 뒤에 드러났다. 그런데 몬산토는 슈마이저에게 생물 오염에 대한 비용을 지불하기는커녕, 도리어 자신들의 소유권을 '훔친' 혐의로 그를 고소해 20만 달러의 배상을 요구했다. 슈마이저는 자신의 작물을 오염시킨 것이 몬산토의 유전자라는 논리로 몬산토와 싸웠다. 2004년, 법원은 결국 몬산토의 손을 들어주었다. 다만 법원은 작물 오염으로 이윤을 얻었다는 증거가 없으므로 슈마이저가 이 거대 종자 기업에게 돈을 지불할 필요는 없다고 판결함으로써, 부분적으로는 슈마이저의 손을 들어주었다.*

이 두 판결은 매우 중대한 결과를 가져왔다. 보먼의 경우, 법원

---

* 몬산토가 슈마이저를 고소한 것은 1998년의 일이다. 이 사건은 〈데이비드 대 몬산토David versus Monsanto〉(2009)라는 영화에서 소상히 다루어졌다.

의 판결은 몬산토를 비롯한 종자 회사들이 '미래의 모든 종자들을 소유'할 수 있도록(말할 것도 없이 이것은 종자가 갖고 있는 재생산의 성질 때문이다) 만드는 선례가 되었다. 슈마이저의 경우, 판결은 몬산토 같은 기업들이 특허권을 활용해 자신들이 오염시킨 작물을 기르는 농민들을 고소할 수도 있음을 뜻했다. 즉, 오염원이 피해자를 오염원으로 만들어버리는 것이다. 놀랍게도 몬산토는 북미에서 무료 '팁 라인tip line'*을 후원하고 있는데, 농민들은 이를 통해 오염된 작물을 재배하거나 몬산토가 아닌 다른 곳에서 종자를 구매했을 만한 다른 농민들을 제보한다.[8] 국제농촌진흥재단Rural Advancement Foundation International의 호프 샌드Hope Shand가 말하는 것처럼 "우리의 농촌 공동체들은 지금 기업을 위한 경찰국가들로, 농민들은 범죄자들로 변하고 있다".[9]

지금 미국은 몬산토를 대신해 개발도상국들에게 TRIPS를 강요하고 있고, 유전적 오염은 확산되고 있다. 인도는 몬산토의 Bt 면화로 인한 오염 때문에 토종 면화를 잃었다. 옥수수의 역사적 요람인 멕시코는 토착 옥수수 품종의 80%를 잃었다. 이는 지역적·국가적 종자 유산의 손실을 말해주는 사례들 가운데 단 두 가지 사례에 불과하다. 슈마이저의 사례에서처럼, 오염이 일어나면 바이오테크 종자 기업들은 특허권 침해를 이유로 농민들을 고소한다. 최근 미국에서는 80개 이상의 단체가 공조해, 몬산토가 종자 오염을 당한 농민

---

* 비밀 정보를 제공하는 전화 또는 온라인 사이트.

들을 고소할 수 없도록 만드는 소송을 제기했다.

　생명 특허에 관한 TRIPS의 조항은 1999년에 반드시 개정하기로 예정되어 있었다. 당시 인도는 다음과 같은 의견서를 제출했다. "당연히, 세계 어느 나라에서나 생명체에 특허권을 부여할 필요가 있는지에 대한 재검토를 요하는 사례가 하나쯤은 있게 마련이다. 그런 체계가 성립되기 이전에는, 모든 생명체를 특허 대상에서 배제할 것을……권고할 만하다."[10]

　같은 맥락에서, 아프리칸 그룹은 다음과 같이 밝혔다.

　　식물 품종들이 TRIPS 협정의 보호를 받으려면, 그 보호는 암시적이거나 예외적인 것이 아니라 확실하게 마을 공동체 전체의 이익과 균형을 이루는 것이어야 하고, 농민들의 권리와 전통 지식을 보호해야 하며, 생물 다양성의 보존을 보장해야 한다.[11]

　그러나 의무화되어 있던 개정은 미국에 의해 무산되었는데, 미국은 개정 검토를 위한 토론 자체를 가로막았다.

　동시에 미국 정부는, 몬산토가 씨앗을 창조하고 있음을 인정하도록 법을 개정하라고, 인도를 비롯한 여러 국가들을 위협해왔다. 하지만 씨앗을 창조하는 것은 씨앗 자신이며, 몬산토가 하는 일이라고는 유독성 유전자를 추가하는 것이 전부다. 세계 곳곳의 사례가 보여준 것처럼, 이 논리가 심각하게 왜곡되지 않는 한, 몬산토는 오염자로 인식되어야 마땅하다.

지금까지 저들은 인도의 현행 법률을 파기하는 데 성공하지 못했다. 2013년 7월 5일, 인도 법원은 기후에 반응해 회복력을 발휘하는 식물의 특성에 대해 특허를 받으려 한 몬산토의 시도를 받아들이지 않았다. 법원은 인도 특허법 3(j) 조항을 거론했는데, 이에 따르면 다음과 같은 것들에는 특허 자격이 주어지지 않는다.

씨앗들, 품종들, 생물 종들을 포함하는, 미생물 이외의 동식물이나 이러한 동식물의 일부, 그리고 식물과 동물의 생산과 번식에 관련된 본질적으로 생물학적인 과정.

달리 말해 이 판결은, 생명체와 생명체의 생물학적 과정은 스스로 재생산하는 것으로서, 외부의 힘에 의해 제조 또는 조립되는 무언가로는 간주될 수 없음을 밝힌 것이다.

***

오늘날에는 특허권에 더하여 종자에 대한 새로운 법들이 전 세계에서 시행되고 있는데, 이를 통해 기업들은 농민들이 관리해온 종자들과 다양한 지역 품종들을 불법적인 것으로 만들 수 있다. UPOV(71개 회원국에서 식물에 대한 지적 재산권을 허용하고 있는 국제 식물신품종보호연맹International Union for the Protection of New Varieties of Plants)를 통해서 또는 종자 등록을 요구하는 종자 관련 법들을 통해서 강제 시행되는 이 법들은 곧 획일성의 법들이다.

2004년, 종자에 대한 법을 인도에 도입하려는 시도가 있었다. 농민들이 관리해온 품종들의 등록을 의무화하는 법이었다. 이에 대응해 우리는 종자 사티야그라하Satyagraha*를 시작했고, 그 법은 아직도 통과되지 못하고 있다. 사티야그라하는 '진실함의 힘'이라는 뜻으로, 정의롭지 않은 법에의 비협조를 권장하기 위해 간디가 사용했던 말이다. 간디는 "정의롭지 않은 법이라도 따라야 한다는 미신이 존재하는 한, 노예제는 영원히 존속될 것"이라고 말했다.

그러나 종자 관련 법과 지적 재산권 문제로 농민들이 자신만의 종자를 생산하지 못하는 사례는 세계 곳곳에 허다하다. 상업용 씨앗에 만족할 수 없었던 독일의 유기농 농부 요제프 알브레히트의 사례도 그중 하나다. 그는 자신만의 생태적 밀 품종을 개발했고, 이웃 마을의 유기농 농부 10명이 그의 밀 품종을 가져갔다. 정부는 씨앗을 보존하고 공유하고 싶었다는 이유로 알브레히트에게 벌금을 부과했다. 그가 검증되지 않은 씨앗을 거래했다는 것이었다.

스코틀랜드에는 감자를 재배하는 농민들이 많다. 1990년대 초까지만 해도 그들은 주변의 다른 감자 생산자들, 상인들, 농민들에게 자유롭게 씨앗을 팔 수 있었다. 1990년대에 식물 육종 권리 보유자들은 '영국 식물육종가협회British Society of Plant Breeders'를 통해서

---

* 진실함을 고집한다는 뜻으로 진실함이 아닌 것은 무엇이든 거부하는 개인적·사회적 실천과 운동을 가리킨다. 간디(1869~1948)가 자신의 비폭력 저항 운동의 한 내재적 중심 가치로 고안한 개념이다.

감자 농가에 공지사항을 전하기 시작했고, 씨앗 감자를 다른 농가에 판매하는 일을 불법화했다. 1995년 2월, 이 학회는 애버딘셔 지역의 한 농민을 상대로 세간의 이목을 끄는 법정 소송에 나섰다. 그리고 그 농민은 농민 간 직접 종자 교환으로 종자 산업에 초래된 로열티 손실분(3만 파운드)을 배상하라는 명령을 받게 된다. 영국과 유럽연합의 현행 법률은 그 어떤 형태의 종자 교환 행위도 금지하고 있다.[12]

지금 세계 어디에서나 강행되고 있는 종자 등록 의무화법은 기본적으로, 기업의 자유를 증진하고 종자 독점 체제를 구축하기 위해서 민중의 자유를 불법적으로 제한하는 것이다. 기업들은 또한 세계 곳곳에서 각국 정부들을 움직여, 안전한 음식을 불법적인 것으로 만들고 위험한 음식을 안전한 것으로 공표하는 '가짜 안전', '가짜 위생' 법을 도입하게 하고 있다. 인도의 '식량 불량화 방지법'은 '식량 안전·표준법'으로 대체되었는데, 이 법은 한편으로는 생명공학 기업들과 산업형 식품 기업들에게 규제를 풀어주고, 다른 한편으로는 거리의 행상, 마을의 자그마한 노점상, 농민들을 범법자 취급한다. 나는 이 법을 '푸드 파시즘법'이라고 부른 바 있다. 미국에서는 '식량 안전 현대화법'이 그런 일을 하고 있다. 유기농을 하는 농부인 조엘 샐러틴Joel Salatin은 《내가 하고자 하는 모든 것이 불법이다—로컬 푸드 전선에서의 전쟁담*Everything I Want to Do Is Illegal: War Stories from the Local Food Front*》이라는 딱 알맞은 제목의 책을 썼는데, 여기서 그는 진짜 먹을거리에서 상품으로 우선권이 넘어가는 현실을 그려내고 있다.

기업들의 종자 지배는 무엇보다도 농민들에게 가해지는 폭력의 한 형태다. 농민들은 다양성을 위해 재배하지만, 기업들은 획일성을 위해 재배한다. 농민들은 회복력을 위해 재배하지만 기업들은 취약성을 위해 재배한다. 농민들은 맛과 질과 영양을 위해 재배하지만 기업들은 글로벌 푸드 시스템 내의 산업적 가공과 장거리 수송을 위해 재배한다. 산업형 곡물을 만드는 단일경작과 산업형 정크 푸드를 만드는 단일경작은 서로를 보강하면서 대지와 음식과 우리의 건강을 황폐하게 한다.

다양성 대신에 획일성을, 영양의 질 대신에 양을 우대하다 보니 우리 식단의 수준은 떨어졌고, 우리의 식량과 작물의 풍부한 생물다양성 역시 추방되었다. 그러한 우대는 자연의 지능과 창조성을, 농민의 지성과 창조성을 배제하는 잘못된 '창조' 개념에 근거를 두고 있다. 또한 그러한 우대는 법적으로는, 농민들에게서 종자를 활용할 자유와 종자 주권을 박탈하고 기업의 종자 독점 체제를 구축하는 부당한 종자 관련 법을 부과했다. 농민들의 종자 육종, 종자 보존, 종자 공유를 범죄시하는 법적 수단들이 축적되고 있고 비민주적으로 강제되고 있다. 이는 농민들에 대한 폭력이며, 이 폭력은 주로 세 가지 양상으로 나타난다.

첫째, 육종에 대한 농민들의 기여는 무가치한 것이 되고, 농민들이 자연과 더불어 공진화시켜온 것들은 혁신이라는 이름으로 특허 대상이 된다. 우리는 이것을 생물 해적 행위biopiracy라고 부른다. 생명체를 특허 대상화하는 것은 생물 다양성과 토착 지식을 강탈하는 행위나 다름없다. 생명체에 대한 특허는 생명체 자체를 독점적으로 지배하는 도구인 것이다. 살아 숨 쉬는 자원과 토착 지식을 특허 대상으로 삼는 것은 생물학적이고 지적인 공공재를 사유화하는 것이다. 생물의 형태를 갖춘 것들은 '제조된 것', '기계'로 재규정되어왔다. 즉, 생물 자체의 온전함, 그리고 자기 생산적인 성질은 사라지고 말았다. 전래 지식은 해적 행위 및 특허의 대상이 되고 있고, 생물 해적 행위를 통해서 서구 기업들은 재래의 생물 다양성과 농민들의 다양한 품종을 자신들의 '발명품'인 것처럼 주장한다. 인도의 경우 님, 강황, 바스마티 쌀에 대한 특허에서 이러한 예를 볼 수 있다. 농민들의 주권과 권리를 보존하려면, 우리의 법체계는 기업들의 권리만이 아니라 마을 공동체들의 권리도 인정해야 하고, 또한 다양성을 키우는 과정에서 마을 공동체들이 축적해온 집합적 혁신도 인정해야 한다.

둘째, 특허는 로열티 징수로 이어지는데, 이는 기술과 개선이라는 명분을 내세운 강탈 행위다. 브라질에서는 농민들이 거대 종자 기업인 몬산토를 상대로 투쟁하고 있다. 최근에는 몬산토를 상대로 600만 달러 청구 소송이 제기되었는데, 몬산토가 농민들로부터 부당하게 로열티를 징수해왔다는 것이 소송의 근거였다. 몬산토가 로열티를 징수해온 종자는, 이른바 '갱신' 채종이라는 방법으로 채종한 것이었다. 즉, 이 씨앗들은 이전 수확에서 채종된 것이었고, 이러한 채종은 수백 년 넘게 이어져온 관행이었다. 그러나 이러한 씨앗들이 몬산토의 유전자 변형 식물에서 나온 것이라며, 몬산토는 농민들에게 로열티 지급을 요구하고 있다. 이는 부당한 것일 뿐만 아니라, 이 때문에 농민들은 감당할 수 없는 부채의 늪으로 내몰리고 있으며, 유전자 변형 작물을 심었던, 작황에 실패한 논밭이라는 수렁에서 허우적대고 있다. 셋째, 유전자 변형 작물이 이웃 농가의 논밭을 오염시키는 경우, '오염자가 돈을 내는' 원칙은 전도되고 만다. 기업들은 특허권을 내세워 '오염자가 돈을 받는' 원칙을 확립한다. 캐나다의 퍼시 슈마이저도 이런 일을 당한 경우였고, 또한 미국의 수많은 농부들도 이런 일을 겪고 있다.

'테라 눌리우스'의 개념에 기초한 최초의 식민화가 지주地主를 만들어냈다면, '비오 눌리우스'의 개념에 기초한 새로운 생물 제국주의는 생명의 주인들을 탄생시켰다. 바이오테크놀로지·종자·화학 기업들이라는 생명의 새로운 주인들 말이다. 지주들이 1943년의 벵골 대기근 때 200만 명의 사람들을 죽음으로 내몰았다면, 이 생명의 주인들은 전 세계의 수많은 농민들을 자살로 내몰았다.

2003년, 한국 농민 이경해 씨가 (종자를 자유 무역 대상에 포함시키고 사적 재산으로 만드는 데 주된 역할을 한 조직인) WTO에 반대하는 민중들의 저항 바리케이드에서 스스로 목숨을 끊었다. 할복 당시 그는 "WTO가 농민을 죽인다WTO Kills Farmers"라는 글귀가 적힌 배너를 들고 있었다. 이경해의 자살은 기업의 종자 지배의 결과인, 수많은 전 세계 농민들의 자살을 상징적으로 보여주었다.

누적된 부채를 상환할 수 없는 현실(그리고 이 때문에 새로 대출을 받을 수 없는 현실)이 인도 여러 지역에서 확산되는 농민 자살의 가장 중대하고 그럼직한 원인으로 널리 인식돼왔다. 1995년 이래 인도에서는 총 28만 4,000명의 농민들이 스스로 목숨을 끊었는데,[13] 이유는 투입물의 가격 상승과 불안정한 농산물 가격이었다. 시장 자유화 이후 정부의 농민 보조금이 감소하면서, 그리고 공공 은행이나 신용협동조합에서 더는 신용 대출을 받을 수 없게 되면서, 농민들은 자신들을 더욱 착취할 가능성이 높은 고리대금업자들의 돈을 빌릴 수밖에 없었다. 제도권 금융 기관에서 대출을 받을 경우에는 농지를 지켜낼 수 있지만, 전통적 대금업자들, 그리고 더 나쁜 경우 종자·화학 기업의 대리인들에게 대출을 받지 않을 수 없게 된 농민들은 자신들의 농지를 저당 잡혀 대출받는 신세가 된다. 그리고 대출받은 농민이 자신의 농지를 잃게 되는 바로 그날이 그가 자살하는 날이 된다.

농촌 공동체들에서 가족 구성원들이 점점 더 많이 사라지고 있는데, 종자 가격 상승, 부채 증가, 흉작으로 인해 그들이 죽음으로 내몰리고 있기 때문이다. 대출금을 갚으려고 자신의 땅을, 심지어 자신의 신장을 팔아야 하는 농민도 있었다. 또한 주택이나 트랙터를 저당 잡히는 경우도 있었고, 대출을 갚지 못해 체포되는 경우도 있었다.

나브다니야는 1997년부터 〈자살의 씨앗Seeds of Suicide〉이라는 보고서를 계속 업데이트해왔는데, 이 보고서는 어째서 인도의(그리고 전 세계의) 농민 자살이 시장 자유화 정책의 결과인지를 보여준다. 농업 부문에서의 시장 자유화, 민영화, 세계화라는 트렌드는 통제받지 않는 종자 산업의 형성이라는 결과로 이어졌다. 그와 동시에, 기존의 규칙들과 규정들은 폐기되거나 다국적·초국적 기업들의 입맛에 맞게 수정되었다. 종자를 보급하고 직접 교환하는 농민들의 네트워크는 규제 없는 종자 시장의 확대로 인해 위축되었다.[14]

어느 미국 시민의 생명이든, 어느 인도 농민의 생명이든 모든 생명은 동등하다. 전 세계 농민들의 죽음을 경제 발전의 과정에 수반되는 부수적인 피해로서 정당화하는 사람들은 자기 주장의 오류를 살펴봐야 한다. 미국의 상해·건강 보험이 생명 가치를 측정하는 방법을 적용해 농민 자살이 인도 경제에 미치는 손실을 따져보면 GDP의 5%에 해당한다. 1995년 이래 발생한 28만 4,000건의 농민 자살은 1조 9,900만 달러로 환산된다.

농민이 본래의 육종자이며, 종자에 대한 농민의 권리는 식량과 생계를 위한 기본 권리에 속한다. 그럼에도 몬산토를 비롯한 기업들은 종자의 보관자이자 제공자로 살아온 농민들을 범죄자로 내모는 시스템을 만들어냈다. 인도같이 극단적인 경우, 농민들은 아예 삶을 마감하도록 내몰리고 있다. 씨앗은 생명의 원천임에도, 바로 그 씨앗이 도용되고 사유물이 되어 죽음을 야기하고 있는 것이다. 이것은 제노사이드(집단 학살)다.

***

자연과 문화가 진화해갈 자유가 지금 직접적이고 폭력적인 위협에 처해 있다. '비오 눌리우스'의 세계관은 지구에 대한, 농민들과 모든 시민들에 대한 부정의와 폭력을 촉발했다. 지금 우리는 생물 다양성과 문화 다양성을 잃어가고 있고, 밥상에서 영양과 맛과 질을 잃어가고 있다. 무엇보다 우리는, 어떤 씨앗을 심을 것인지, 어떤 식으로 먹을거리를 기를 것인지, 무엇을 먹을 것인지 결정할 기본적 자유를 잃어가고 있다.

씨앗은 첫 번째 공격 포인트이지만, 반대로, 우리의 첫 번째 방어 전선이기도 하다. 종자 독립을 위한 우리의 투쟁은 바로 이러한 인식에서 출발한다.

씨앗의 번식을 막기 위해 고안된 테크놀로지에 의한 씨앗의 멸종, 유전적 오염, 박멸로부터 자유롭고 자기 마음껏 진화할 수 있는, 살아 숨 쉬는 자기 재생산적 시스템으로서 씨앗이 갖는 권리를 말하기 위해서 우리는 '종자 독립'이라는 용어를 사용한다. 종자 독립은 독에 노출되어 멸종할 위험으로부터 자유롭고 자기 마음껏 수분授粉 활동을 할 수 있는 벌들의 자유다. 종자 독립은 온전함과 회복력을 갖춘 채, 모두의 상호 연결과 안녕을 강화하며 스스로를 만들어갈 수 있는 생명의 그물의 자유다. 종자 독립은 (수천 년간 진화해온 종자들인) 자신들의 다양한 품종을 국가나 기업의 간섭 없이 보존하고 교환하고 육종하고 판매할 수 있는 농민의 권리다. 종자 독립은 다양성·맛·향·질·영양을 위해 육종된 씨앗으로 재배된 식량을 먹을 수 있는 소비자의 자유다.

종자 독립은 농민들이 육종한 토종 씨앗들을 보존하고 교환할 의무다. 이는 종자 주권이기도 하다. 농민들이 다양한 품종을 일종의 공유재로서 보전하고 활용하고 재배하려면, 국가나 기업의 간섭으로부터 자유로운, 지역 공동체 차원의 자율과 자치가 필요하다. 국가나 세계 차원에서 종자 독립은, 기업이 한편으로는 생물 해적 행위를 통해서, 다른 한편으로는 유전자 변형 종자와 곡물이 초래하는 안전상의 위협을 통해서 민중의 삶의 주권을 침해하지 못하도록 기업을 규제함으로써 생물 다양성과 민중의 자유를 보호할 정부의 의무를 포함한다. 종자 독립과 종자 주권은 마을 공동체 차원에서는 자치의 자유를 누리는 것, 공유재를 돌보는 것, 그리고 마을 공동체의 결실을 지속 가능한 방식으로 공평하게 공유하는 것이다. 또한 그것은 국가적·국제적 규제로 인한 폐해로부터의 자유를 포함한다.

종자 독립은 누군가에게 해를 끼칠 수 있는 이들을 국가가 규제함, 이로써 민중의 생활 공간 내에 자유가 실천될 수 있는 환경을 조성함을 뜻한다. 바로 이런 식의 규제로, 강간범이 강간할 자유를, 살인자가 살인할 자유를, 오염시키는 자가 오염시킬 자유를 갖지 못하게 되는 것이다. 반면에 기업들은 유전공학 같은 새로운 테크놀로지로 지구와 사람들에게 해를 끼칠 수 있는, 전에 없는 능력을 가지고 있다. 이제 이것은 멈춰야만 한다.

내가 생각하기에, 지구에서 살아가는 생명을, 특히 생물 다양성과 씨앗들을 보존하고 보호하는 것은 지고의 법dharma 또는 의무다. 1987년, 기업들이 생명체와 씨앗에 대한 유전공학과 특허를 통해 생명을 완전히 통제한다는 비전을 천명하는 것을 보고 나는 나브다니야를 시작했다. 나브다니야가 결성된 것은 우리의 종자 다양성을 보호하고, 씨앗을 자유롭게 보존하고 육종하고 교환할 농민들의 자유를 보호하기 위해서였다. 생명체, 식물, 씨앗은 모두 진화하는, 스스로 재생산하는, 자립적인 존재들이라고 나는 생각한다. 이들은 고유의 중요성과 가치와 지위를 가지고 있다. 생명이 기업의 발명품이라고 주장하며 생명을 소유하는 것은 윤리적으로도 법률적으로도 옳지 않다. 종자 특허권은 법률적으로 옳지 않은데, 종자는 발명품이 아니기 때문이다. 종자 특허권은 윤리적으로 옳지 않은데, 종자는 생명체이기 때문이다. 즉, 종자는 우리 지구 가족의 친척들이다.

2001년, 당시의 (인도) 농무부 장관 슈리 차투라난 미슈라Shri Chaturanan Mishra는 '식물 품종 보호 및 농민의 권리에 관한 법령'이라는 법률의 초안을 작성하는 전문가 그룹에 나를 초빙했는데, 우리는 이 법률에 농민의 권리를 위한 다음과 같은 조항을 넣을 수 있었다.

농민은, 이 법이 시행되기 전에 그랬던 것처럼, 이 법의 보호를 받는 다양한 품종의 씨앗을 포함해 자신의 농산물을 보존하거나 사용하거나 심거나 다시 심거나 교환하거나 공유하거나 판매할 권리를 가졌다고 간주되어야 한다.

부당한 종자법에 대한 '종자 사티야그라하'를 통한 저항은 종자 독립의 일면이다. 종자를 보존하고 공유하는 것은 다른 일면이다. 이

것이 나브다니야가 그간 100개 이상의 마을 종자 은행을 설립해 마을 공동체들과 함께 공유재로서의 종자와 종자 다양성을 복원해온 이유다. 세계 곳곳에서 마을 공동체들은 다양한 방법으로 자신들의 환경에 알맞은 종자를 보존·교환하고 있다. 이들은 지금 자유를 창조하고, 재창조하고 있다. 종자를 위한, 종자 보호자를 위한, 모든 생명을 위한 자유를.

2012년, 전 세계 기후 운동 단체들과 과학자들이 함께 참여해 하나의 보고서를 작성했는데, 이것이 세계 종자 독립 운동Seed Freedom Movement을 촉발하게 되었다. 이 운동에 참여한 기관 및 단체로는 슈메이 인터내셔널Shumei International, 코코펠리Kokopelli(프랑스), 슬로푸드 인터내셔널Slow Food International, ETC 그룹ETC Group, GRAIN(국제기구), 나야크리시Nayakrishi(방글라데시), 아프리카 생물안전센터African Centre for Biosafety, 아프리카 생물 다양성 네트워크African Biodiversity Network, IFOAM(세계 유기농업운동연맹 International Federation of Organic Agriculture Movements), 농촌을 성찰하는 모임Grupo de Reflexión Rural(아르헨티나), 식량안전센터Center for Food Safety(미국), OSGATA(유기농 종자 재배자 및 교역 연합Organic Seed Growers and Trade Association, 미국), 페레니아Perennia(캐나다), 종자 특허 반대No Patents on Seeds, 노아의 방주Arche Noah(오스트리아), 여성농민연합Associazione Donne in Campo(이탈리아), 다니엘 미테랑 재단Fondation Danielle Mitterrand(프랑스), 붉은 종자 독립Red Semillas Libres(칠레) 등이 있다.

이 운동은 활동가·과학자·시민을 끌어들여 우리의 종자 공급이 얼마나 위태로워졌는지를 사람들과 정부들에게 알리며 종자 위기 사태에 대응하고 있다. 운동이 시작된 이래 이미 여러 나라에서 500만 명이 넘는 이들이 종자의 공유재적 성격을 복원하고 지구의 생물 다양성을 보호하는 데 힘쓰게 되었다. 이 종자 독립 운동은, 희망하건대, 그 어떤 씨앗도 농민도 시민도 속박되거나 식민화되거나 노예화되지 않을 때까지 계속해서 증식되고 재생산될 한 알의 작은 씨앗이다. 종자 독립에 관한 이야기는 정의롭지 못한 법들에 도전하고 있는 용기 있고 창조적인 개인들과 단체들에 관한 이야기다.

세계 곳곳에서 다양한 형태의 종자 운동들이 씨앗과 농민과 시민의 자유를 옹호하고 있다. 2004년 인도에서는 비자 사티야그라하 Bija Satyagraha 운동이 농민들의 종자를 불법화했을 한 종자법의 도입을 저지한 바 있다. 유럽에서는 유럽 위원회가 생물 다양성과 다양한 지역 종자들을 범죄시하는 종자법을 입법하려 했을 때 종자 독립 운동이 유럽 의회와 공조했고, 그 결과 그 법안은 유럽 위원회로 되돌아갈 수밖에 없었다. 콜롬비아에서는 농민들이 자신들의 종자를 불법화하는 종자법을 저지하기 위해 거리로 쏟아져 나왔다. 2014년 나는 아프리카 대륙을 횡단하면서 종자 주권과 식량 주권을 위한 토착민 운동을 지원했다.

세계 모든 나라에서, 종자 독립을 위한 민중의 운동과 종자 독재를 위한 기업의 질주 사이에서 싸움이 벌어지고 있다. 식량 민주주의는 종자 독립에 달려 있다. 종자 독재는 식량 독재를 위한 기반이다. 베트남 전쟁 당시 헨리 키신저Henry Kissinger는 "식량은 무기"라고 말한 바 있다. 오늘날 종자는, 지구와 지구 사람들을 상대로 하는 전쟁의 절대 무기가 되었다. 이 전쟁에서 기업들이 승리한다면 우리는 우리의 식량과 미래 모두를 잃고 말 것이다.

종자 독립은 오늘날 생태적·정치적·경제적·문화적 절대 과제가 되었다. 우리가 이 과제를 수행하지 않는다면, 또는 단편적이고 빈약한 수준으로 수행하고 만다면, 생물 종들은 소실되고, 이 소실은 돌이킬 수 없게 될 것이다. 생물 다양성에 의존하는 음식과 문화의 영역을 포함해 농업 또한 사라지고 말 것이다. 소농들도, 다양한 건강한 먹을거리도 사라질 것이고, 종자 주권과 식량 주권도 사라질 것이다.

반대로 우리가 한뜻, 한목소리로 강력하게 종자 독립을 옹호하는 발언과 행동에 나선다면, 종자와 생명체에 대한 특허의 역겨움, 폭력, 부정의, 비도덕성을 물리칠 수 있을 것이다. 이제 노예제는 과거의 유물이 되었지만, 오늘날 기업들이 생명체 소유를 전혀 문제시하지 않는 것처럼, 과거 노예 소유자들은 다른 인간의 소유를 전혀 문제시하지 않았다. 당시 사람들이 노예제를 문제시하고 노예제에 도전했던 것처럼 종자에 대한 특허권에 도전하는 것은 오늘날 우리의 윤리적·생태적 의무이자 권리다. 씨앗과 농민들을 해방할 의무가 우리에게는 있다. 우리 자신의 자유를 지켜내고 누구나 사용 가능한 종자를 공유재로서 보호할 의무가 우리에게는 있다. 지구상의 생명을 지켜낼 의무와 권리가 우리에게는 있다.

7장

•

세계화가 아니라
지역화

세계 곳곳의 푸드 시스템들의 진화를 이끌어온 것은 두 개의 원칙이었다. 첫 번째 원칙은, 인간은 모두 먹어야만 한다는 것이다. 두 번째 원칙은, 인간이 사는 곳이면 어디든 먹을거리를 생산해낸다는 것이다. 북극에서 열대 우림, 사막에 이르기까지 각각의 고유한 장소에는 각기 고유한 생태계가 있고, 그리하여 각기 고유한 푸드 시스템이 있지만, 사람이 있는 곳이라면 어디에나 먹을거리가, 식량이 있을 것이다. 이 두 원칙을 고려할 때, 사람들에게 영양을 공급하기 위해 진화해온 푸드 시스템들은 본질적으로 지역적인 성격을 지닌다. 그리고 이 지역적인 푸드 생산 시스템들은 지역의 생물 다양성과 문화 다양성을 풍부하게 만들어준다. 식량의 지역화는 자연스러운 것일 뿐만 아니라 불가결한 것이기도 하다. 식량의 지역화로 농부들은 반환의 법칙을 실천할 수 있고, 다양한 생물을 통해 더 많은 식량을 생산할 수 있으며, 지역 문화와 생태계에 적합한 푸드 시스템을 만들어낼 수 있고, 자신들과 마을을, 그리고 (반환처인) 지역의 흙을 기름지게 만들 수 있기 때문이다.

지난 20년간 우리는, 푸드·농업 시스템의 세계화는 자연스럽고 피할 수 없는 현상이라고 들어왔다. 그러나 세계화, 특히 식량의 세계화는 전혀 자연스러운 일이 아니다.

　세계화의 첫 번째 물결은 17세기에, 당시 인도와의 향신료 무역을 지배하고자 한 유럽에 의해 시작되었다. 동인도회사의 설립을, 그리고 동인도회사와 (멸망한) 무굴 제국 사이의 최초의 '자유 무역 협정'을 불러온 것은 바로 이러한 흐름이었다. 그러나 동인도회사가 거래한 물품은 향신료였지 주식主食이 아니었다. 사실, 1995년 WTO가 설립되기 전에는 식량은 지역 주권, 국가 주권의 영역이었지 세계 무역의 대상이 아니었다.

　세계 무역의 규칙들을 정한 것은, 식량과 농업에 대한 지배력을 확대해 이윤을 확대하려 한 기업들이었다. 자유 무역이 경쟁을 기본 규칙으로 한다는 생각은 신화에 불과하다. 자유 무역은 대기업들의 독점을 야기했다. 종자를 지배하는 5대 종자 기업(몬산토Monsanto, 신젠타Syngenta, 듀퐁DuPont, 베이어Bayer, 다우Dow),[1] 곡물 공급을 지배하는 5대 곡물 기업(카길Cargill, 아처 대니얼스 미들랜드Archer Daniels Midland/ADM, 벙기Bunge, 글렌코어 인터내셔널Glencore International, 루이 드레퓌스Louis Dreyfus),[2] 식음료 가공업을 지배하는 5대 가공 기업(펩시코PepsiCo, JBS, 타이슨 푸드Tyson Foods, 다논Danone, 네슬레Nestlé),[3] 식품 유통을 지배하는 5대 유통 기업(월마트Walmart, 까르푸Carrefour, 메트로 그룹Metro Group, 에이온Aeon, 테스코Tesco) 같은 거대 기업들이 바로 그들이다.[4]

　하나의 생산 모델인 산업농에 대해 산업농이 세계를 부양한다는 잘못된 주장이 만들어진 것처럼, 세계화를 통해서, 그리고 (하나의 유통 모델인) 자유 무역을 통해서 세계가 부양된다는 엉터리 주장이 만들어졌다. 실상은 이러한 주장과는 정반대다. 세계화는 추방과 실업과 기아, 그리고 전례 없는 수준의 식량 불안을 야기했다. 사용되는 언어는 '자유 무역'과 경쟁이지만, 기업 본위의 세계화를 채우고 있는 것은 정의롭지 않고 자유롭지 않은 무역이다.

　세계화가 식량을 위해 다음 두 가지 일을 할 것이라는 주장과 함께 세계화가 강제되었다. 첫째, 세계화는 식량 생산을 증대할 것이다. 소규모의 사람들보다 기업들이 대량 생산에 더 능하다는 이론에서다. 둘째, 세계화는 식량 가격을 낮출 것이고, 따라서 가난한 이들의 식량 접근성을 높이게 될 것이다. 이 두 주장 모두 거짓말이다. 식량 생산에 관한 한, 우리는 이미 '더 많이의 신화'가 어떻게 단일경작, 대규모 농장, 유독 물질을 통해서 더 적게 생산하는지를 살펴보았다. 사실, 세계화는 식량을, 먹을거리를 생산하지 않는다. 세계화가 생산하는 것은 상품일 뿐이다. 지금 세계에서 재배되는 옥수수와 콩 가운데 90%는 바이오 연료나 동물 사료로 사용되고 있다. 가장 이윤이 많이 나는 데가 바로 그곳이기 때문이다. 상품은 사람을 먹여 살리지 않는다. 상품은 기아를 야기한다.

　'값싼 식량'이라는 측면에서 살펴본다면, 세계화된 식량은 실제로는 매우 비싼 비용을 들여 생산된다. 또한 농기업들이 부유한 국가들에서 4,000억 달러 이상을 보조금으로 받지 않는다면 전체 시스템은 붕괴하고 말 것이다. 투입 비용(비료, 유해생물억제제, 농기계)은 거래물의 가치보다 언제나 높으며, 정부 보조금 없이는 세계화되고 기계화된 푸드 생산 시스템은 작동하지 못할 것이다. 보조금을 받아 생산된 이러한 상품들은 이후 가난한 국가들에 판매되고, 가난한 국가들은 자국의 보호 장벽을 허물지 않을 수 없게끔 압박을 받는다. 부유한 국가들이 인위적으로 값을 낮춘 상품들을 가난한 개발도상국에 팔아넘길 수 있도록 말이다. 덧붙이자면, 금융 투기로 인한 유동적 국제 식량 가격은, 농민들과 일반인들에게서 빼앗아 기업들과 정부들에게 주는 이 시스템을 한층 더 확고하게 해준다.

세계화는 신자유주의적 경제 '혁신' 정책들을 통해 진행되는데, 이 정책들은 국내 거래와 국제 교역 양자에 관한 규제를 풀고 공공재를 민영화하며, 기업의 지배를 수용하는 프레임을 만들어낸다.

오늘날 세계의 식량 공급은 위기에 처해 있고, 이 위기는 다층적이다. 첫째, 화학 물질과 화석 연료 집약적인 산업농에 따르는 생태적 손실이 어마어마해서, 기후 변화, 생물 다양성 침식, 물 고갈, 토양 침식이 야기되고 있다. 둘째, 세계화된 산업농이 소농들을 대거 몰아내는데, 한편으로는 부채 증가로 수많은 농민들이 자살에 내몰리고 있고, 다른 한편으로는 대량 실업으로 다른 여러 형태의 극단적 선택이 초래되고 있다. 셋째, 산업형 식량 생산의 구조 속에서 기아, 영양실조, 질병이 야기되고 있다. 농민들이 자기가 재배한 것을 팔아야만 하게끔 만드는 농가 부채가 기아로 이어지고 있다. 또한 농가의 생계수단을 파괴하는 '덤핑'이 기아를 낳고, 식량을 (막대한 양의 식량을 허비하게 하는) 장거리 교역을 위한 일개 상품으로 변질시키는 행위가 기아를 낳고 있다.

이러한 식량 위기의 모든 차원(지속 불가능성, 부정의, 실업, 기아, 질병)은 산업화된 글로벌 푸드 시스템과 관련 있고, 이 위기들 모두는 생태 농업과 로컬 푸드 시스템을 통해서 해결될 수 있다. 지속 가능성을, 영양을, 식량 민주주의를 기르기 위해서 우리는 큰 것이 아니라 작은 것을, 세계적인 것이 아니라 지역적인 것을 생각해야 한다.

***

세계화는 부유한 자들(부유한 국가들을 포함해)에게 혜택을 주고 가난한 자들을 착취한다. 세계화는 '자유 무역'이라는 이름으로 진행되는데, 자유 무역은 무역 자유화 또는 어느 한 국가에 무엇이 얼마만큼 수입될 수 있는지에 관한 정부 규제의 철폐를 통해서 시행된다. 이것은 민영화의 확립과 긴밀한 연관이 있는데, 왜냐하면 WTO 같은 기구가 강요한 정책으로 각국 정부들이 뒤로 물러날 때(물러나도록 강요받을 때) 사기업들이 들어와 그 빈 자리를 채우기 때문이다. 무역 자유화는 어느 한 국가의 경계를 '열어젖히는' 행위로, 그리하여 상품과 서비스의 원활한 흐름을 허용하는 행위로 선전된다. 실상을 살펴보면, 이러한 협약으로 혜택을 보는 자는 오직 거대 사기업들과 부유한 국가들뿐이다. 지난 20년간 신자유주의 정책들은 전 세계 민중의 생계와 식량 안보를 파괴했다.

무역 자유화는 가난한 국가들이 수입 장벽을 제거하도록 압박한다. 수입 장벽을 제거하게 되면 이 국가들은 덤핑에 취약해진다.

북반구 국가들에서 보조금을 받아 생산된 상품들이 대량으로 남반구 국가들에 싸게 팔아넘겨지는 데 취약해지는 것이다. 이 덤핑 행위는 더 값싼 상품들이 이제 더 가난한 국가들에서 유통될 수 있다는 가짜 인상을 만들어낸다. 하지만 실제로는 이 덤핑은, 농민들의 생계를 포함해, 식량 생산과 유통의 지역적 원천을 파괴한다.

1998년 인도에서 처음으로 양적 제한(또는 수입 장벽)이 철폐되었을 때, 몇몇 상품들이 인도 국경 내로 덤핑되어 지역의 식량 원천을 약화시켰다. 당시 미국이 국제 시장에서 콩을 판매하는 가격은 1미터톤당 150달러였다. 그런데 대농장들과 대기업들에 지급된 (콩 생산에 대한) 보조금이 1미터톤당 190달러였다. 이 보조금이 아니었다면 미국산 콩은 인도의 지역 농산물과 경쟁할 수 없었을 것이다. 인위적으로 값을 낮춘 이 농산물들이 인도 시장에 넘쳐나자 지역 농민들과 지역 식량 생산이 약화되기 시작했다. 콩뿐만 아니라 다른 작물들에서도 같은 일이 일어났다. 케랄라 지역에서 10루피였던 코코넛 한 개의 가격이 양적 제한 철폐 이후엔 2루피로 떨어졌다. 코코넛의 땅인 케랄라 지역의 농민들은 코코넛 나무들을 마구 잘라내기 시작했고, 환금 작물 재배나 농지 매각에 매달리게 되었다.

가난한 국가들의 희생을 수반하는 이러한 덤핑을 가능케 한 한 가지 중요한 협약이 있다. 농업 보조 시스템의 하나인 '유럽연합 공동농업정책CAP'으로, 이 시스템은 1962년 처음 시행된 이래, 가난한 국가들을 상대로 대대적 덤핑을 할 수 있게 하는 방향으로 몇 차례 수정돼왔다. 자메이카에서는 막대한 보조금을 받아 생산된 유럽연합 탈지분유의 덤핑으로 자국 유제품 생산이 붕괴되었다. 아이러니하게도 유럽연합의 낙농 농민들은 이 보조금으로 그다지 덕을 보지 못했는데, 보조금이 그 농민들에게 지급되기보다는 거대 식품 가공 기업들로 직접 지급되기 때문이다.[5]

서아프리카에서는 1,000만 내지 1,100만의 농민들이 2억 달러의 손해를 봤는데, 미국 농장법US Farm Bill에 의거한 미국 보조금이 초래한 결과였다.[6] 연구에 따르면, 남아프리카공화국에서는 유럽연합의 설탕 관리 체제 덕분에, 농업에 고비용을 들이는 유럽 농민들이 비용을 훨씬 더 효율적으로 쓰는 남아공 농민들을 희생시키며 이익을 보고 있다. 그 결과, 가뜩이나 후천면역결핍증HIV/AIDS이나 아파르트헤이트의 유산과 싸우느라 힘든 이 나라에서는 일자리와 수입이 감소하고 있다. 남반구 농민들은 CAP와 미국 농장법을 북반구 최악의 이중 표준 사례로 본다. 이 이중 표준을 한마디로 요약하면 '너는 규제를 풀고, 우리는 보조금을 지급한다' 정도가 될 것이다.[7]

북반구의 높은 보조금으로 인해, 보호 장벽의 제거는 남반구 국가의 국내 시장에 왜곡된 가격 신호를 보내고, 그러면 그 국내 시장은 생계유지 수준 아래까지 가격을 낮춰버리게 된다. 이런 사태는 또한 국내 시장의 공급과 수요의 불균형을 초래하며, 나아가, 이 장의 끝에 가서 살펴보겠지만, 이런 사태는 사람들이 접근할 수 있는 먹을거리의 종류를 공격적으로 바꾸기 시작한다.

무역 자유화 정책들은 덤핑 행위 이상을 담고 있다. (자유화의 기둥들로 찬미되는) 이 정책들은 국가 식량 안보와 농민들의 생계 안보를 책임져야 하는 정부의 역할을 침식해왔다. 무역 자유화의 옹호자들은 국민들을 돕기 위한 정부의 보조 조치들을 '무역 학대'라고 부르며, 그러한 조치들을 폐기할 것을 요구한다. 이렇게 하여, 농민들과 지역 생산자들이 대량으로 유입되는 수입품에 타격을 입고 경제 활동에서 손을 떼게 된다 해도, 정부들은 이 사태에 개입해 도움을 줄 수가 없게 된다.

이와 동시에, 무역 자유화는 마을 공동체의 자생력을 키우기보다는, '민영화'와 '시장 접근', 그리고 수입품에 대한 양적 제한 철폐 같은 프로그램들을 통해서 푸드 생산 및 유통 시스템에 대한 농기업의 지배력을 늘리는 정책에 힘을 실어주었다. 사람 본위의 정책에서 무역 본위 또는 기업 본위의 정책으로의 이러한 전환을 보여주는 한 가지 분명한 예는, 농민들에게는 국경 너머로 자신들의 농산물을 가져가는 것이 허용되지 않는 반면에 무역 상인들은 어느 지역에서 생산된 농산물이든 다 취급할 수 있고 또 그 농산물을 어디로든 다 가져갈 수 있다는 것이다. 사실, 지금 각국 정부는 기업들이 수출용 상품들을 신속히 수송할 수 있도록, 농산물 센터들을 공항과 항만에 연결해주는 초고속도로망을 건설하고 있다.

많은 국가들이 한때 식량 수출국이었지만 지금은 수입국이 되어 있다. 달리 말해서, 많은 국가들이 식량 독립적이고 자급적인 경제 체제였지만 이제는 식량 의존적인 경제 체제로 전락하고 말았다. 예컨대 인도는 세계에서 가장 큰 식물성 기름 시장 중 하나이고, 피마자유, 홍화유, 참기름, 니거 오일niger oil의 생산량에서 세계 1위를 차지하고 있다. 1985년에서 1996년까지 인도의 지방종자 생산량은 2배 이상 늘었고 인도는 이 분야에서 자급을 성취했다. 1990년에서 1991년까지 인도는 103억 1,000만 루피의 지방종자를 수출했다. 1991년에서 1992년까지의 기간에는 이 수치가 165억 루피로 증가했다. 그러나 1998년 무역 자유화가 시행되고 수입 장벽이 무너지면서 인도는 식용유 순 수출국에서 순 수입국으로 전락하고 말아, 2001년에 와서는 1억 3,300만 달러어치 식용유를 수입하게 되었을 정도다. 2003년에는 수입 규모가 9억 4,060만 달러로 급등했는데, 이는 인도의 전체 농산물 수입량의 63.5%를 차지한다.[8]

1992년에 인도네시아의 농민들은 자국의 모든 시장에 공급할 정도로 충분한 양의 콩을 생산하고 있었다. 콩으로 만든 두부와 템페는 수많은 섬들로 이루어진 이 나라 전체에서 일상적으로 먹는 중요한 음식이다. 신자유주의 정책 시행에 따라 이 나라는 식량 수입의 문을 열었는데, 미국의 값싼 콩(달리 말해, 높은 보조금을 받은 미국산 콩)이 자국의 시장에 넘쳐나도록 허용한 것이다. 이로써 인도네시아의 국내 콩 생산은 망가졌고, 오늘날 인도네시아에서 소비되고 있는 콩의 60%가 수입 콩이다. 2007년 미국산 콩의 기록적으로 높은 가격은 인도네시아의 국가적 위기를 야기했다. 당시 '가난한 이들의 고기'로 알려진 두부와 템페의 가격이 단 몇 주 만에 2배로 치솟았던 것이다.[9]

유엔 식량농업기구에 따르면, 서아프리카 지역의 식량 부족분은 1995년부터 2004년까지 81% 증가했다. 같은 기간, 곡물 수입량은 102%, 설탕 수입량은 83%, 유제품 수입량은 152%, 가금류 수입량은 500% 증가했다. 하지만 국제농업개발기금IFAD에 따르면 (2007), 이 지역은 얼마든지 식량 자급이 가능한 곳이다. 자유화는 여러 국가들의 취약점을 더욱 취약하게 만드는 것임에도 세계 전역에서 계속 진행되고 있다.[10]

세계화를 지지하는 사람들은 무역 자유화가 모든 당사자들을 이롭게 하기 위한 정책이며, 남반구 국가들이 자발적으로 서명한 정책인 것처럼 말한다. 사실은 이와 달라서, 대기업들과 부유한 국가들이 가난한 국가들에 막대한 압력을 행사해, 무역 규제를 풀고 값싼 수입품에 시장을 개방하게 만들었다.

***

세계화가 밀어붙인 산업농 시스템은 한 작물의 특정 부분만을 포함하는 것으로 '수확'의 정의를 조작함으로써, 소규모의 유기농 농장보다 더 효율성이 높은 것인 양 가장했다. 이런 식의 효율성은 진정한 효율성이 아니라 가짜 효율성일 뿐이다. 산업형 식량 생산을, 그리고 세계화와 무역 자유화의 정책들을 식량 생산의 최고의 프레임으로 정당화하기 위해서, 가짜 효율성이라는 기존 프레임에 가짜 잉여와 가짜 경쟁이 추가된다.

농업의 세계화는 곧 기업들의 농업 지배를 뜻한다. 1995년에 체결된 WTO의 농업에 관한 협정은 협정 국가들에게 농산물 수출과 수입 규제 철폐를 강제하고, 초국적 기업들이 각국의 국내 생산과 국내 시장과 세계 무역을 지배하도록 해주는 국제 조약이다. 이조약과 기업들의 유착 관계는 놀랍도록 분명한데, 이 조약의 초안을 작성한 사람이 다름 아닌 전 카길 부회장인 댄 앰스터츠Dan Amstutz이기 때문이다. 현재 한 줌의 사기업들이 전 세계의 곡물 공급을 거의 모두 지배하고 있다. 카길, 콘티넨털Continental, 콘아그라ConAgra, 루이 드레퓌스, 벙기, 가르나크Garnac, 미쓰이/쿡Mitsui/Cook, 아처 대니얼스 미들랜드ADM가 바로 그들이다. 최근 카길은 콘티넨털을 인수해 세계 최대의 곡물 기업이 되었다.

이 거대 곡물 기업들은 농업 세계화의 설계자들이자 수혜자들이다. 이들은 농업과 식량 생산을 씨앗에서 식탁까지, 농장에서 공장까지 지배한다. 또한 농민들이 구매하는 투입물을 지배하고, 농민들이 자신들의 농산물을 내다 파는 곳인 시장도 지배한다. 정말 중요한 것은, 농민들이 생산한 농작물의 판매 가격을 바로 이들이 결정한다는 것이다. 이들은 단기적으로는 시장을 장악하기 위해 농작물 가격을 낮추지만, 장기적으로는 이러한 독점적 지배가 식량 가격 상승을 야기하게 된다.

농민들은 자신들이 생산한 농작물을 팔아 전보다 더 낮은 소득을 얻고 있고, 그에 반해 투입물에는 점점 더 많은 돈을 쓰도록 압박을 받고 있는데, 이런 까닭에 전 세계적으로 식량 생산, 즉 농업은 경제성이 떨어지는 일이 되고 말았다. 농산물 가격 하락을 초래하는 원인은 잉여와 과다 생산이라고 흔히 설명된다. 그러나 현실을 살펴보면, 낮은 농산물 가격은 단일경작 및 독점과 관련되어 있다. 만일 모든 농민이 오직 하나의 상품만을 재배한다면, 당연히 그 상품은 남아돌 것이다. 그러나 이것은 가짜 잉여물이지 진짜 잉여물, 즉 생태적 유지·존속을 위한 자연의 필요가 모두 충족된 뒤에, 또는 식량과 생계를 위한 농가의 필요가 모두 충족된 뒤에 남는 잉여물은 아니다.

산업농이 의미하는 것은, 생물 다양성이 농민에게 무상으로 제공했던 모든 자연의 기능들을 이제부터는 농민이 구매해야 한다는 것이다. 외적 투입물을 농민들에게 판매하는 바로 그 농기업들이 또한 그 농민들의 농산물을 구매한다. 무역 자유화로 인해 농민에 대한 정부 지원금이 급감한 인도에서는 감자 가격이 킬로그램당 0.40루피로 떨어졌다. 그러자 펩시코나 맥도널드 같은 대기업들은 감자 생산 농가로부터 200그램당 단돈 0.08루피에 감자를 사들인 뒤, 이것으로 포테이토칩을 만들어 200그램당 10루피에 팔 수 있게 되었다. 이를 1,300만 미터톤의 감자에 적용하면, 가난한 농민들과 소작농들에게서 글로벌 다국적 기업들로 무려 200억 루피(약 3,450억 원)가 이동한다는 이야기가 된다.[11] 독일에서는 우유의 산지 가격이 20~30% 하락해왔는데, 이 때문에 농민들은 파산 지경으로 내몰렸다. 슈퍼마켓들이 값싼 유제품을 소비자 유인용 마케팅 수단으로 사용하면서 벌어진 일이었다.

농산물 가격의 하락은 생산량 증대의 결과가 아니다. 사실 농산물 가격은 상식적인 수요와 공급의 이론에 반하여, 생산량이 감소해도 하락한다. 가격 하락은 공급 과잉보다는 통제·지배의 집중과 더 관련이 깊다. 농산물 가격이 낮은 것은 독점 기업들이 가격을 낮은 수준으로 '고정해'놓았기 때문이다. 농민들이 투입물 구매와 농산물 판매를 위해 거대 기업들에 꼼짝없이 의존하기 때문에 거대 기업들이 가격을 결정할 수 있다. 농기업의 입장에서 높은 생산 비용과 낮은 생산품 가격은 이윤을 얻는 두 가지 경로가 된다. 농민의 입장에서는 이것들은 경제성 없는 일, 걷잡을 수 없이 불어나는 부채를 뜻한다.

기업이 지배하는 이런 시스템에서는 '경쟁'이라는 개념 역시 '잉여'라는 개념만큼이나 잘못 사용된다. 신자유주의적인 '자유 시장' 정책들은 자본주의 생산 시스템이 기업들과 개인들 간의 경쟁을 부추긴다고, 그리고 이 경쟁은 소비자가 구매할 수 있는 가장 좋고 가장 저렴한 상품과 서비스의 탄생으로 귀결된다고 주장한다. 이것은 진실과는 거리가 멀다.

첫째, 글로벌화된 세계 식량 생산의 거의 전부를 몇몇 기업이 지배하고 있는 현실에서는, 경쟁이 있다면, 소농들과 일반인들을 희생시키고 서로의 등을 기꺼이 긁어주려 하는 농기업들 사이에 있다.

둘째, 세계 자유 무역 계산법에서 '경쟁력'을 측정하는 기준 자체가 허구이자 추상이다. 여기서 측정은 한 상품의 국제 가격과 국내 가격 간의 비교에 기초한다. 인도 농무부에서 발간한 한 보고서에는 이렇게 적혀 있다.

인도는 수입의 양적 제한을 철폐하라는 강한 압력을 받고 있다……이 점을 고려할 때, 인도 농민들은 국제적 경쟁과 만날 준비를 하는 것이 시급하다……수출 경쟁력 분석에 기초한 결론에 따르면 쌀, 바나나, 포도, 사포딜라, 리치, 양파, 토마토, 버섯이 경쟁력 높은 작물이다. 밀, 망고, 감자 같은 작물의 경쟁력은 중간 정도이며, 경쟁력이 덜하거나 경쟁력이 없는 작물로 구성되는 취약 부문에는 옥수수, 사탕수수, 기름야자나무, 대두, 콩류, 코코넛, 클로브, 향신료, 황마 등의 작물이 포함된다.[12]

이 문서에서 말하는 경쟁력은 기후, 생태학, 마을 공동체, 대다수 사람들의 필요를 전혀 고려하고 있지 않다는 문제점이 있다. 외적 투입물 시장을 통제하는 두세 개 기업이 국제 작물 가격을 통제할 때 가격은 극도로 낮게 결정될 수 있다. 북반구의 각국 정부들은 산업형 농장들과 수출업자들에게는 막대한 보조금을 지급하는 반면, 일반 농민들에게는 암울한 농업 경제 안에서 간신히 생존할 정도로만 보조금을 지급한다. 그리고 이처럼 막대한 보조금을 받은 상품들이 싼값에 남반구로 팔아넘겨질 때 '경쟁력'이라는 말이 동원된다. 사람들이 실제로 먹는 먹을거리를 생산하고 있는 보다 가난한 나라의 농민들은 이 '경쟁'을 따라잡기 어려운 이들로 인식되며, 농민들의 생계 파괴는 어쩔 수 없는 것인 양 이야기된다.

농산물 가격은 인위적으로 하락하기도 하지만 인위적으로 상승하기도 한다. 많은 국가에서 대형 슈퍼마켓들이 거의 독점적인 권력을 거머쥔 채, 농산물의 실제 가격 인상분으로 정당화될 수 있는 수준보다 훨씬 더 높은 수준으로 가격을 올리고 있다. 더욱이 국제 금융 투기는 2007년 여름 이후 식량 가격 인상에서 주된 역할을 해왔다. 미국의 금융 위기로 인해 투자자들은 금융 상품에서 원자재 쪽으로 옮겨 갔는데, 원자재에는 농산물도 포함된다. 농산물에 대한 투자 증대는 국내 시장의 농산물 가격에 직접적으로 영향을 미친다. 앞서 살펴본 것처럼, 많은 나라들이 점점 더 식량 수입에 의존하고 있기 때문이다. 투자자들은 예상되는 희소성을 보고 투자한다. 심지어 생산 수준이 높게 유지될 때도 마찬가지다. 이러한 예측에 근거해 초국적 기업들은 시장들을 조작해왔다. 증권업자들은 푸드 관련 증권을 주식 시장에서 분리해 따로 취급하는데, 가격 인상을 촉진해 향후 막대한 이윤을 만들어내기 위해서다. 인도네시아에서는 2008년 1월 한창 콩 가격이 급상승하던 시기에 'PT. 카길 인도네시아'사가 수라바야에 있는 물류 창고에 1만 3,000미터톤의 콩을 보관한 채 가격이 최고점을 찍기만을 기다리고 있었다. 이러한 인위적 가격 인플레이션은 금융 투자에서 만들어지는 막대한 자금의 결과물이다. 그리고 이런 인플레이션이 기아를 만들어낸다. 이 세상 사람들을 전부 먹이기에 충분한 양의 식량이 실제로 있음에도 말이다. 코프먼Frederick Kaufman이 썼듯이, "어딘가에서 판매되고 있는 상상의 밀이 도처에서 판매되고 있는 실제의 밀에 영향을 미치는 것"이다.[13]

투자자들이나 대규모 증권업자들과는 달리, 대부분의 농업 노동자들과 농민들은 높은 농산물 가격으로 이득을 얻지 못한다. 국내 농민들이 생산한 농산물인 경우, 이득을 보는 건 농민들에게서 그 농산물을 구매해 높은 가격에 파는 기업들과 다른 중간 상인들이다. 해외 시장에서 온 농산물인 경우에는 누가 수익자인지가 더욱 분명하다. 바로 그 시장을 통제하고 지배하는 초국적 기업들이다. 생산국에서 농산물을 얼마에 사들일지, 수입국에서 농산물을 얼마에 팔지를 결정하는 것은 바로 이 초국적 기업들이다. 그러니까, 생산자를 위해서 가격이 상승하는 경우라 할지라도, 이 상승분 가운데 가장 큰 몫은 다른 이들의 수중으로 들어가는 셈이다. 유제품이나 육류처럼 생산 비용이 점점 커지고 있는 부문에서는, 소비자 가격이 하늘로 치솟는데도 농민들은 판매 가격의 하락을 겪는다. 앞에서 보았듯 농민들은 소비자들이 지불하는 가격에 비해 극도로 낮은 가격에 자신들의 농산물을 팔기 때문이다. 유럽에서 스페인의 '농축산업 단체 조정자COAG'는 스페인 소비자들이, 농산물 생산자가 자신들의 농산물에 대해 받는 돈보다 최대 600% 더 많은 돈을 지불한다고 계산한 바 있다. 주로 가공, 수송, 소매 비용에 의해 소비자 가격이 결정되는 다른 국가들에서도 비슷한 수치가 나타난다.

농민들, 소작농들, 그리고 소비자들 모두가 식량 가격 위기와 식량 안보 위기로 큰 타격을 입었다. 농업에 종사하는 노동자들과 농촌 지역의 수많은 사람들은 이제 식량을 구매해야 하는 처지에 놓여 있다. 자신들의 농산물을 손수 생산할 수 있는 땅을 잃었기 때문이다. 일부 영세 농민과 소규모 자작농은 땅을 소유하고 있을 수도 있지만, 이들 역시 환금 작물을 생산하도록 내몰린다. 하지만 이 환금 작물들은 그다지 돈이 되지 못한다. 예컨대, 2007년 이후 인도네시아의 식용유 가격 상승은 인도네시아의 팜유 농민들에게 전혀 이익이 되지 못했다. 그들 중 많은 이들이 팜유 제품을 가공, 정제, 판매하는 거대 농기업들과 농업 계약을 맺고 일하고 있다. 이 기업들은 국제 농산물 가격이 급등한 뒤 국내 가격을 올렸지만, 농민들 손에 떨어진 인상분은 미미했다. 계약 농업이라는 모델은 농민들이 자기 가족을 위해서 식량을 생산할 수 없는 상황을 만들어낸다. 그 대신에 이들은 사탕수수, 팜유, 커피, 차, 카카오 같은 환금 작물들을 단일경작의 방법으로 생산하도록 강제된다. 이것은 설령 어느 농민이 자신이 재배한 환금 작물로 미미한 가격 상승분을 얻을 수 있다 해도, 자기 가족을 먹여 살리려면 시장에서 훨씬 더 많은 돈을 주고 식량을 구매해야 함을 뜻한다. 이처럼 농산물 가격의 상승은 실제로는 농사짓는 가정에 더 깊은 가난을 야기한다.

지난 20년간의 국제 정책들은 수억 명의 사람들을 농장에서 도심으로 몰아냈고, 도심에서 대다수 사람들은 슬럼 지대에 거주하면서 불안정한 생계를 근근이 이어가고 있다. 이 도시민들은 어쩔 수 없이 저임금 노동을 해야 하고, 터무니없이 높은 가격에 식품과 기타 물품들을 구매한다. 이들은 현재의 위기의 첫 번째 희생자들로, 자기 식량을 스스로 생산할 방도가 없어서 이러한 상태에 이른 것이다. 이들의 수는 극적으로 증가했고, 이들은 수입의 많은 부분을 식품 구매에 쓴다. 유엔 식량농업기구에 따르면, 식품은 (토지 없

는 농민과 농업 노동자를 포함한) 개발도상국 소비자들의 총지출에서 60~80%를 차지한다.[14]

북반구의 부유한 국가들에서도 기아가 다급한 사회 문제로 떠올랐다. 미국의 경우 14.5%의 가정이 식탁에 충분한 양의 음식을 올리기 어려운 상황에 처해 있다. 1,590만 명의 어린이를 포함해 4,800만 명 이상의 미국인들이 기아를 겪고 있다.[15] 《브리티시 메디컬 저널*British Medical Journal*》에 과학자들과 의사들이 기고한 한 편지에 따르면, 영국에서 기아는 "공공 보건 비상사태"가 되고 있다. 경제 위기가 시작된 이래 영양실조 사례가 지속적으로 급증했다. 2008년 영국에서는 3,161명의 환자가 영양실조와 관련이 있는 질병으로 입원했는데, 2012년에는 이러한 환자의 수가 5,000명 이상으로 증가했다. 2006년에는 푸드 뱅크가 부양한 사람이 2만 6,000명이었지만, 2012년에는 34만 7,000명을 넘어섰다.[16]

무역 장벽 제거와 덤핑으로 인해 각국 정부들은 어쩔 수 없이 값비싼 식량을 수입해 자국의 식량 수요를 충족하게 되었고, 극빈곤층을 지원할 수단을 보유하고 있지 않다. 기업들은, 이윤 창출을 위해서는 더 많은 사람들이 기아를 겪을 수밖에 없는 현실을 인정하면서 현재의 상황을 무자비하게 이용하고 있다.

***

전 세계 국가들의 사례는 무역 자유화 정책, 덤핑 정책, 인위적 가격 상승·하락 정책이 어떻게 식량 안보를 파괴했는지를 보여준다. 여기서는 두 개의 사례 연구를 살펴보겠다.

케냐

식민 지배에서 해방된 지 수십 년 된 많은 아프리카 국가들과 마찬가지로 케냐는 자국 경제의 안정화를 위해 차관 형식의 대규모 경제 원조를 받았다. 1980년, 이 원조 금액을 상환할 수 없게 된 케냐는 세계은행이 제공하는 구조조정 차관을 통해서 자국 시장을 개방하지 않을 수 없었다. 이 새로운 정책을 시행하며 케냐 정부는 자국 농민에 대한 보조금을 감축했고, 수입 관세를 낮추었으며, 시장에 대한 규제도 완화했다. 케냐는 1990년대 초 WTO에 가입했는데, 이로써 이 같은 정책들이 한층 더 공격적으로 추진되었다. 의복에서 신발·설탕·철에 이르기까지, 보조금을 지원받은 값싼 상품들이 전국의 시장에 넘쳐났다. 다른 나라들과의 경쟁에 내몰린 케냐의 풋내기 산업들과 취약한 농민들은 전혀 가망이 없었다. 설상가상으로, 국제 사회와 맺은 조약의 제약 때문에 케냐 정부는 이들을 돕기 위해 개입할 수도 없었다.[17]

케냐의 상황은 점차 악화되었고, 가장 뚜렷한 타격을 입은 분야 중 하나가 식량 생산과 소비 분야였다. 예컨대 낙농 산업은 값싼 수입 분유 제품 때문에 붕괴했고, 설탕 산업은 값싼 설탕의 대대적 유입에 잠식되고 말았다. 자유화를 추진한 다른 국가들처럼, 케냐 역시 식품 수출국이 되었다. 매일 밤 케냐는 350미터톤의 꽃과 채소를 수출하며, 이것들은 다음 날 영국에서 판매된다. 영국으로 수출되는 것들 중 가장 큰 비중을 차지하는 것이 완두콩, 콩, 깍지완두를 비롯한 콩과科 채소들이다. 2008년에 시골에 사는 130만 명의 케냐인과 도시에 사는 400만 명의 케냐인이 식량 불안, 즉 기아를 겪었다.[18] 세계식량계획World Food Programme은 케냐에 연간 3억 달러의 식량 원조가 필요하다고 밝히고 있지만, 수출업자들은 2010년 한 해 동안 케냐가 30억 달러 이상의 식량을 수출했다고 말한다. 식량을 수출하는 회사는 케냐인 소유의 회사가 아니라 다국적 대기업들이다.[19]

케냐의 무역 자유화는 케냐의 지역 산업들을 붕괴시켰을 뿐만 아니라 사람들의 생활수준도 악화시켰다. 토지 소유 제도의 변화(토지 공유 체제에서 가정 내 남성 가장의 이름으로 땅이 등록되는 체제로의 변화)는 재배되는 식량의 유형에 영향을 미쳐 환금 작물 재배로의 대거 이동을 야기했을 뿐만 아니라, 케냐의 유목민 집단인 마사이족을 축출하기도 했다. 더욱이, 케냐에서 식량 생산자의 다수를 차지하는 여성들이 이러한 변화의 희생자가 되었다. 남성들이 새로운 산업으로 이동하면서 여성들에게 주어졌던 식량 생산의 책임은 더욱 무거워졌지만, 무엇을 재배할지 결정할 자유와 재량은 되레 줄어들고 말았다. 토지 소유권이 오직 남성에게만 주어졌기 때문이다. 대체로 여성들은 적은 노동이 필요한, 영양이 덜 풍부한 작물로 전환하거나 아동의 노동, 특히 여자 아이의 노동에 의존하지 않을 수 없게 되었다.

실업, 가난, 기아는 일부 폭력·범죄 행위로 이어지기도 했다. 대개 가난하고 교육받지 못한 청년들은 인도양을 항해하는 선박들로부터 금품을 강탈하는, 소말리아와 케냐의 범죄 집단에 고용된다. 인신매매나 무기·마약 밀매도 증가했다. 2001년의 설문조사에 의하면, 케냐 북부에서는 90~95%에 이르는 가정이 무기를 소지하고 있었다.[20]

이는 우연적인 상황도 운명적인 상황도 아니며, 1980년대 후반부터 강제된 무역 자유화와 세계화 정책들의 직접적인 결과이다. 다음의 수치들을 살펴보라. 2005년의 데이터는 케냐인 중 56%가 빈곤 계층임을 보여준다. 1990년에는 이 수치가 48%였다. 2005년의 데이터는 케냐인 중 정규 피고용 인구가 30% 미만임을 보여준다. 1988년에는 이 수치가 70%였다. 2005년의 데이터는 케냐 어린이 중 48%가 예방 접종을 하지 못하고 있음을 보여준다. 1993년에는 이 수치가 31%로, 훨씬 낮았다.[21] 자유화로 케냐가 얻은 것은 교육받지 못한 젊은 세대, 대량 실업, 과거에는 스스로 잘 돌아갔으나 이제는 무너져버린 산업들이다. 한 나라의 식량 안보를 파괴하는 것은 한 나라의 안녕과 복지 자체를 파괴하는 처음이자 마지막 단계이며, 2003년의 한 정부 문서에 적혀 있듯이, "지난 20년간 우리는 케냐가 저개발과 절망의 심연으로 착착 가라앉는 것을 목격해왔다".[22]

멕시코

2014년 1월은 멕시코 정부가 미국·캐나다 정부와 북미자유무역협정NAFTA을 체결한 지 20년이 되는 때였다. 1994년, 당시 미국 대통령 빌 클린턴Bill Clinton은 이 조약이 미국 노동자와 멕시코 노동자의 임금 격차를 해소하기 위한 시도라고 극찬했는데, 이 '자유 무역' 조약의 목표는 미국에서 멕시코로 수입되는 제품의 관세를 철폐하는 것이었다. 지난 20년은 NAFTA가 멕시코인들의 생활수준, 부, 생계, 경제를 체계적으로 파괴하는 주범이었음을 보여준다. 그러나 자유화를 옹호하는 이들은 여전히 NAFTA가 성공적이라고 주장한다. 성공이 있었다면 미국 기업들이나 다국적 기업들의 성공이었고, 이 성공은 멕시코 사람들을 희생시켜 얻은 성공이었다.

1만 년이 넘도록 멕시코 농민들은 209종이 넘는 옥수수 품종을 재배해왔다. 현재 약 300만 명의 멕시코 농민들이 옥수수를 재배하고 있고, 이 농민들 중 3분의 2는 근근이 가족을 먹일 수 있을 정도만 재배하고 있다.[23] 옥수수는 언제나 멕시코 음식의 중추였다. 하지만 오늘날 멕시코의 옥수수 농가는 위기에 처해 있다. NAFTA에 따라 취해진 가장 극단적인 조치는 옥수수 부문의 자유화였는데, 한편으로는 관세를 내리고 다른 한편으로는 수입량을 확대하는 조치였다. (미국 정부로부터 어마어마한 보조금을 받는) 값싼 미국산 옥수수들이 멕시코 시장을 잠식했다. NAFTA가 시행된 첫해에 멕시코의 옥수수 가격은 20% 하락했고, 1990년대 내내 점진적으로 하락했다.[24] 이러한 가격 하락에 맞서 경쟁하는 것은 불가능했으므로 멕시코 옥수수 농가들은 위험하고 지속 가능하지 않은 방식 또는 폭력적인 방식으로 생계를 꾸려가지 않을 수 없었다.

NAFTA 발효 후 수많은 소농가들은 마약 조직으로부터 대출을 받지 않을 수 없었다. 그런데 자기 밭에서 난 옥수수를 팔아서는 대출을 상환할 수 없었던 농민들은 마약 카르텔을 위해서 불법 마약을 재배하기 시작했다. 현재 멕시코는 세계 1위의 마리화나 공급국이자 세계 3위의 헤로인 공급국이 되어 있다. 대부분의 마약이 부유한 국가들에서 소비되는 반면, 마약 생산은 대부분 가난한 국가들에서 (가난한 국가들의 희생으로) 진행된다. 2007년에서 2010년까지 멕시코에서는 5만 건이 넘는 마약 관련 살인 사건이 발생했다.[25] 과거에는 지역 특산물인 영양가 높은 먹을거리가 재배되던 밭이지만, 이제 그곳에는 양귀비와 마리화나가 자라고 있고, 폭력과 착취가 가득하다.

어쩔 수 없이 농업을 포기해야 했던 멕시코인들은 글로벌 기업들을 지탱시키는 산업에 고용되었다. 숱한 농지가 다국적 기업들의 손아귀에 들어갔고, 이 기업들은 그곳에 '마킬라도라maquiladora'라고 알려진, 24시간 내내 가동되는, 수입 제품을 위한 제조 또는 조립 공장들을 세웠다. 면세 구역에 자리한 이 공장들은 규제나 점검을 받지 않고 하루 24시간 돌아간다. NAFTA 시행 후 마킬라도라의 수는 86% 증가했고, 2007년 기준 마킬라도라에서 일하는 멕시코인의 수는 130만에 달했다.[26]

식량 종속적인 경제로의 이동은 멕시코인들의 삶을 여러 측면에서 유린했다. '에히도ejido' 시스템이라고 알려진 토지 공유 시스템은 기업과 소매상들이 대규모의 토지를 구매할 수 있게 하는 시스템으로 대체되고 말았다. 농업 시스템이 교란된 뒤로 불법적이고 폭력적인 경제로 나아가는 흐름이 생겨났다. 특히 여성들의 안전이 위협받게 되었다. 인신매매, 그리고 세계화를 이끄는 무정한 정책과 성장으로 인해 생겨난 폭력적인 문화 때문이다. 지난 20년간 멕시코는 '자유 무역'이 기득권자에게만 이롭도록 설계된 일종의 착취 시스템임을 보여줌으로써 자유 무역이 신화임을 백일하에 드러냈다.

**

오늘날 지구상에서 10억 명의 사람들이 굶주리고 있다.[27] 역설적이게도 이들 중 절반은 식량을 생산하는 사람들이다. 이는 세계화로 인해 막대한 토지 횡령이 가능해지고 농민들이 농지에서 축출되고 무수한 사람들이 토지 없는 자로 전락하면서 생긴 일이다. 2010년 간행된 '식량권right to food'에 관한 유엔 특별 보고서에 의하면, 소농으로 밥을 먹고 살아가는 5억 명 이상의 사람들이 굶주리고 있다. 이유는 두 가지인데, 첫째는 이들이 글로벌 마켓에서 '경쟁'할 수 없기 때문이고, 둘째는 이들이 가진 조그만 땅이 메마른 농지, 비탈진 농지, 관개가 안 되는 농지에 해당하기 때문이다. 보다 비옥한 농지를 농기업들이 계속해서 매입해온 것이다.[28] 세계화로 '식량 우선' 정책은 '수출 우선' 정책으로 전환되었고, 이제 수출을 위한 고급 작물 재배가 사람을 위한 식량 작물 재배에 대해 우선권을 가지게 되었다. 화학물 집약적인 농업으로 인해 더 많은 농민들이 스스로 생산한 농산물을 판매하지 않을 수 없게끔 되었고, 이로써 부채의 덫은 곧 굶주림의 덫이 되고 만다.

기아의 수도인 인도에서는 무려 2억 1,400만 명이 굶주리고 있다. 사하라 이남의 아프리카에서는 1억 9,800만 명이 굶주리고 있다. 중국에서는 1억 3,500만 명이 굶주리고 있다. 다른 아시아태평양 국가들에서는 1억 5,600만 명이 굶주리고 있다. 그리고 중남미에서는 5,600만 명이 굶주리고 있다.[29]

세계 식량 위기는 2008년에 식량 가격이 전례 없는 수준으로 폭등하면서 발생했다. 세계은행에 따르면, 식량 가격 폭등은 2007년 이래 37개국에서 51건의 식량 폭동을 야기했다. 노 경제학자 호세 쿠에스타José Cuesta가 쓴 〈식량이 없으면 평화도 없다No Food, No Peace〉라는 세계은행 블로그의 글은 이렇게 경고한다. "우리는 그리 멀지 않은 미래에 더 많은 식량 폭동을 겪을 가능성이 꽤 높다…… 식량 가격 쇼크는 (보통 도시의) 자연 발생적인 사회 정치적 불안으로 이어지기를 반복한다."[30]

2005년에서 2008년까지 여러 식량들의 국제 가격이 거의 절반이나 상승했다. 밀 1미터톤의 가격은 2005년에 152달러였는데, 2008년에는 343달러로 상승했다. 쌀의 경우 207달러에서 580달러로 치솟았다. 콩기름은 545달러에서 1,423달러로 폭등했다.[31] 이러한 가격 상승에 직면해 당시의 미국 대통령 부시는 구매하기 어려울 만큼 식량 가격이 치솟은 이유를 설명하면서 거짓된 주장을 동원했다. 개발도상국들에서 중산층이 점점 늘어가는 데 원인이 있다고 주장한 것이다. 미주리에서 열린, 경제에 대한 기자회견에서 그는 이렇게 말했다. "인도에는 중산층으로 분류되는 사람들이 3억 5,000만 명 있습니다. 미국보다 많아요. 저들의 중산층 수가 우리의 전체 인구보다 많습니다. 그리고 누구나 부유해지기 시작하면 더 나은 영양과 더 나은 음식을 요구하기 시작하는 법이죠. 이렇게 수요가 커지면 가격이 올라가는 겁니다."[32] 이 주장은 두 가지 효과가 있었다. 첫째, 식량 위기를 촉발한 미국 농기업의 역할에 미국 정치 논쟁이 시선을 돌리지 못하게 했다. 둘째, 인도 같은 국가들에게 이로움을 주는 것으로 경제 세계화를 포장했다.

하지만 데이터가 보여주듯 인도는 세계 기아의 수도이며, 세계화가 사회에 더 깊이 침투하면 기아도 더 깊이 침투하게 된다. 부시 대통령이 선전했던 신화는 성장 신화다. 가격 상승의 원인은 '중국, 인도 같은 신흥 경제국에서의 수요 폭증'이라고 반복해서 이야기되고 있다.[33] 중국과 인도의 경제가 성장하면서 중국인들과 인도인들이 더 부유해지고 있고, 그리하여 더 많이 먹고 있고, 이 수요의 증대가 가격 상승을 야기한다는 것이 바로 이 주장의 골자다. 이 성장 신화는 많은 면에서 틀렸다. 인도 경제가 실제로 성장하긴 했지만 대다수의 인도인들은 더 가난해졌다. 세계화의 직접적인 여파로 이들이 자신의 토지도, 생계수단도 상실했기 때문이다. 실제로 대부분의 인도인들은 세계화와 무역 자유화의 시대 이전보다 더 못 먹고 있다.[34] 1인당 가용 식량은 1991년에 연간 177킬로그램이었지만, 2003년에는 연간 152킬로그램으로 줄어들었다. 1인당 1일 가용 식량은 485그램에서 419그램으로 감소했고, 1일 섭취 열량은 2,220칼로리에서 2,150칼로리로 떨어졌다. 100만에 달하는 인도 어린이들이 매년 식량 부족으로 죽어가고 있다.

인도가 기아의 수도라는 사실은 성장이 그 자체로 기아를 감소시키지 못한다는 것을 보여준다. 또한 이 세상에서 기아를 겪고 있는 사람들 대부분이 식량을 생산하는 이들이라는 사실은 산업농이라는 모델이 기아 발생과 깊은 연관이 있음을 보여준다. 한편으로는 소농가 농민들을 극빈 상태로 몰아넣고 다른 한편으로는 환금 작물 재배를 촉진하는 농업 정책은 식량 생산량 감소를 야기했다. 1990년대 초반 이래 식량 생산량은 점진적으로 감소해왔는데, 이는 수출 본위 농업을 추진한 결과였다. 1990년대 후반에 수입 장벽 철폐, 투입물 가격 상승, 공인받지 않은 종자로 인한 작황 실패로 식량 생산을 지탱하는 국내 기반이 붕괴했고, 이로써 자급을 성취한 식량 독립 상태에서 기아를 겪는 식량 종속 상태로의 전환은 한층 더 심화되었다.

***

산업형 생산과 세계화된 유통이 식량을 하나의 상품으로 바꾸어버리는 것처럼, 식량의 산업적 가공은 식량을 일종의 폐품junk이나 폐기물waste로 바꾸어버린다. 푸드가 안티-푸드(먹을 수 없는 것)가 되고 마는 것이다. 푸드는 점점 더 합성 물질이 되어가고 있는데, 이로써 새로운 건강상의 위험이 생겨나고 있고, 안전한 푸드는 세계의 시민들이 점점 더 깊은 관심을 표하는 주제가 되고 있다.

앞서 본 것처럼 세계화는 기아와 영양실조를 야기한다. 그렇지만 이 산업적 가공 식품이라는 동전의 다른 쪽 면을 이루는 것은 비만 및 기타 음식 관련 질병이다. 미국 같은 나라들에서는 감염병 수준의 비만이 쉽게 눈에 띄는데, 이러한 현상은 저널리스트 에릭 슐로서Eric Schlosser가 말해 유명해진 "패스트푸드 국가"의 푸드 패턴과 관련 있을 것이다. 인디애나 대학의 한 연구에 따르면, 1976년에서 1980년까지 미국에서는 '과체중'에서 '비만'으로 바뀐 이들의 수가 급격히 증가했다. 연구자들은 이러한 증가가 미국인들이 섭취하는 지방과 설탕의 양(미국 농무부의 데이터는 1970년에서 2003년까지 미국에서 지방 섭취량이 63% 증가하고 설탕 섭취량이 19% 증가했다고 밝히고 있다)뿐만 아니라, 섭취하는 지방과 설탕의 유형과도 관련이 있음을 알아냈다.

설탕을 살펴보기로 하자. 1970년대에 옥수수 전분을 당으로 변환시키는 기술이 개발되었다. 이것은 종국적으로는 고과당 옥수수 시럽High Fructose Corn Syrup/HFCS으로 발전했다. 옥수수 산업에 대한 미국 정부의 보조금 지급에 힘입어 이 시럽은 가장 효과적인 설탕 대체제가 되었다.[35] 세계화, 대규모 농업, 산업적 식품 가공이 미국에서 지배적인 식량 생산 수단으로 자리 잡게 되면서, 1970년부터 1990년까지 20년간 이러한 액상 과당의 소비량은 무려 1,000% 이상 증가했다. 2004년에 나온 미국 임상영양학회의 자료는, 자당(일반 설탕)과 과당(고과당 옥수수 시럽의 성분)은 소화·흡수·신진대사상의 차이가 있기 때문에 고과당 옥수수 시럽 섭취량의 증가가 미국의 비만 확산과 관련이 있을 수 있다는 것을 보여준다.[36]

상식과 달리, 비만은 부유한 선진국의 특권이 아니다. 더 정확히 말하면, 몇 가지 안 되는 상품들이 전 세계에 유통되고 있는 것은, 세계 식량의 맥도널드화라고 흔히 알려진 현상 속에서 부실한 영양이 세계적으로 수출되고 있음을 뜻한다. 2014년에 펩시코는 전 세계에 걸쳐서 666억 8,000달러의 연 수입을 기록했고,[37] 현재 프리토 레이Frito-Lay, 퀘이커Quaker, 펩시콜라, 트로피카나Tropicana, 게토레이Gatorade를 포함한 10억 달러 규모의 식음료 브랜드들과 몇몇 생산라인들을 거느려 식음료계에서 가장 큰 포트폴리오를 자랑하고 있다. 펩시코는 이러한 자사 제품들을 "200개 이상의 국가에서 우리의 소비자들에게 즐거움을 주는 맛있고 영양이 풍부한 식음료"라고 묘사하고 있다.[38]

펩시코가 인도에 들어온 것은 1989년, 펀자브 위기 때였다. 펩시코가 내세운 명분은, 쌀과 밀을 토마토와 감자로 대체해 사람들을 먹여 살린다는 것이었다. 하지만 쌀과 밀은 저장이 가능한 반면에 토마토와 감자는 시간이 지나면 말라 죽는 것들이다. 이 작물들은 식량 안보를 약화하며 농민들의 시장 취약성을 심화한다. 어쨌든 펩시코가 재배한 토마토들은 장거리 수송과 산업적 가공을 위해 재배된 것들이고, 가정의 부엌에서 식재료로 쓰기에는 껍질이 지나치게 질기다. 펩시코가 재배한 감자들은 레이스Lay's* 포테이토칩을 만드는 데 쓰였다.

---

* 펩시코가 1965년부터 소유해온 포테이토칩 전문 기업이자 포테이토칩 브랜드.

1994년, 펩시코는 인도에서 60개 음식업소에 대한 개업 허가를 취득했다. 이 중 30곳은 KFC였고 30곳은 피자헛이었다. 이미 1977년에 미국 상원은 이 음식점들에서 사용되는 가공 육류와 닭고기를, 미국인이 7초에 한 명씩 걸리는 여러 암들의 한 가지 원인으로 지목한 바 있다.[39] 인도에 들어온 이래 펩시코는 지역의 생계수단과 식량원을 바꾸었고, 이로써 무수한 직업들을 괴멸시켰다. 또한 오늘날 델리에서는 학생들 중 25%가 비만으로 고통 받고 있는데, 누구나 쉽게 사 먹을 수 있도록 인도 전역에서 값싼 정크 푸드가 대량으로 유통된 결과였다.[40]

인도는 또한 당뇨병의 세계 수도가 되어가고 있고, 곧 중국을 제칠 전망이다. 국제당뇨병연대는 2014년 인도에서 당뇨병으로 고통 받는 사람이 6,510만 명인 반면, 2008년에는 5,080만 명이었다고 밝히고 있다. 이러한 경고성 통계에 아랑곳없이, 최근의 한 보고서에 따르면 인도의 패스트푸드 시장은 다음 30년간 2배로 커질 것으로 전망된다.[41]

아이러니하게도, 인도인 네 명 중 한 명이 지역 식량원과 농민 생계수단의 소실로 인해 굶주림을 겪고 있는 반면에 도시의 상류 계급은 당뇨병과 비만으로 고통 받고 있는데, 이 두 현상은 모두 동일한 문제에서 비롯되었다.

***

오늘날 기후 변화는 원인에서나 결과에서나 전 지구적이다. 무역 자유화와 기업이 주도하는 세계화는 여러 면에서 기후 변화를 야기하고 있다. 가장 중요한 것은 자원 집약적, 에너지 집약적 오염 산업들이 남반구 국가들로 이동하고 있다는 점이다. 1991년, 세계은행의 수석 경제학자 로렌스 서머스Lawrence Summers는 세계은행의 상사에게 전하는 메모에 이렇게 썼다. "우리끼리니까 하는 말이지만, 세계은행은 더러운 산업들이 저개발 국가들로 더 많이 이동하도록 장려해야 하는 것 아닌가요?"[42]

서머스는 남반구 국가들에 더 많은 공해를 유발하는 활동의 경제 논리를 다음과 같은 세 가지 근거에서 정당화했다. 첫째, 남반구에서는 노동 임금이 낮기 때문에, 질병과 사망의 증가분에 대해 공해가 초래하는 부분의 경제적 비용이 남반구의 최빈국들에서 가장 낮다. 둘째, 남반구 내 수많은 국가들은 아직 공해가 심각하지 않으므로, 이곳에 오염 산업을 도입하는 것이 서머스가 보기엔 경제학적으로 이치에 맞는다. 셋째, 가난한 사람들은 가난하기 때문에 환경 문제를 걱정할 여유가 없을 것이다.

오로지 돈만 따지는 이러한 논리는 현재 실행에 옮겨지고 있는데, 예컨대 인도에서는 강철·알루미늄·해면철 생산, 자동차 제조, 석유화학 산업이 폭발적으로 증가하고 있다. 물론 이 모두가 이산화탄소 배출량 증가로 이어진다.

지역 경제와 지역 농산물 생산이 파괴됨에 따라, 동일한 인간의 필요를 충족하느라 더 많은 양의 이산화탄소가 대기로 흘러들고 있다. 전 세계에 유통되는 식품들의 생산, 수송, 냉동, 포장에 더 많은 양의 화석 연료가 사용되고 있기 때문이다. 이러한 과정을 통해서 세계의 산업 생산이 짊어져야 하는 짐을 빈국들이 지고 있고, 비뚤어진 패러다임 속에서 이들 산업으로 초래되는 공해가 마치 개발의 증거물인 양 제시되고 있다.

세계화가 기후 변화를 야기하는 또 한 가지 방식은 '푸드 마일 food miles'의 증가다. 푸드 마일이란 푸드가 최초 생산된 곳에서 최종 소비되는 곳까지 이동하는 거리를 뜻한다. 덴마크 환경부의 한 연구에 따르면, 전 세계적으로 1킬로그램의 푸드가 수송될 때 10킬로그램의 이산화탄소가 발생된다.[43] 중국의 한 연구는 2003년 한 해 동안 토론토의 푸드가 평균 3,333마일(약 5,363킬로미터)을 이동했다는 계산을 내놓았다.[44] 영국의 경우, 1978년에서 1999년까지 푸드의 이동 거리가 50% 증가했다.[45] 그리고 놀랍게도, 스웨덴의 한 연구에 따르면, 평범한 아침 식사의 푸드 마일은 지구를 한 바퀴 도는 거리와 맞먹는다.[46]

이러한 세계화는 일종의 '푸드 교환food swap'에 그치는 경우가 많으며, 이것은 다시 푸드 마일 증가로 이어진다. 트레이시 우스터 Tracy Worcester는《부활Resurgence》에서 이렇게 썼다.

1996년 영국은 우유를 1억 1,100만 리터 수출하고 1억 7,300만 리터 수입했다. 또한 버터를 4,900만 킬로그램 수입하고 4,700만 킬로그램 수출했다. 왜 자체 생산량인 4,700만 킬로그램을 소비하고 나머지

200만 킬로그램만 수입하지 않았을까? 그러면 모든 수송 비용을 절감할 수 있었을 텐데, 대체 왜 그랬을까? 대규모로 수입하고 수출하지 않으면 다국적 기업들과 이들의 수송 대리자들이 이윤을 남길 수 없기 때문이다. 거대 식품 기업들은 사과를 비행기에 실어 뉴질랜드에서 영국으로 1만 4,000마일에 걸쳐 수송하고, 초록깍지강낭콩을 케냐에서 영국으로 4,000마일에 걸쳐 수송한다. 영국의 농민들이 이 두 가지를 쉽게 생산할 수 있는데도 말이다.[47]

***

세계화는 여러 차원에서 허비waste를 야기한다. 유엔 식량농업기구는 세계 식량 공급량의 30%가 허비되고 있다고 보는데, 매년 총 1조 달러(약 1,000조 원) 규모의 식량이 허비되는 셈이다. 통계 자료에 따르면, 산업화된 국가들의 식량 중 절반이 소매업소나 소비자들에 의해서 폐기되고 있으며, 남반구에서는 수확 후 폐기되는 식량의 양이 점점 증가하고 있다.

장거리 푸드 체인은 생산의 차원에서나 유통의 차원에서나 식량을 파괴한다. 식량 재배 방식에서부터 이미 허비가 시작된다. 산업농의 기반은 단일경작과 생물 다양성 파괴인데, 사실 생물 다양성 자체가 곧 식량이다. 하지만 중앙 집중화되고 세계화된 식량 공급은 획일성을 촉진한다. 사과와 배는 소매업자가 요구하는 모양과 크기에 딱 맞아야 하고, 양배추와 상추는 획일화된 모양이 갖춰줘야만

수량 파악의 대상이 된다. 이로써 농장에서는 어마어마한 양의 작물이 폐기된다.

안전한 먹을거리는 식량 안보의 긴요한 부분이다. 하지만 '현대화'라는 이름으로 강제되고 있는 가짜 표준은 안전한 먹을거리를 보장하지 못한다. 과일, 채소의 모양과 크기의 획일성은 안전성과는 하등 관련이 없다. 장인의 손에 의한 생산, 지역에서의 가공을 차단하는 산업형 식품 가공 표준을 사용하는 것은 건강하고 안전하고 문화적으로 다양한 음식을, 건강하지 않고 가공되었고 무가치한 음식으로 강제로 교체하는 행위다. 이는 진짜 사람들이 먹는 진짜 음식을 폐기하는 행위다.

유엔 식량농업기구의 '푸드 폐기물 발자국Food Wastage Footprint' 프로젝트는 소매업에서의 음식물 폐기에 더하여, 자연 자원에서도 7,000억 달러 규모의 허비가 일어나고 있음을 보여준다. 예컨대, 버려지는 수자원의 값어치가 1,720억 달러이고, 파괴되는 숲의 값어치가 420억 달러이며, 온실가스 비용이 4,290억 달러인 것이다. 이러한 자연 자본의 생태적 파괴는 오늘날 '사람을 먹여 살린다'는 미명하에 정당화되고 있다.[48]

식량을 이용해 자동차를 움직인다면 이는 일종의 허비다. 1킬로그램의 육류를 생산하려고 10킬로그램의 곡물을 사용하는 것도 일종의 허비다. 인간이나 지구 자연의 건강과 안녕이 아니라 이윤에 초점을 맞춘 푸드 시스템은 식량만이 아니라 인간과 지구 자연도 허비할 것이다. 실제로, 인도 어린이의 절반은 영양실조가 너무 심해서 이들은 전문 용어로 쓸모없는wasted 이들이라고 표현된다. 나아가, 유엔 식량농업기구에 따르면, 허비된 것은 아니지만 농약을 흠뻑 머금은 먹을거리 중 70%는 매년 3,500억 달러의 의료비를 우리에게 부과한다. 이것은 돈의 허비다.[49]

매년 4,000억 달러에 이르는 보조금이 이 시스템을 인위적으로 작동시키는 데 허비되고 있다. '값싼' 상품들은 실제로는 매우 높은 금융적·생태적·사회적 비용을 초래한 것들이다. 산업형 화학농은 생산적인 시골 농가들을 축출한다. 또한 농가 부채를 만들어내며, 이 부채는 모기지와 함께, 가족농을 궤멸시키는 주된 원인이다. 인도의 면화 생산 지대 같은 극단적인 경우, 농가 부채는 1995년 이래 지금까지 28만 4,000명이 넘는 사람들을 자살로 내몰았다.[50] 이들은 손실된wasted 생명들이다.

***

'자유'라는 말은 오늘날 논쟁거리가 되었다. 내가 말하는 자유는, 자유롭게 살고 생계수단을 가지며 씨앗·식량·물·땅 등 생존에 긴요한 자원에 접근할 자유다. 내가 말하는 자유는 지구 자연의 자유, 그리고 지구 자연이 품은 모든 존재자들의 자유다.

그런데 기업들도 '자유'라는 말을 사용한다. 기업들은 '자유 무역'의 규정을 만드는데, 이는 마지막 한 평의 땅까지, 마지막 한 방울의 물까지, 마지막 한 톨의 씨앗까지, 마지막 한 입의 식량까지 상품화하고 사유화할 자신들의 자유를 확대하기 위함이다. 이 과정에서 이들은 지구 자연과 지구 가족의 자유를 파괴한다. 그리고 사람들이 자신의 생계와 문화와 민주주의를 누릴 자유를 파괴한다.

우리는 기업을 위한 자유가 아니라 민중을 위한 자유를 원한다. 우리는 비민주적 종자법과 식량법으로(이들 법의 유일한 목적은 시민의 자유를 범죄시하여 우리의 종자와 식량에 대한 기업의 전제적 지배를 확립하는 것이다) 시민들을 철창에 가두는 정부가 아니라, 해를 끼치는 기업들을 규제하는 정부를 원한다. 이러한 자유는, 우리가 큰 것에서 작은 것으로, 세계적인 것에서 지역적인 것으로 이동할 때에만 성취될 수 있다.

나브다니야의 연구와 실천은, 지역 중심적이고 탈중심화된 시스템들을 통한 생태적 농업이 산업형 농업보다 식량 안보와 식량 주권이라는 면에서 훨씬 더 이롭다는 사실을 보여준다. 다양성은 탈중심화와 궤를 같이하며, 탈중심화를 성취한, 다양한 생물들이 참여하는 푸드 시스템들이야말로 굶주림 없는 세계를 설계하는 관건이다. 이를 위해서는 세계화에서 지역화로의 전환이 필수다. 세계화는 먹을거리를 일개 상품으로 환원시키는 한편, 농기업들의 지배를 확대했다. 지역화는 식량을 심신을 살리는 영양 물질의 지위로 돌려놓으며, 푸드 시스템에 대한 마을 공동체의 지배를 확대하고, 식량 민주주의와 식량 주권을 촉진한다.

세계화 시스템에서는 농업 시스템과 푸드 시스템을 만들고 통제하는 것은 기업들이다. 반면, 지역화 시스템에서는 마을 공동체가 이 시스템들을 만들고 통제한다. (식량·농업의) 세계화의 토대가 기업들에게 이윤을 가져다주는 화학 물질과 GMO라면, (식량·농업의) 지역화의 토대는 생태계들과 마을 공동체들에게 이로움을 가져다주는 생물 다양성과 농생태학이다. 세계화된 농업이 씨앗을 기업들의 지적 사유재산으로 보는 반면에, 지역화된 농업은 씨앗을 마을 공동체의 공유 재산으로 본다. (식량·농업의) 세계화는 몇몇 상품을 생산하는 단일경작을 만들어낸다. 반면, (식량·농업의) 지역화는 식물·동물·생태계의 생물 다양성을 풍요롭게 한다. 세계화 패러다임에서 식량은 일개 상품에 불과하지만, 지역화 패러다임에서 식량은 영양원이자 인권이다. 세계화 시스템에서 가격을 움직이는 것은 상품에 대한 투자와 전망이지만, 지역화 시스템에서 가격을 정하는 것은 정의와 공정성이라는 원칙이다. 세계화된 푸드 시스템은 10억 명에 이르는 굶주리는 사람들, 그리고 음식 관련 질병으로 고생하는 20억 명의 사람들을 만들어냈지만, 지역화된 푸드 시스템은 굶주림과 영양실조를 끝낼 것이고, 모든 사람에게 좋은 먹을거리를 공급할 것이다. 마지막으로, 세계화는 식량 독재 시스템에 따라 돌아가지만, 지역화는 식량 주권과 식량 민주주의 시스템에 따라 작동한다.

　세계화 패러다임에서 지역화 패러다임으로의 일대 전환을 시급히 설계해야 한다. 이 전환이 곧 국제 무역의 종식을 의미하는 것은 아니다. 하지만 이 전환은 지역성을 우선시하는 것을 뜻한다. 이 전환은 우리의 존재, 우리의 영양원, 우리의 정체성, 우리의 인권으로서의 식량을 복원하는, 식량의 탈상품화를 의미한다. 이 전환은 농업을 WTO의 규정들로부터 자유롭게 하는 것, 식량 주권의 원칙들에 입각해 농업을 운영하는 것을 뜻한다. 이 전환은, 투기꾼들이 금융 경제를 붕괴시켰던 것처럼 식량 경제를 붕괴시키기 전에 투기꾼들을 우리의 식량에서 멀어지게 하는 것을 뜻한다. 이 전환은 토지 횡령을 중단시키는 것, 빈자를 위한 음식물을 부자의 차량을 위한 연료로 유용하는 것을 중단시키는 것을 뜻한다. 이 전환은 '모든 것이 먹을거리'임을, 우리가 먹는 것이 곧 우리 자신임을, 그리고 생물학적 차원에서 식량 정의는 일종의 생태적 절대 과제임을 인식하는 것을 뜻한다. 생물학적 존재로서의 우리 모두에게는, 지구 자연의 자원들에, 그리고 모두를 위한 먹을거리를 제공하는 그 자원들의 잠재력에 평등하게 접근할 권리가 있다. 종자 횡령, 토지 횡령, 식량 횡령은 인간으로서 살아간다는 것이 무엇인지에 관한 윤리적·생태적 원칙 자체에 폭력을 행사하는 것이다. 굶주림은 그 자체로 비도덕적이고 정의롭지 못하며 지속 가능하지 않다. 우리에게는 윤리적이고 정의롭고 지속 가능한 더 나은 체제로 나아갈 능력이 있다.

어떻게 이러한 전환을 가능케 할 수 있을까? 첫째, 각국 정부는 극빈층 소비자들이 충분한 식량에 접근할 수 있도록, 이들을 지원하는 데 우선적으로 예산을 투입해야 한다.

둘째, 각국 정부는 자국 내 식량 생산에 우선적 중요성을 부여해, 세계 시장에 덜 의존적인 상태로 나아가야 한다. 이는 영세 농민, 자작농 기반의 식량 생산에 더 많은 투자를 해야 한다는 의미다. 우리는 식량 생산에서 더욱 집약성을 높여야 하지만, 필요한 집약성은 노동력 사용의 집약성, 자연 자원의 지속 가능한 사용의 집약성이다. 녹색 혁명이 시작된 이래 계속 무시되어온 로컬 푸드를 온전한 식량으로 만들려면, 다양한 생산 시스템들이 만들어지고 발전해야 한다. 소규모 가족농 정도면 균형 잡힌 음식 그리고 시장에 공급될 어느 정도의 잉여 농산물을 모두 보장하는 다양한 식량을 생산할 수 있을 것이다.

셋째, 각국의 국내 식량 시장 가격은 농민과 소비자 모두에게 합리적인 수준에서(농민들에게는 생산 비용을 상쇄하고 안정적으로 살아갈 정도의 수입을 확보할 수 있는 수준, 그리고 소비자들에게는 높은 식량 가격으로부터 자신들의 삶을 보호할 수 있는 수준) 안정되어야 한다. 영세 농민과 소규모 자작농이 직접 소비자에게 판매하는 직거래가 활성화되어야 한다.

넷째, 모든 국가는 식량 시장 가격을 안정시키는 정부 개입 시스템을 도입해야 한다. 이를 성취하려면, 세금과 양적 제한에 의한 수입 통제가 필요하다. 수입량 전체를 조절하고, 국내 생산을 침식하는 덤핑 내지 저가 수입물을 피하기 위해서다. 또한 국가가 직접 관리하는 국가 식량 완충재고를 비축해 국내 시장을 안정시켜야 한다. 생산물이 남는 시기에는 곡물을 시장에 풀지 않고 비축할 수 있고, 부족한 시기에는 곡물을 시장에 풀 수 있다.

마지막으로, 이런 일이 가능해지려면 진정한 농업 개혁과 토지 개혁을 통해서 토지를 소유하지 못한 농가, 영세 농가에 토지가 평등하게 분배되어야 한다. 이 토지 소유권에는 물, 씨앗, 신용 거래, 적절한 기술에 대한 접근권과 통제권이 포함되어야 한다. 사람들이 다시 식량을 자급할 수 있고 자신들의 마을 공동체를 부양할 수 있게 되어야 한다. 그 어떤 토지 횡령, 토지에서의 내쫓김, 그리고 농기업 주도의 농업을 위한 토지 할당량 확대도 중단되어야 한다.

세계화 20년은 우리에게 농업 위기, 식량 위기, 감염병, 음식 폐기물, 그리고 점점 더 심각해지는 생태 위기를 남겼다. 하나의 푸드 시스템으로서의 산업형 세계화는 이 지구와 인류를 망쳤다. 이제는 지역 경제, 지역 푸드 시스템에 집중하는 새로운 푸드 생산·유통 시스템으로 전환해야 한다. 이렇게 지역을 살리는 시스템은 우리에게, 생명의 그물의 일부인 살아 숨 쉬는 진짜 식량을 가져다줄 것이다. 이러한 전환이 이루어질 때, 식량은 살아 숨 쉬는 씨앗·토양과 더불어 노동하는 진정한 농민에 의해 생산될 것이다. 글로벌 기업들이 아니라 말이다. 이제, 글로벌 기업들이 정한 농업의 규칙에서 벗어나 새로운 규칙을 만들어내야 한다. 진정한 식량 민주주의를 통해 제시되는, 사람들에 의한, 사람들을 위한 규칙을.

8장

·

기업이 아니라
여성

전 세계 사회들을 통틀어 식량·영양·음식물의 재배와 공급에서 중추적 역할을 하는 것은 여성들이며, 이러한 여성들이야말로 농업을 진화시킨 장본인들이다. 세계의 농민은 대부분 여성이며, 소녀들 대부분은 미래의 농민이다. 이들은 농장과 들녘에서 농사 기술과 지식을 배운다. 여성을 중심으로 하는 푸드 시스템들의 기초는 나눔과 돌봄, 보존과 안녕이다. 농지에서 재배되는 것이 무엇이냐에 따라 누구의 생계가 확보되는지, 어떤 식량이 확보되는지, 얼마만큼의 식량이 확보되는지, 누가 먹는지가 달라진다. 여성들이 재배하는 식량은 다양하고 지속 가능하며, 여성들이 푸드 시스템을 통제하면 모든 사람이 자기 식량의 적절한 몫을 얻을 수 있다. 여성은 세계 생물 다양성의 전문가들이자 영양 전문가들이며, 덜 사용해 더 생산하는 법을 아는 경제학자들이다. 여성은 세계 식량의 절반 이상을 생산하고 있고, 식량이 불안정한 지역과 가정에 필요한 식량의 80% 이상을 공급하고 있다. 식량 안보에 가장 크게 기여하고 있는 것이다.[1]

그러나 자본주의적 가부장제를 동력으로 하는 기업의 세계화는 식량을 변질시켰다. 식량의 성분, 식량 생산의 방법과 유통 방법을 변질시켰다. 기업이 통제하는 식량은 더 이상 식량이 아니다. 그것은 이윤을 위해 제조되는 일개 상품일 뿐이다. 식품은 (또는 기업들이 식품이라 부르는 것은) 차량 운행에 필요한 바이오 연료, 공장식 농장에 필요한 연료, 그리고 굶주린 이들의 생존 수단 사이를 아무렇게나 왔다 갔다 할 수 있다. 오늘날, 겨우 한 줌의 기업들이 글로벌 푸드 시스템을 통제하고 있는데, 이러한 독점을 통해 우리가 종래 알아온 식량은 사라져왔고, (식량 생산과 관련된) 여성의 지식·일·기술·창조성은 파괴되어왔다. 씨앗에서 식탁까지, 푸드 체인 전체를 통제하는 주체는 과거에는 여성이었으나, 이제는 '글로벌 가부장들'인 탐욕적인 글로벌 기업들로 바뀌고 말았다.

여성은 씨앗, 생물 다양성, 영양에 관해 광대한 지식을 보유하고 있다. 여성들이 생산하는 식량을 관장하는 지식은 반反기계론적이고 반환원주의적이며 농생태학의 원칙에 깊이 뿌리를 두고 있다. 식량을 생산하고 가공하는 공정에서 여성들은 어느 누구보다 더 많은 노동을 하며, 여성들의 농사 지식은 산업형 농업을 장려하는 기업들, 그리고 소위 '전문가들'보다 훨씬 더 세련되고 정교하다. 여성들은 생명공학자들이 유전공학을 통해 제공하는 '기적'보다 생물 다양성을 통해 영양을 더 효율적으로 공급한다는 점에서 더 똑똑하다.

하지만 가부장적 과학과 가부장적 경제학의 체제에서는 여성의 지식도, 여성의 노동도 전혀 고려되지 않는다. 가부장적 과학의 기초는 '창조'라는 영역에 인위적으로 거짓된 경계를 세우는 것이다. 이렇게 한정된 '창조'에서는 자연과 여성들의 창조성과 지성이 삭제되는가 하면, 이들의 지식이 보이지 않게 되어버린다. 한편, 가부장적 경제학은 '생산'이라는 영역에 부당한 경계를 세우고 이를 통해 농민으로서의 여성을 보이지 않는 존재로 만들어버린다. 이렇게 한정된 '생산'에서는 GDP와 공식적 '직업'이라는 잣대가, 자기가 생산한 것을 자기가 소비하는 사람은 생산자로 '계산되지' 않게끔 만든다. 가부장적 경제학은 생산에 일종의 경계를 세워, 생계를 위한 것이지 자연과 사람들을 희생양으로 삼아 이윤을 내기 위한 것이 아닌 여성의 노동을 배제한다.

다른 과학, 다른 경제 활동 영역에서도 그렇지만 농업 분야에서 여성의 과학적·경제적 기여는 삭제되어왔다. 식량과 농업 분야에서의 여성의 노동은 사회의 근간임에도, 그동안 보이지 않는 것이 되어왔다. 자신들의 가정과 마을 공동체와 생물 다양성, 그리고 지구 자연을 지속시키기 위해 여성들이 만든 지속 가능한 푸드 시스템들은 그리하여 이 가부장적 생산성 계산법과 가부장적 과학 계산법에서는 0이 된다.

반면, 기업들은 오로지 이윤을 얻기 위해서 존재한다. 씨앗·식량·농업이라는 무대에 기업들이 들어오면 이들은 푸드 시스템에서 영양 공급이라는 특성과 생명 유지라는 특성을 파괴하며, 모든 것을 이윤을 위해 거래되는 일개 상품으로 변질시켜버린다. 여성의 지식과 노동 역시 파괴되고, 이와 더불어 지구 자연과 그 안에서 살아가는 사람들의 건강 역시 황폐해진다.

***

산업형 농업의 뿌리는 폭력, 파편화, 기계론적 사고에 특권을 부여하는 가부장적 과학 패러다임이다. 전쟁 이데올로기에 뿌리를 두고 있는 이 패러다임은 정신의 획일성과 농지에서의 단일경작을 촉진한다. 또 여성의 지식인 농생태학과 다양성에 대한 지식을 부정한다. 이 세계 내에서의 인간의 지위를 이해하는 지배적 렌즈로 이 폭력적인 패러다임을 사용하는 것은 '근대 과학의 아버지들', 즉 베이컨, 뉴턴, 데카르트와 함께 시작되었다. 1장에서 살펴봤듯이 뉴턴-데카르트적 자연관, 즉 자연을 파편화된 세계로 보는 관점은 자연의 상호 연결성을 부정하는데, 양자역학·후생유전학 같은 새로운 과학에 의해 그것이 틀렸음이 증명되었다.

베이컨에 따르면, 과학 지식이라는 분야와 이것이 이끈 기계 발명품들은 "그저 자연의 섭리에 대해 친절하게 안내만 하는 것이 아니다. 이것들은 그녀(자연)를 정복하고 복종시킬 힘, 그녀(자연)의 토대 자체를 흔들 힘을 가지고 있다".[2] 《시간의 남성적 기원The Masculine Birth of Time》에서 베이컨은 자연과 사회 양자를 지배할 "영웅들과 슈퍼맨들로 구성된 축복받은 종족"을 창조하겠다고 선언한다.[3] 그가 쓰는 말들의 성차별적 폭력을 다시 살펴봐야 한다. 영웅들과 슈퍼맨들이 자연의, 즉 그녀의 토대 자체를 지배하고 흔들 것이라는 얘기다.

1660년 런던에서 창립된 영국 왕립학회Royal Society는 17세기와 18세기의 과학 혁명에서 중대한 역할을 했다고 평가된다. 왕립학회는 베이컨의 철학에서 영감을 받았고, 창립 회원들은 이 학회를 남성들의 프로젝트로 이해했다. 1664년, 왕립학회의 간사 헨리 올덴버그

Henry Oldenburg는 이 학회의 창립 목적이 "확고한 진리를 담은 지식으로 인류의 정신을 고상하게 만들 수 있는 일종의 남성적 철학a masculine philosophy을 세우는 것"이라고 천명했다.[4] 왕립학회의 또 다른 회원인 조지프 글랜빌Joseph Glanvill은 과학의 남성적 목표는 "대자연을 포획하는 법, 그리고 그녀가 우리의 목적에 부응하게 만들고 그리하여 대자연 위에 군림하는 인간의 제국Empire of Man Over Nature을 이룩하는 법"을 알아내는 것이라고 주장했다.[5]

왕립학회의 창립 회원이자 뉴잉글랜드 컴퍼니의 총재였던 과학자 로버트 보일Robert Boyle은 권력의 수단으로서의 기계론의 발흥을 인식했다. 이 권력은 자연에 대한 권력만이 아니라 아메리카 원주민들에 대한 권력도 포함하는 권력이었다. 그는 뉴잉글랜드의 원주민들에게서 자연의 활동에 관한 그들의 "바보 같은" 관념을 제거하겠다는 의지를 분명히 밝혔다. 그는 자연을 "일종의 여신"으로 보는 원주민들의 자연 이해를 공격했고, "사람들이 자신들이 자연이라고 부르는 것에 대해 마음 깊은 곳에서 품고 있는 외경은 지금껏, 신의 열등한 피조물 위에 군림하는 인간의 제국을 가로막는 방해물이 되어 왔다"고 주장했다.[6]

정신 속에서의 이러한 자연의 죽음은 지구 자연을 상대로 하는 전쟁의 촉발을 허용한다. 결국, 지구 자연이 죽어 있는 것에 불과하다면, 그 안의 어떤 것도 죽음을 당하는 것이 아니게 된다. 페미니스트 역사학자 캐럴린 머천트Carolyn Merchant가 지적하는 것처럼, 우리에게 자양분을 제공하는 살아 있는 어머니인 자연에서, 활기 없고 죽어 있고 조작 가능한 물질인 자연으로의 이러한 변질은, 성장하고 있던 자본주의 체제의 착취 충동에 너무나도 잘 부합했다. 자양분을 제공하는 지구 자연이라는 이미지는 자연 착취에 대한 문화적 제약으로 작동했다. 머천트가 쓰고 있듯 "누구라도 서슴없이 어머니를 죽이거나, 어머니의 내장을 찌르거나, 어머니의 몸을 절단할 수는 없는 법이다".[7] 그러나 베이컨 식 프로그램이 만들어낸 지배와 통제의 이미지들, 그리고 과학 혁명 자체의 남성적 추진력은 이 모든 제약들을 제거하며, 자연 벌거벗기기를 문화적으로 허용하는 기능을 수행했다.

여성적 성격의 농업 지식은 5,000년 넘게 진화해왔다. 과학 혁명은 이 지식에 눈을 감은 채 진행되었지만, 이 혁명이 식량과 농업의 토대를 파괴할 수는 없었다. 그러나 20년이 채 안 되는 짧은 기간에 글로벌 기업들과 유전공학과 특허의 발흥과 함께, 여성의 지식과 생산에 대한 직접적인 공격이 진행되고 있다.

글로벌 기업들은, 농업 생산에서 다양성의 차원을 부정함으로써 여성의 지식과 생산성을 보이지 않게 만드는, 남성적 과학이 만든 토대들을 활용해왔다. 〈여성이 이 세계를 먹여 살린다Women Feed the World〉라는 유엔 식량농업기구 보고서가 지적하듯,[8] 여성들은 농업 과학자들이 알고 있는 것보다 더 많은 식물 다양성을(재배 식물과 야생 식물 모두의) 활용한다. 나이지리아에서 여성들은 가정 텃밭 하나에 18~57종에 이르는 식물을 심는다. 사하라 사막 이남 아프리카 지역에서 여성들은 남성들이 관리하는 환금 작물 재배지 옆의 자투리 땅에서 최대 120종의 식물을 재배한다. 과테말라에서는 다 합해도 0.1헥타르가 안 되는 가정 텃밭들에서 10종 이상의 나무와 작물이 자란다.

아프리카의 어느 가정 텃밭 하나에서만 식량을 산출하는 60종이 넘는 나무들이 확인된 바 있다. 인도의 농업에서는 여성들이 150종의 다양한 식물을 채소, 사료, 의약재로 쓴다. 웨스트 벵골에서는, 쌀 재배 논에서 채취되는 124종의 '잡초'가 농민들에게 경제적·영양적 중요성이 있는 것으로 알려져 있다. 멕시코의 베라크루스에서는 농민들이 약 435종의 야생 동식물을 활용하는데, 이 가운데 229종이 식용이다. 여성들이야말로 세계의 생물 다양성 전문가들이다.[9] 불행히도 소녀들은 산업형 농업의 지배와 비가시성이라는 이중의 압력 때문에 식량 생산자, 생물 다양성 전문가로서의 잠재력을 인정받지 못하고 있다.

여성들이 다양성을 관리하고 생산하는 반면, 지배적인 농업 패러다임은 단일경작이 더 많이 생산한다는 그릇된 시각에서 단일경작을 증진한다. 하지만 단일경작은 더 많이 생산하지 않는다. 단일경작은 단지, 몇몇 기업들의 손아귀에 통제력과 권력을 집중시킬 뿐이다. 여성의 농업 지식에 대한 체계적 침식은 농업 전문가로서의 여성의 지위를 훼손해왔다. 또한 여성들의 전문 지식은 자연의 재생 방법을 본뜬 농법과 연관 있기에, 여성들의 지식을 파괴하는 것은 곧 자연의 과정에 대한 생태적 파괴, 그리고 사람들의 생계수단과 삶에 대한 파괴를 수반할 수밖에 없다.

***

　가부장적 경제학은 생산이라는 영역에 거짓된 경계를 만들어내며, 이렇게 한정된 '생산'은 자연의 경제와 사람들의 생계유지 경제 차원의 생산을 부정한다. 이렇게 하여 자연 자원과 사람들에 대한 착취가 생산과 성장으로 제시된다. GDP 개념은 하나의 그릇된 전제에 기초한다. 자기가 생산한 것을 자기가 소비하는 사람은 생산자가 아니라는 전제 말이다. 그리하여 사람들이 계속 먹고 살 수 있는 것은 여성들의 노동 덕분임에도 식량 경제에서 여성의 노동은 0이 된다.

　이러한 가부장적 경제학은 식량 공급자로서의 여성의 노동을 보이지 않게 만들어버렸다. 왜냐하면 여성들은 기업들이 아니라 가정을 위해서 식량을 공급하기 때문이며, 또한 여성들은 여러 다양한 기술을 요하는 여러 가지 일을 동시에 수행하기 때문이다. 여성들은 농사에 기여하지만 그럼에도 농민으로 인식되지 않아왔는데, 이는 가부장적 경제 시스템이 여성들의 생산 작업을 생산 경계 바깥에 두어 '노동'으로 계산하지 않기 때문이다. 농업 노동에 관한 데이터 수집의 이러한 문제들은 너무 적은 수의 여성들이 노동하기 때문이 아니라, 너무 많은 여성들이 너무 다양한 **종류**의 노동을 하기 때문에 생긴다. 통계학자들과 연구자들은 여성의 가정 내 노동과 가정 밖 노동을 개념화해 구분할 수가 없으며, 농사는 보통 가정 내 노동의 일부이면서 동시에 가정 밖 노동의 일부이기도 하다. 무엇이 노동이고 무엇이 노동이 아닌지에 관한 이런 인식의 빈곤을 악화시키는 것이 있는데, 여성이 어마어마한 양의 노동을 한다는 사실, 그리고 여성이 가내의 온갖 잡일을 수행한다는 사실이다. 또한, 여성이 자기 가정과 마을 공동체를 지속시키는 일을 함에도 여성의 노동 중 대부분은 임금으로 측정되지 않는다는 사실 역시 이러한 인식의 빈곤과 관련이 있다. 모든 농민들처럼, 여성들에게는 딱히 '직업'이 없다. 그들에게 있는 건 생계수단일 뿐이다.

임금은 돈으로 지불되지만, 오늘날 돈은 더 이상 단순하게 지불금이나 지불 수단을 뜻하지 않는다. 기업들은 돈의 개념을 재규정했다. 이들은 돈을 '자본'으로 바꾸었고, 이 과정에서 여성 노동의 창조성은 삭제되고 말았다. '자본'이라는 뜻의 영어 단어 capital의 라틴어 어원은 caput이며, 이는 '우두머리'를 뜻한다. 돈은 실제의 사람들이 실제의 부를 생산하기 위해 사용하는 수단이지만, 이제는 마치 기업들이 돈을 생산하고 있는 것처럼 보인다. 그리고 기업이라는 착취자들은 '자본'의 의미를 바꾸어 스스로를 '우두머리'로 만들고 있다. 자연과 사람들을 착취하고 그들 위해 군림하는 우두머리 말이다. 오늘날, 세계화와 초국적 기업들의 출현과 함께 모든 경제학 담론은 '해외 투자'로 환원되고 말았는데, '투자' 역시 '자본'처럼 하나의 인공적 구성물이며, 이 구성물 뒤에는 99%에게서 자원과 기회를 강탈하는 1%가 숨어 있다.

《온전한 경제학*Integral Economics*》에서 로니 레섬Ronnie Lessem과 알렉산더 시퍼Alexander Schieffer는 다음과 같이 성찰했다.

만일 자본주의 이론의 창시자들이 자신들의 이론 구성을 위한 최소의 경제 단위로 한 명의 부르주아 남성이 아니라 한 명의 어머니를 선택했다면, 그들이 했던 대로 인간 존재의 이기적 본성이라는 원리를 만들어낼 수는 없었을 것이다.[10]

오늘날, 누가 혹은 무엇이 인간 존재로 이해되는지가 변하고 있다. 가부장적 경제학은 처음엔 부르주아 남성을 표준적 '인간human'으로 생각했는데, 그 후 가부장적 인격체로서의 '기업corporation'이라는 개념을 만들어냈다. 씨앗·식량·농업은 본래 여성의 지식 영역이자 생산 영역인데, 이것들은 기업들을 위한 거대 이윤의 원천으로 인식되면서도 동시에 주류 경제학에서 무시된다.

영국 동인도회사 같은 최초의 기업들은, 이윤은 사유화하고 손실은 사회로 돌릴 목적에서 회사를 만들던 부유한 유럽 남성들의 제휴로, 식민 지배 기간 중에 '유한회사'로 창립되었다. 시간이 지나면서, 특히 미국에서, 기업들은 인공적인 법적 구성물이 아니라 자연적인 인격체로 취급되기 시작했다. 해방 노예들의 권리를 보호하기 위해 미국 헌법에 추가된 미국 수정헌법 제14조*는 사실상 기업들을 보호하기 위한 것으로 재해석되었다.[11]

---

* Fourteenth Amendment to the United States Constitution 또는 Amendment XIV. 남북 전쟁 후 성립된 3개 조의 재건 수정헌법Reconstruction Amendments(제13조·제14조·제15조) 중 하나. 남북 전쟁 종전 후 노예 출신 흑인과 그들의 후손의 권리를 보장할 목적으로 만들어졌고, 시민의 권리, 평등한 법 적용 등을 명시했다. 1868년 7월에 비준되었다.

자연적 인격체의 권리를 갖게 된 기업들은 이제 진짜 사람들의 권리를 침해하기 시작했다. 기업들은 미국 수정헌법 제14조에 명기된 자신들의 자유가 침해되고 있다고 주장하면서, 시민을 보호하기 위해 민주적으로 제도화된 법들을 가로막기 시작했다. 오늘날 기업들은 선거에 영향을 미치고 종자를 통제하고 우리의 푸드 시스템을 지배하는 자신들의 경제 권력이 자신들이 가진 '표현의 자유'의 일부라고 주장한다. 2014년 5월, 버몬트 주는 미국에서 최초로 GMO 표시제를 통과시켰다. 이에 대응해 몬산토는 미국에서 가장 큰 정크 푸드 로비 조직인 식료품제조연합GMA과 함께, 이 결정이 "부담스러운 새로운 표현상의 요구 사항을 강요"한다고 주장했다.[12] 이와 같이, 유독 물질에 관한 정보를 은폐할 권리를 몬산토는 자유로운 표현의 권리로 묘사했다. 오늘날 전 세계 60개국이 GMO 의무 표시법을 시행하고 있지만, 미국 일부 주에서는 이 법을 통과시키려는 몇몇 시도가 기업들에 의해 저지돼왔다. 캘리포니아 주와 워싱턴 주에서 몬산토와 GMA는 GMO 표시법에 대한 찬성표를 막아내기 위해 거의 1억 달러를 투자했다.

기업 같은 인공적 조직들이 자연적 인격체로 취급될 때, 이들의 권리는 절대 권리가 되고, 이들은 모든 생물 종, 사람, 여성의 권리를 침해할 수 있게 된다. 하나의 기업은 고유의 정신을 가지고 있지 않지만, 지금 기업은 지적 재산권을 통해서, 수천 년간 여성들이 보존해온 집합적인 종자 지식과 종자 자산을 착복할 수 있다. 하나의 기업은 한 톨의 식량도 생산하지 못하지만, 자유 무역의 규정들을 통해서 농민들이 생산한 세계의 모든 식량을 착복할 수 있고, 이것을 일개 상품으로 변환할 수도 있다. 하나의 기업은 투표할 수 없지만, 기업의 선거 자금 후원을 통해서 선거를 훔칠 수 있다. 선거 자금 후원에 대한 제한은 미국 연방 대법원에서 기업의 '표현의 자유'에 대한 침해로 해석되었다.[13]

푸드 시스템에 대한 기업의 통제는 여성의 지식과 생산 능력의 소외로 귀결되는 데 그치지 않고, 스스로를 먹여 살리는 우리 인간 종의 잠재력을 침해하기까지 한다. 5대 유전자 기업과 5대 식품 기업이 수십억 여성 생산자들과 가공자들을 대체했고, 이것이 전 세계적 식량 불안을 야기했다. 10억 명 이상의 사람들이 제대로 된 식량에 접근하지 못하고 있고, 또 다른 20억 명은 산업 공정을 거친 정크 푸드로 인한 질병과 비만의 저주를 받고 있다. 이 두 종류의 영양 이상으로 고통 받는 사람들 중에서 여성과 소녀가 가장 최악의 피해자들이다. 세계의 굶주리는 인구의 절반은 식량 생산자들이며, 이들 중 대다수는 다름 아닌 여성들이다.

지구 자연에 대한 폭력에 기초한 과학·경제 모델은 여성에 대한 실제적 폭력과 직결된다. 펀자브의 녹색 혁명을 연구하던 시절, 나는 벽에 손으로 그려진, 성별을 선택해서 낙태하라는 광고를 생전 처음 목격했다. 여성들을 화학 물질과 농기계로 대체함으로써 생산적 농업 활동에서 여성들을 추방했던 농업 모델은 급기야 여성을 포기해도 되는 성별로 만들고 있었다. 전 세계 성비(남성 1,000명당 여성의 수를 나타내는 수치) 감소에 근거해, 경제학자 아마르티야 센Amartya Sen은 1억 명 이상의 여성이 사라지고 있다고 말한 바 있다.[14] 남성적인 생산 모델은 이 세계에서의 여성의 지위를 체계적으로 평가절하하며, 그에 따라 여성들은 평가절하되고 추방되고 사라지고 있다. 전 세계적으로 강간 사건과 강간의 잔인성이 증대하고 있는 것 역시, 특히 여성을 포함해 모든 존재자를 일개 상품으로 변질시키는 폭력적인 경제와 관련이 있다. 무수히 많은 사람들이 삶의 터전에서 뿌리 뽑혀 추방되고 있고, 야만화된 남성들이 여성들을 야만적으로 대하고 있다.

***

씨앗은 푸드 체인의 첫 번째 고리다. 5,000년 동안 농민들은 씨앗을 선택하고 저장하고 다시 심으면서, 그리고 자연이 이 푸드 체인을 따라 자신의 길을 알아서 가도록 내버려두면서 자신들만의 씨앗을 생산해왔다. 여성이 만든 원칙들이 씨앗의 보존을 관장해왔고, 씨앗의 보존을 통해서 여성들은 유전적 다양성과 식용 작물의 자기 재생 능력을 보존하고 있다. 최근 생겨난 농생태학 패러다임의 토대인 이런 지속 가능한 지식과 농법을 파열시킨 것은 바로 녹색 혁명이었다.

녹색 혁명의 중심에는 식량 생산의 성격을 완전히 바꾸는 새로운 '기적'의 품종이 있었다. 노먼 볼로그에게 노벨상을 안겨준 이 '기적'의 씨앗은 제3세계 국가에 급속히 확산되었고, 전에 없던 '농업 상업화'의 씨앗을 뿌렸다. 볼로그는 기업이 식량 생산을 통제하는 시대를 열었는데, 이는 다국적 기업들이 종자에 대한, 그리하여 전체 푸드 시스템에 대한 통제권을 획득할 수 있도록 해준 테크놀로지를 그가 만들어냄으로써 가능했다. 녹색 혁명은 종자를 상업화하고 민영화했으며, 남반구에서 여성 농민들로부터 식물 유전자원 통제권을 박탈했다. 이제 이 통제권은 세계은행이 운영하는 국제 연구소들 (예컨대 CIMMYT, IRRI)의 남성 기술 관료들과 다국적 기업들의 손으로 넘어갔다.

여성들은 수천 년 동안 유전자 유산의 관리자이자 보호자로 활동해왔다. 네팔의 시골 여성들에 관한 한 연구에 따르면, 육종용 종자를 선택하는 일은 기본적으로 여성의 몫이다. 이 연구의 표본 종자 중 60.4%가 어떤 유형의 종자를 사용할지 여성이 단독으로 결정한 경우였고, 남성이 결정한 경우는 전체 표본 종자 중 20.7%에 불과했다. 가정에서 자신들만의 종자를 사용하는 경우에는 여성 단독으로 결정하는 비율이 81.2%였다.[15] 여성들은 수천 년 동안 식량 생산의 유전적 토대를 애써 유지해왔다. 그러나 이제는 종자에 대한 어떤 남성적 시각이 이 공공 재산을 '원시적'인 것으로 규정하고, 자체 제작한 새로운 상품을 '선진적'인 품종으로 인식하고 있다.

녹색 혁명은 여성들이 만들어온 원칙의 제거에 기초한 전략이었고, 이러한 제거는 종자의 자기 재생산성과 유전적 다양성을 파괴함으로써 가능했다. 작물 육종에서 여성의 원칙이 종말을 맞은 사태는 종자가 이윤과 통제의 자원이 되는 출발점이었다. 그러나 이러한

'기적'의 하이브리드 씨앗들은 상업적 기적이었는데, 농민들이 자기가 쓸 씨앗을 재생산하지 못하고, 해마다 새로 공급되는 이 씨앗들을 구매해야 했기 때문이다. 하이브리드 종자들은 스스로 씨앗을 맺지 못한다. 다음 세대로 자신의 생명력을 전달하지 못하기 때문이다. 교배와 함께 씨앗은 식량과 영양을 통해 생명 유지를 가능케 하는 식물 생명 자원이 더 이상 아니게 되었다. 이제 씨앗은 사적 이윤의 원천이 되고 말았다.

녹색 혁명의 종자들은 자연, 여성, 빈농의 관점에서 보면 식량 생산을 증대하지 않았다. 이 종자들은 오직 종자와 비료 판매에서 이윤의 새로운 텃밭을 찾으려 한 기업들에게만 쓸모가 있었다. 이러한 신종 종자들에 대한 연구를 재정적으로 지원한 국제기구들은 이 종자들의 유통을 위해서도 돈을 댔다. 이러한 종자들을 구매할 능력이 없는 무수한 소농들에게 이 신품종들을 판매한다는 것은 불가능한 미션이었지만, 당시 HYV 종자들의 유통에 우선적으로 힘쓰기 시작한 세계은행, 유엔개발프로그램United Nations Development Programme/UNDP, 유엔 식량농업기구 및 수많은 상호 원조 프로그램들이 문제를 해결해주었다. 이렇게 하여 녹색 혁명은 하이브리드 종자와 GMO 양자를 통해 화학적인 쌀과 밀을 생산하는 단일경작을 세계에 확산시켰고, 그 과정에서 생물 다양성을 축출했으며, 그리하여 결국 우리의 농지와 음식으로부터 영양을 축출하고 말았다.

이러한 화학적 맹공에도 가까스로 살아남은 작물들, 예컨대 비름, 명아주 같은 철분 풍부한 작물들에는 유독 물질들과 제초제들이 살포되었다. 이런 작물들은 현재 철분과 비타민이 풍부한 자연의 선물로 인식되기는커녕 '잡초들'로 취급된다. 한 몬산토 대표는 이윤 제조기인 자사의 제초제 라운드업에 대해 내성을 지닌 유전자 조작 작물들이 "햇빛을 훔쳐 가는" 이러한 잡초들을 죽였다고 말하기도 했다. 또한 인도에서 라운드업을 홍보하는 몬산토의 광고는 인도 여성들에게 이렇게 말한다. "당신 자신을 해방하라, 라운드업을 사용하라." 그러나 GMO는 여성의 자유를 위한 방책도 식량 자유를 위한 방책도 아니며, 영양 불량을 위한 방책일 따름이다.

자본주의적 가부장제는 생물 다양성을 증대하지 않는다. 토양에 양분을 돌려줌으로써 영양 풍부한 식량을 만들어내려 '반환의 법칙'을 따르지도 않으며, 식량 민주주의를 길러내 사회 구성원 모두가 건강하고 안전하고 영양 풍부한 식량을 확실히 얻을 수 있게 만들지도 않는다. 그 대신에 자본주의적 가부장제는 정신의 획일화와 기계론적 과학을 통해 스스로 만들어낸 영양 불량의 위기를 시장에서의 다음 호재로 삼는다.

생산량을 증대하면서도 화학 물질 사용량을 줄이고 잡초 및 유해 생물을 억제하려는 Bt 작물과 HT 작물이 실패하자, 글로벌 농기업들은 이번에는 유전자 조작을 통한 생물 요새화에 매달렸다. 인도에서는 두 가지 조치가 시행되었는데, 하나는 비타민 A 부족을 없애고 시각 장애를 종식시킨다는 골든 라이스golden rice를 도입하는 것이었고, 다른 하나는 철분 부족에 따른 빈혈로 출산 중에 산모가 사망하는 사태를 방지하기 위해 철분이 다량 함유된 GMO 바나나를 도입하는 것이었다.

그러나 사실상 골든 라이스는 사용 가능한 다른 대안들에 비해 효율성이 한참 떨어졌고, 골든 라이스를 광고하는 이들조차 골든 라이스 1그램당 비타민 A 함유량이 35마이크로그램에 불과하다는 사실을 인정했다.[16] 생물 다양성과 생태 농업은 골든 라이스보다 비타민 A가 350~600% 더 많이 함유된 대체물들을 제공한다. 인도 음식에 흔히 사용되는 이러한 대체물들로는 100그램당 비타민 A를 1만 4,190마이크로그램 함유한 비름 잎, 1만 9,690마이크로그램 함유한 차풀나무 잎, 5,580마이크로그램 함유한 시금치, 그리고 6,460마이크로그램 함유한 당근이 있다. 반면, 100그램의 골든 라이스에서는 비타민 A가 단 3,500마이크로그램밖에 발견되지 않는다. 이러한 대체물들에 관한 지식은 언제나 여성들의 노동과 농지와 관리 속에 있었다. 오늘날, 비타민 A의 가용량을 사실상 감소시키고 성장 일로에 있는 기업들을 위해 이윤을 만들어내게 될 생물 요새화가 이러한 지식과 실천들을 강탈하고 있다.[17]

마찬가지로, 철분이 풍부하다는 GMO 바나나는 신화에 불과하다. 우간다에서 비타민 A가 풍부한 바나나를 실험하는 한 과학자(오스트레일리아 퀸즐랜드 공과대학교QUT의 제임스 데일James Dale)는 바나나의 철분 함유량을 증대시켜 철분 부족으로 인한 빈혈증을 방지함으로써, 산모 사망률을 제로로 만들 수 있다고 주장하고 있다. 10년간의 연구 개발을 거쳐 나온 이 GMO 고高철분 바나나는 100그램당 2~3밀리그램의 철분을 공급하게 될 텐데, 이는 여성들의 지식이 제공하는 것에 비하면 현격히 적은 양이다. 예컨대 비름은 100그램당 11밀리그램의 철분을 함유하고 있고, 님neem은 100그램당 25.3밀리그램의 철분을 함유하고 있다. 쌀겨는 100그램당 35밀리그램, 연蓮 줄기는 100그램당 65밀리그램, 망고 파우더는 100그램당 45.2밀리그램의 철분을 함유하고 있다. 이러한 예들은 인도 음식에서 발견되는 무수한 재래식 철분 공급원 가운데 몇몇에 불과하다. 사실, 철분 흡수는 비타민 C 섭취에 의해 증가하기 때문에, 인도 여성들은 비타민 C가 풍부한 처트니(인도 음식에 곁들여 먹는 양념)가 음식의 일부로서 섭취되도록 신경을 썼다. 오늘날 이러한 지식은 평가 절하되고, 삭제되고 있다.[18]

영양 불량의 해결책은 영양을 증대시키는 것이며, 영양의 증대는 곧 생물 다양성의 증대를 의미한다. 이는 곧 무수한 인도 여성들이 윗세대로부터 대대로 전수받은, 생물 다양성과 영양에 관한 지식을 인정하는 것을 의미한다. 하지만 자연의 창조성과 생물 다양성에 대해 무지하고 여성의 창조성과 지성과 지식에 대해 무지한 어떤 창조 신화가 존재한다. 가부장적 과학이 만들어낸 이 창조 신화에 따르면, 부와 권력이 있는 남성들이 '창조자들'이다. 이들은 특허권과 지적 재산권을 통해서 생명을 소유할 수 있고, 장구한 세월 동안 진행되어온 자연의 복잡한 진화에 손을 댈 수 있다. 이들은 또한 유전자를 조작하는 자신들의 사소하지만 파괴적인 행동이 생명을 '창조'하고, 식량을 '창조'하고, 영양을 '창조'한다고 주장한다.

생물 요새화 과정에 동원되는 GMO는 생물 다양성과 영양에 관한 여성들의 우수한 지식을 보이지 않게 만들고 또 축출하는 하나의 가부장적 프로젝트의 일부다. GM 바나나의 경우, 하나의 작물(바나나)을 알고 있는 한 명의 오스트레일리아 과학자(데일)에게 한 명의 부자(빌 게이츠)가 재정 지원을 하고 있다. 수천 년간 수백 종이 넘는 바나나 품종과 수천 가지 다른 작물들을 재배해온 인도와 우간다의 무수한 사람들의 손에, 비효율적이고 위험천만한 GM 바나나들을 일제히 쏟아붓기 위해서 말이다.

영양 불량에 대한 대책은 단일경작에 있지도 않고, 종자와 식량에 대한 남성적인 기업 지배에 있지도 않다. 대책은 우리 농지와 텃밭의 생물 다양성에, 그리고 우리 푸드 시스템들의 문화 다양성에 있다. 대책은 여성들의 손에, 그리고 여성들의 정신에 있다.

***

여성들이 만들어낸 농업 시스템들에는 몇 가지 핵심적 특징이 있다. 소규모로 농사를 짓는다는 것, 자연 자원들이 보존되고 재생된다는 것, 그리고 화석 연료와 화학 물질에 거의 또는 전혀 의존하지 않는다는 것이다.

생산에 필요한 비료 같은 투입물들은 농지 자체에서 생산된다. 퇴비, 풀이나 잎으로 만든 자연산 비료, 질소를 고정하는 작물들에서 말이다. 또한 다양성과 온전함이 핵심적 특징이며, 영양이 핵심적 고려 사항이다. 작은 농지를 경작하는 여성들은 단위 면적당 영양분과 단위 면적당 건강을 최대화하는 한편 자연 자원 역시 보존한다.

식량은 먹기 위해서 생산되며, 대부분은 가정이나 마을 단위에서 소비되고 일부는 그 지역 내에서 판매된다. 즉, 먼 곳으로 이동하는 것은 얼마 되지 않는다. 여성 중심의 농업이 곧 지역 공동체들의 식량 안보를 위한 기초다. 가정과 마을에서 식량이 안정적으로 확보되면, 어린 여자아이들도 먹는 문제에 안심할 수 있다. 가정과 마을에서 식량이 안정적으로 확보되지 못하면 영양 불량이라는 측면에서 가장 큰 희생을 치르는 이들은 어린 여자아이들인데, 다름 아닌 성차별 때문이다.

남반구 여성 농민들의 압도적 다수는 소규모 자작농이다. 여성 농민들과 생물 다양성 간의 파트너십은 인류 역사 내내 이 세계를 먹여 살려왔으며, 앞으로도 그러할 것이다. 식량 안보를 위해서 보존하고 진흥해야 하는 것은 바로 이 파트너십이다.

다양성, 탈집중화, 그리고 생태적 방법을 통한 소농지의 생산성 향상을 기본으로 하는 농업은 여성 중심의 농업, 자연 친화적 농업이다. 이러한 농업에서는 지식이 공유되고, 다른 생물 종들과 식물들이 '재산'이 아니라 동족이며, 지구 자연의 생산력 재생이 지속 가능성의 기초가 된다. 여성들의 농사와 지식은 최근에 생겨난 농생태학이라는 과학 패러다임과 깊은 관련이 있는데, 농생태학 패러다임에서는 유전자 조작 작물을 재배하는 단일경작, 보존하기보다는 파괴하기를 추구하는 무자비한 경제학이 발붙일 데가 없다.

식량의 미래는 여성이 되찾아야 하고, 여성이 만들어가야 하며,

여성이 민주적으로 통제해야 한다. 식량이 여성의 손에 맡겨져 있을 때에만 식량도 여성도 안전할 수 있을 것이다.

1996년 마리아 미즈Maria Mies와 나는 '식량 안보를 여성의 손에 맡기기 위한 라이프치히 호소Leipzig Appeal for Food Security in Women's Hands'를 시작했다. 전 세계 곳곳에서 여성들은 푸드 시스템들에 대한 기업의 통제에 저항하고 있고, 자기네 마을 공동체의 식량 안보를 보장하는 대안들을 만들어내고 있다. 예컨대 다음과 같은 것들이다.

▷ 세계화 대신 지역화와 지방화
▷ 공격적 지배 대신 비폭력
▷ 경쟁 대신 공정성과 상호성
▷ 자연과 자연의 생물 종들의 온전함을 존중함
▷ 인류를 자연의 지배자가 아니라 자연의 일부로 이해함
▷ 생산과 소비 과정에서 생물 다양성을 보호함

다음은 라이프치히 호소문에서 발췌한 내용이다.

수천 년 동안 여성들은 자신들의 식량을 생산해왔고, 아이들과 마을 공동체의 식량 안보를 보장해왔다. 심지어 지금도 아프리카에서는 지역 식량 생산 노동의 80%를 여성이 담당하고 있고, 아시아에서는 이 비율이 50~60%, 중남미에서는 30~40%다.

우리의 식량 안보는 너무나도 중차대한 사안이어서, 이윤 동기로만 움직이는 몇몇 초국적 기업들의 손아귀에, 또는 점점 더 식량 안보 결정에 관한 통제 능력을 상실하고 있는 각국 정부들에 맡겨둘 수가 없다. 또 우리 모두의 삶에 영향을 미치는 결정을 내리는, 남성이 대다수를 차지하는, 유엔 회의석상의 몇 안 되는 국가 대표자들에게 이 사안을 맡겨둘 수도 없다.

식량 안보는 어디에서든 여성의 손에 맡겨져 있어야 한다! 그리고 남성들은, 돈을 받든 아니든, 필요한 노동을 함께 해야 한다. 우리는 우리가 먹는 것이 무엇인지 알 권리가 있다……우리는 자연과 우리 자신을 파괴하는 방식으로 생산하고 소비하기를 강요하는 이들과 맞서 싸울 것이다.[19]

9장

•

푸드의 미래,
우리의 선택

식량, 인간, 지구가 서로 관련이 있는 미래라는 관점에서 보면 우리는 지금 분수령에 서 있다.

만일 우리가 계속해서 산업형 농업, GMO, 유독성 화학 물질, 기업의 통제라는 길을 따라간다면, 이러한 것들로부터 나오는 이익이란 모두 환상에 불과할 것이다. 농지를 단일경작 상품 생산 공간으로 전환하면 더 많은 식량을 얻게 된다는 것도 환상으로 드러날 것이다. 더 많이 유통되는 돈과 함께 번영이 찾아오리라는 것도 환상으로 드러날 것이다. 오히려 농민들의 씨앗과 토지와 물이 상품화되고, 값비싼 투입물들에 대한 농민들의 의존도가 심해지고, 구매 식량에 대한 농민들의 의존도가 커지면서, 대부분의 돈은 농민들로부터 멀리 흘러갈 것이다.

단기적으로 보면, 실제로 우리의 식탁을 차리고 있는 소규모 자작농들이 더 많이 사라지게 될 것이고, 더 많은 사람들이 굶주리고 나쁜 음식과 관련된 질병으로 고통 받게 될 것이다. 생태 위기의 심화가 우리 자신의 존립 자체를 위협할 것이고, 식량 민주주의의 침식은 식량 독재의 출현으로 이어질 것이다.

장기적으로 보면, 우리는 하나의 생물 종으로서의 우리 종의 멸종을 가능케 할 조건들을 만들어내게 될 것이다.

앞에서 썼듯이, 현재 사람들의 입으로 들어가는 식량의 겨우 30%만이 대규모 산업 농지에서 생산된다. 70%가 다양한 생물이 사는 작은 농지에서 나온다. 다른 한편으로, 우리의 토양, 물, 생물 다양성에 대한 생태 파괴의 75%는 산업농이 초래하고 있고, 지금 우리가 겪고 있는 기후 재앙의 40%는 세계화된 산업농이 초래하고 있다. 생태적 파탄은 한 번에 하나씩 차례로 일어나는 선형적 현상이 아니라 비선형적인 현상으로, 급격히 변하는 지수 곡선을 따라 일어난다. 설령 누군가 이 파탄이 선형적 현상이라고 가정한다 해도, 산업농이 전체 식량 공급량의 40%를 담당하게 될 즈음이면, 지구 생명을 지탱하는 우리의 생태적 토대는 산업농에 의해 100% 파괴돼 있을 것이다. 이것은 멸종을 부르는 방책이지, 세계를 먹여 살리는 방책이 아니다.

멸종이 우리의 운명이어서는 안 된다.

다양성, 민주주의, 탈집중화에 기반을 둔 농업 모델은 사람들에게 영양을 공급하는 식량의 70%를 지금도 이미 생산하고 있지만, 이 생산량은 100%까지 증대될 수 있다. 이렇게 만드는 과정에서 우리는 지구를 치유하고 지구가 지닌 젊음의 생기를 소생시킬 수 있다. 또한 농민들과 농촌에 번영을 가져올 수 있고, 농촌의 걱정거리들과 사실상의 농민 추방을 끝장낼 수 있고, 사람들의 건강과 영양과 복리를 향상시킬 수 있으며, 자립적 살림살이의 기회를 증진할 수 있고, 더욱 공정하고 탄탄하고 회복력 좋은 경제를 만들어낼 수 있다.

그렇다면 어떻게 이 자리에서 그곳으로 이동할 수 있을까?

지속 가능하지 않고 건강하지 않고 공정하지 않으며 민주적이지 않은 푸드 시스템은, 전쟁 중에 탄생한 화학 기업들이 착취의 법칙에 따라 설계한 것이다. 그러나 생태적으로 지속 가능하고 건강하고 사회적으로 공정하며 정직하고 민주적인 푸드 시스템은 반환의 법칙을 따르는 것으로, 어디에서나 시민들에 의해 만들어지고, 시민들을 위해 옹호되고 있다. 이러한 푸드 시스템으로의 전환의 원칙들, 그리고 새로운 구상의 원칙들은, 지역에 따라 내용은 조금씩 다르지만, 현재 널리 공유되고 있다.

생태적이고 민주적인 푸드 시스템을 지구에서 살아가는 사람들을 위한 100%의 현실로 만드는 일의 핵심은 바로, 공유되고 있는 이 전환의 원칙들이다. 이를 현실화하기 위해서는 모종의 로드맵이 필요하다. 기업들이 이끌고 통제하는 산업화·세계화 패러다임에서 농생태학과 식량 민주주의라는 지구 중심, 민중 중심의 패러다임으로 전환하는 로드맵 말이다. 여기서 나는 이 전환의 과정을 총 9단계로 나누어 말해보고자 한다.

1단계 전환—픽션에서 현실로의 전환

인격체처럼 행동하는 기업이라는 픽션에서 벗어나, 실제로 식량을 재배하고 가공하고 요리하고 먹는 실제 사람들의 현실로 이동해야 한다. 소규모 자작농들에서 텃밭 일꾼들까지, 엄마들에서 아이들까지, 이 사람들은 자연과 공동 창조하고 공동 생산할 수 있는, 실제의 몸과 실제의 정신을 지닌 실제 사람들이다. 또한 이들은 식량을 구할 수 없을 때는 굶주리고, 섭취하는 음식이 유독성 음식이거나 정크 푸드일 경우에는 비만, 당뇨, 고혈압, 심혈관 질환, 각종 암 같은 질병으로 고통 받는 실제 사람들이다.

바로 이 실제의 사람들이 지구를 보호하고 사람들에게 식량을 제공하는 실제의 푸드 시스템을 만들어내고 있다. 온갖 악조건이 있지만, 그럼에도 사람들은 지금 이러한 전환의 숨은 동력인 새로운 푸드 시스템을 설계하고 있다. 농사와 텃밭 가꾸기가 새로운 혁명들이 되고 있다. 산업농 발흥의 기본이 농지에서 사람들을 추방하는 것이었다면, 새로운 농업 패러다임의 출현은 흙으로, 지구 자연으로, 땅으로 돌아오는 것을 기본으로 한다. 도시와 학교에서, 테라스와 담장 위에서 말이다. 식량을 재배할 능력이 없는 사람은 없으며, 온전한 인간이 되는 일의 한 가지는 지구 자연, 그리고 지구 자연 내 여러 공동체들과 다시 결합하기다.

2단계 전환—기계론적·환원주의적 과학에서 관계성과 상호 연결성에 기초를 둔 농생태학적 과학으로의 전환

이것은 땅, 씨앗, 물, 농민, 그리고 우리의 몸이 죽은 물질이나 기계가 아니라 지능적인 존재들임을 인식하는 것이다. 전쟁의 폭력성에 바탕을 둔 전문 지식은 이러한 지능을 진화시키는 데 적합하지 않다. 또 그 전문 지식은 사람들을 먹여 살리는 데도, 이 행성의 생기를 소생시키는 데도 적합하지 않다. 이 지능은 땅과 씨앗 안에, 식물들과 동물들 안에, 우리의 손과 우리의 몸 안에 있다. 화학전을 전문 농업 지식으로 가르쳤던 구식 대학들은 이제 학교 역할을 하는 농장들로 대체되고 있고, 실제 식량을 생산하는 실제 농사에 관한 지식이 이 농장들로 더 많이 집결하고 있다. 기업과 이윤의 원칙에서 벗어나는 전환은 농생태학이라는 새로운 과학 패러다임으로의 지식의 전환이기도 하다.

3단계 전환―기업들의 '지적 사유재산'으로서의 종자에서 살아 있고 다양하고 진화하는 종자로의 전환. 즉, 식량의 원천, 생명의 원천인 공공재-종자로의 전환

마을 공동체 내에 종자 은행과 종자 도서관을 만드는 일은 획일성에 입각한 비과학적이고 불공정한 종자법의 강제 시행에 저항하는 종자 독립 운동의 일환이다. 또한 참여적이고 진화적인 육종을 위해 혁신을 추진하고 있는 과학 운동들도 이 저항 운동의 일환이며, 이러한 새로운 육종은 산업적 방식의 육종보다 성공적이고 월등히 우수한 대안이다.

4단계 전환―화학 물질 증대에서 생물 다양성 증대와 생태학적 증대로의 전환, 단일경작에서 다종 경작으로의 전환

우리는 화학 물질과 유독성 물질들을 주요 농업 투입물로 사용하는 시스템에서 화학 물질 없는 농생태적 시스템으로 전환해야 한다. 생태적 농업 시스템이 더 많은 식량과 양분을 생산한다는 증거들은 늘어나고 있다. 우리의 식량과 농사에는 화학 물질들이 들어설 자리가 없다. 이 전환은 또한 우리를 '고수확'이라는 픽션에서 해방시키고 양, 품질, 맛, 건강, 영양 등 시스템이 만들어내는 여러 가지 산출물이라는 현실로 이동시킬 것이 자명하다. 다양한 생물이 참여하는 농업 시스템은 단지 더 생산적이고 더 회복력이 높은 것만이 아니다. 생물 다양성을 보존하는 푸드 시스템은 영양 결핍과 관련된 질병에 대비하는 최고의 보험이다. 예를 들어, 인도의 아유르베다Ayurveda 과학*은 모든 음식은 다양성과 건강 모두를 보장하는 여섯 가지 맛을 가지고 있어야 함을 보여준다.

5단계 전환—사이비 생산성에서 참된 생산성으로의 전환

살아 숨 쉬는 자연과 창조적인 사람들을 '토지'로, '노동'으로, 산업 시스템의 단순한 투입물로 환원함이란 착취의 법칙에 입각한 사이비 생산성의 시스템이나 다름없다. 자연 자원들의 생기를 소생시키고 보람 있는 작업과 지속 가능한 생계수단을 만들어내는 것이야말로 좋은 농사의 목적이자 결과이며, 이러한 일은 투입물을 투여하는 것으로 환원될 수 없다. 사이비 생산성의 계산 논리는 생산성 증대를 위해서는 노동 투입량을 최소화해야 한다는 것이다. 이는 곧 농민들을 생산 현장에서 추방하는 것을 뜻한다. 추상적인 것이 아니라

---

* 인도의 전통 의학. 아유르베다 전통의 현대화 버전은 오늘날 대체 의학의 한 갈래로 인정받고 있다. 허브, 미네랄, 금속 등을 사용해 치유한다. 의학적 실효성에 대해 논란이 있긴 하다.

실제적인 것에 기초를 둔 참된 생산성의 계산법에서는, 창조적 노동이 생산성 증대를 가져오는 하나의 산출물로서 최대한 계산에 반영된다. 참된 생산성의 계산에는 화학 집약적, 자본 집약적, 화석 연료 집약적 산업농의 사회적·의료적·생태적 비용 일체가 반영되어야 하며, 생태 농업이 공공 의료, 사회적 통합과 유대, 생태적 지속 가능성을 위해 만들어내는 이익 역시 반영되어야 한다. 참된 생산성 계산법은 농민의 권리를 인정하는 계산법이다. 생태적인 세계, 살아 숨 쉬는 세계에서 농민은 단순한 식량 생산자가 아니라, 생물 다양성과 안정적인 기후의 보존자이자 증진자이며, 건강 제공자이고, 다양한 공동체 문화들의 관리자이다.

우리 시대에 이루어야 할 가장 중대한 전환은, 토지와 노동을 탈상품화하고 해방하는 것, 그리고 자연의 생생한 지능에, 풍요로움을 만들어내는 자연의 잠재성과 다양성에 주목하는 것이다. 우리는 또한 자신들의 농지와 씨앗과 지식과 창조적 노동에 대하여, 반환의 법칙에 따른 창조적 노동의 결실에 대하여 권리를 지닌, 창의적이고 지성적이고 부지런히 일하는 사람들에게 주목해야 한다. 어머니 지구의 권리, 그리고 먹이 그물에 지적·민주적으로 참여할 수 있는 모든 인간의 권리를 인정받으려는 다양한 운동들이 지금 이러한 전환을 구체화하고 있다.

6단계 전환―위조된 식량에서 진짜 식량으로의 전환, 건강을 파괴하는 식량에서 심신에 활력을 주는 식량으로의 전환

이윤을 위해 생산되는 일개 상품으로서의 식량에서, 건강과 안녕의 가장 중요한 원천으로서의 식량으로의 전환이다. 현재의 식량·농업 시스템은 식량을, 순전히 기업의 이윤을 최대화하기 위해 생산·가공·거래되는 상품으로 취급할 뿐이다. 식량의 가장 높은 사용 가치는 건강과 활력을 제공하는 데 있으며, 식량이 주로 기여하는 대상은 공공 의료이지 기업 이윤이 아니다. 본디 상품은 영양가가 제로이든 유독 물질들로 가득 차 있든, 오직 양을 기본으로 하며, 매매 가능한 상품으로서의 식량에는 활력 제공이라는 사용 가치가 결여되어 있다.

현재의 지배적 푸드 시스템에 대해 정말로 문제를 제기하려면, 진짜 식량, 다양한 식량을 재배하는 능력을 증진해야 하고, 신선하고 건강한 식량을 지역 단위에서 유통하는 혁신 시스템을 만들어내야 하며, 가짜 식량과 진짜 식량의 차이에 대한 인식을 길러야 한다. 또한 자기가 먹고 있는 것이 무엇인지 알 권리, 생태적으로 지속 가능하고 건강하고 안전한 먹을거리를 선택할 권리, 그리고 사회 차원에서는 기업들로부터 독립된 연구 기관과 규제 기관을 세울 권리가 보장되어야 한다. 안전한 먹을거리를 먹을 권리에 대한 위협은 불공정하고 비민주적인 법률에서 생겨나므로, 사티야그라하(진실된 것을 지키기 위한 투쟁)를 통해 그러한 법률에 협조하지 않음이 윤리적·정치적 의무가 된다. 겨자기름을 포함해 우리의 저온 압착 식용유들이 금지되고 덤핑으로 들어온 GMO 콩기름이 인도 시장에 넘쳐났을 때, 우리가 사르손Sarson(겨자) 사티야그라하를 통해서 나브다니야에서 한 일이 바로 이런 것이다. 우리의 행동과 운동으로 저온 압착 겨자기름 금지 조치는 철회되었다. 최근 들어 폭발적으로 증가한, 화학 물질과 GMO 없는 먹을거리 추구 운동의 근간이 되는 것은, 건강과 안전을 선택 기준으로 삼는 사람들이다. 먹을거리 안전에 관한 새로운 정치가 출현하고 있다. 먹을거리에 함유된 유독 물질에, GMO의 강제 유통에 반대하는 시민들이 세계 곳곳에서 분기奮起하고 있기 때문이다.

7단계 전환—'큰 것'에 대한 집착에서 '작은 것' 살리기로의 전환, '세계적인 것'에서 '지역적인 것'으로의 전환

세계화되고 산업화된 푸드 시스템에서 나타나는, 대규모·장거리를 특징으로 하는 푸드 체인은 이제, 식량을 생산하기에 너무 작은 공간이란 없다는 생태적 자각에 기초한, 소규모·단거리를 특징으로 하는 푸드 웹으로 바뀌어야 한다. 모든 사람에게는 식량이 필요하며, 최소한의 생태 발자국을 지닌 건강하고 안전한 식량을 섭취할 권리가 있다. 또한 모든 사람이 식량을 재배하는 사람이 될 수 있고, 이는 곧 식량은 어디에서나 재배될 수 있고, 또 그래야 한다는 것을 뜻한다.

우리는 어디에서나 식량을 필요로 하며, 식량은 어디에서나 조금씩 다를 것이다. 북극 지방의 식량은 사막 지방의 식량과는 다를 것이고, 사막 지방의 식량은 강수량이 많은 지방의 식량과는 다를 것이다. 온대 지방의 식량은 열대 지방의 식량과는 다를 것이다. 모든 지역에서 식량을 생산하려면, 자원 집약적이고 에너지 집약적인 대규모 산업농 모델에서 지역 생태계에 적응된, 다양성을 중시하는 소규모 농업 모델로 생산 모델이 전환되어야 한다. 이러한 적응과 진화야말로, 특히 기후 변화에 대응해야 하는 상황에서는, 미래의 지속 가능한 푸드 시스템을 위한 핵심적 요소다.

흔히 활용되는 주장은, 더 많은 사람들이 도시에서 살고 있기 때문에 지금 우리에게는 대규모 산업농이 필요하다는 것이다. 이 주장은 세 가지 논리로 반박 가능하다. 첫째, 대규모 농업이 생산하는 것은 식량이 아니라 상품이며, 상품은 사람들을 먹여 살리지 못한다. 둘째, 각 도시에 시민들이 사용할 물을 공급하는 '수역'이 있듯, 각 도시에는 도시 내 식량 수요를 충족하는 '식량 구역'이 있어야 한다. 도시 규모가 크면, 그에 맞게 식량 구역도 커야 할 것이다. 식량 수요를 충족시키는 계획을 세우고, 좋은 먹을거리로 도시와 농촌을 통합하는 일이 도시 계획의 일부가 되어야 한다. 셋째, 새로운 식량·농업 운동이 세계 각 도시들에서 폭발하고 있다. 도시 내 마을들은 도시 텃밭, 마을 텃밭, 학교 텃밭, 그리고 테라스와 발코니와 벽을 이용한 텃밭을 가꾸며 푸드 시스템을 복구하고 있다. 우리에게 양분을 공급하는 식물을 길러내기에 너무 작은 장소란 없다.

또한, 푸드 시스템에 대한 기업의 통제가 더 강력해지고, 푸드 시스템이 더욱더 세계화되는 것이야말로 식량 가격 상승과 인플레이션에 대한 해법이라는 주장도 있다. 물론 잘못된 주장이다. 안전하고 구매 가능하며, 다양하고 지속 가능한 식량을 위한 시스템을 갖추려면 세계화에서 지역화로의 전환이 필요하다. 지난 20년간 세계화된 푸드 시스템이 강제적으로 시행돼왔는데, 이러한 시스템을 만들고 통제한 것은 이윤이라는 단 하나의 목적만을 추구하는 기업들이었다. 지구 자연과 그 안에서 살아가는 평범한 사람들의 삶은 세계 모든 곳에서 파괴되었다. 생태 위기는 한층 더 심각해졌고, 공공 의료의 수준은 악화되었다. 농민들은 고통 속에 있다. 반면, 지역화는 식량 민주주의 운동이 만들어내고 있는 트렌드다. 지금 지역화의 흐름은 도시민들이 농민들로부터 직접 먹을거리를 구매할 수 있는 방법들인 도시 텃밭, 농부 시장, 제로 킬로미터 운동, 지역 공동체 지원 농업CSA* 운동 등으로 표출되고 있다. '지역적'이라는 것은 곧 다양성, 신선함, 안전함, 맛있음을 의미한다. 또한 지역 농민들에 대한 지원과 지역 경제의 회복을, 식량을 생산하는 자와 먹는 자 사이의 더욱 밀접한 관련을 의미하고, 단순히 식량이 아니라 지역 공동체를 길러내는 것을 의미한다. 지역화는 식량 민주주의를 통해 우리 자신의 식량을 되찾아 오는 것을 의미한다.

---

* 말 그대로는 '지역 주민들이 지원하는 농업'이다. 농사에 따르는 실패 위험을 지역의 소비자가 생산자이자 농업 주체인 지역 농민과 공유하는 농업 경제 모델이다. 즉, 소비자가 공동 생산자 의식을 가지고 지역 농업과 운명을 같이하는 개념의 농업 경제 모델이다. 이에 참여하는 지역 주민들은 총 예상 수확량 가운데 일정 부분을 파종기에 선결제로 선주문하고 수확 후에 그 대금에 해당하는 양의 농산물을 받게 된다. 농민은 선결제로 자신의 농업을 지원한 지역 주민들과 소식 나눔, 특별 행사 등 여러 방식으로 유대 관계를 유지한다.

8단계 전환—착취의 법칙에 입각한 가짜의, 조작된, 허구적 가격에서 반환의 법칙에 입각한 진짜의, 공정한 가격으로의 전환

부유한 국가의 시민들은 이제 '값싼' 식량에 대해서, 그리고 이러한 식량의 과잉 섭취가 사람들의 건강과 관련해 갖는 의미에 대해서 의문을 제기하고 있다. 가난한 국가들에서는 자유 시장 정책에 따른 식량 가격 상승 문제로 폭동, 저항 운동, 정권 교체 같은 현상이 나타나고 있다. 예컨대 이집트에서 일어난 '아랍의 봄'은 빵 가격 인상 때문에 촉발되었다. 부유한 국가들에서의 '값싼' 식량, 그리고 가난한 국가들에서의 식량 가격 인상이라는 두 현상은 모두 동일한 푸드 시스템에서 기원한다. 건강하고 안전하고 구매 가능한 식량에 대한 사람들의 권리보다 이윤을 더 중시하는 푸드 시스템 말이다. 이 시스템의 근간이 되는 것은 농업에 대한 국가 보조금, 금융 투자와 투기를 통한 거대 기업들과 금융 기관들의 가격 조작이다. 반면, 공정 무역 운동은 인간과 지구 자연을 돌보는 데 기여한 농민들이 더 공정하고 정당한 보수를 받을 수 있게 해준다.

무엇의 가격이든, 가격을 책정할 때는 책정 대상이 지니는 진짜 비용과 진짜 혜택을 반영해야 한다. 화학 집약적인 산업농의 경우 생태 오염과 사람들의 건강 침해라는 높은 비용이, 생태 농업의 경우 토양을 소생시키고 생물 다양성과 수자원을 보존하고 기후 변화를 완화시키며 건강하고 영양가 높은 식량을 공급하는 등의 긍정적 기여 내용이 가격 책정에 반영되어야 한다는 말이다.

이제 식량에서 상품의 지위를 지우고, 식량이 가진 본래의 존엄성을 회복해야 한다. 또한 가장 가난한 사람들의 존엄성을 인정해, 이들이 식량에 대한 권리를 가질 수 있게 해야 한다. 식량의 가치는 식량이 구현하고 있는 영양분과 문화 그리고 정의에 있다. 식량의 가치가 글로벌 카지노의 손에서 결정될 수는 없다. 식량의 참된 가치와 참된 가격은 반환의 법칙에 따라, 지구 내 모든 생물 종의 건강과 삶에 질 좋고 건강하고 접근 가능한 식량이 얼마나 중차대한지를 재천명하는 식량 민주주의를 통해서, 규정되어야 한다.

9단계 전환—경쟁이라는 거짓 관념에서 협동이라는 실제로의 전환

산업적 방식의 생산, 자유 무역, 세계화, 이 모든 것이 작동하는 건물의 기초는, 미덕이자 인간의 근본적 특징으로 간주되는 경쟁이다. 식물들은 서로, 그리고 꽃가루 매개자를 포함한 곤충들과 경쟁을 벌인다. 농민들은 서로, 그리고 소비자에게 맞서 대립각을 세우고 있고, 세계 각국은 투자 실적 순위를 다투고 무역 전쟁을 벌이면서 서로 경쟁한다. 경쟁은, 지구 자연과 일반 민중의 관점에서 보면 급락 곡선을 만들어내지만, 기업의 이윤을 위해서는 급상승 곡선을 만들어낸다. 하지만 경쟁의 궁극적 결과는 붕괴다.

생명의 그물이라는 실제 현실의 실체는 경쟁이 아니라 협동이다. 가장 작은 세포와 미생물에서부터 가장 큰 포유동물까지, 사실 모두가 협동한다. 여러 다양한 생물 종 간의 협동은 식량 생산량 증가를 가져오고, 유해 생물과 잡초를 억제한다. 사람들 간의 협동은 생계를 포함한 인간의 복지는 최대화하지만 기업의 이윤은 최소화하는 살아 있는 마을 공동체와 경제들을 만들어낸다. 협동 시스템들의 기초는 바로 반환의 법칙이다. 협동 시스템들은 지속 가능성과 정의와 평화를 만들어낸다. 붕괴의 시대에 협동은 생존을 위한 절대 과제다.

***

이러한 전환들은 가짜 유토피아가 아니다. 이 전환들은 지금 세계 도처에서 실제로 일어나고 있다. 또한 고장 난 푸드 시스템과 고장 난 정치 시스템 한복판에서 살아 숨 쉬는 씨앗, 살아 숨 쉬는 토양, 살아 숨 쉬는 식량, 살아 숨 쉬는 농민들에 기반을 둔 활기 넘치는 새로운 푸드 시스템이 모습을 드러내고 있다. 지난 30년간 나브다니야 운동을 통해서 우리는 이러한 전환의 과정을 실제로 살아내기도 했다.

나브다니야에서 우리 자신은 우리가 이 세계에서 만나보고자 했던 변화 그 자체였다. 다양성, 자기 조직화, 협동, 그리고 반환의 법칙이 우리의 모든 과업을 이끌었다. 식물과 씨앗의 생물 다양성을 보존하는 일에서부터 지식 체계의 다양성을 부활시키는 일, 생물 다양성에 근거한 살아 숨 쉬는 경제 공동체를 만들어내는 일, 살아 있는 식량 민주주의를 만들어내는 일까지, 우리가 하는 모든 일에서 다양성은 수단인 동시에 목적이었다.

유기적인 것이란 하나의 '사물'이 아니다. 그건 하나의 제품도 아니다. 유기적인 것이란 하나의 철학이다. 모든 것이 연결되어 있고, 모든 것이 다른 모든 것과 관계를 형성하고 있다는 깨달음을 기반으로 하는 하나의 사고방식, 하나의 삶의 방식인 것이다. 무언가를 입에 넣고 마시고 씹는 우리의 행동은 생물 다양성에, 토양과 물과 기후에, 농민들에게 영향을 미친다. 우리가 토양과 씨앗에 하는 행동은 우리 자신의 몸과 건강에 영향을 미친다.

나브다니야는 '아홉 개의 씨앗'을 뜻하지만, '새로운 선물'을 뜻하기도 한다. 아홉 개의 씨앗은 다양성이라는 가치를, 새로운 선물은 우리가 심는 삶·자유·희망의 씨앗들을 상징한다. 우리가 보기에 씨앗은 공유재이지, 어느 기업의 발명품이나 특허받은 재산이 아니다. 나브다니야는 생물 다양성을 보호하고 씨앗을 유전공학과 특허에서 자유롭도록 지켜낸다는 단순한 목적에서 시작되었다. 현재, 나브다니야가 설립한 100개 이상의 마을 종자 은행들에서 3,000종이 넘는 쌀 품종이 보존되고 있다. 그러나 이 마을 종자 은행들은 박물관이 되려고 설계된 것이 아니다. 이 은행들은 살아 활동하는 종자 은행들이며, 마을 사람들이 필요로 하는 종자, 그리고 상이한 지역의 농촌 공동체들이 서로 자유롭게 교환할 수 있는 종자를 공급하는, '공유 가능(오픈 소스)' 종자 공급처다. 씨앗과 마을 공동체는 정태적이지 않다. 이것들은 진화하고 변모하며, 종자 보존자로서의 농민들은 수천 년간 종자와 식물을 육종해온 육종가들이기도 하다. 생명을 지닌 씨앗들은 기후 변화에 적응하도록 진화하는데, 그리하여 씨앗들은 기후 변화에 대응하는 최고의 보험이기도 하다.

자연 환경, 가난, 건강은 각기 따로 떨어져 있지 않다. 이것들은, 서로 연결돼 있고 살아 활동하는 하나의 푸드 시스템(생명의 그물인 푸드 웹)의 각기 다른 차원들이다. 씨앗, 토양, 소규모 자작농들은 창조성과 생산성으로 이어지는 하나의 연속체다. '씨앗에서 식탁까지' 우리는 (식량 생산자와 식자食者를 연결시킴으로써) 자연, 농민의 삶, 사람들의 건강, 그리고 사회적 복리를 보호하고 활기차게 만들려고 노력한다. 나브다니야의 '씨앗에서 식탁까지'의 사이클에는 네 가지 핵심적 연결 고리가 있다.

첫 번째 연결 고리는 바로 살아 숨 쉬는 씨앗들과, 여성들이 운영하는 100개가 넘는 마을 종자 은행들이다. 이곳에서 우리는 다양한 씨앗들을 보존·유통하는데, 이 씨앗들 가운데에는 만두아mandua·장고라jhangora 같은 기장, 가핫gahat·나우랑기naurangi 같은 나무콩 등의 '잊힌 식량들'도 포함되어 있다. 이것들은 녹색 혁명의 주축이 되는 것들, 즉 화학적 단일경작으로 생산되는 밀이나 쌀보다 훨씬 더 영양이 풍부하다. 또한 이 품종들은 기업들이 육종한 품종들에 비해서 물을 10배 더 적게 필요로 한다. 지난 30년간의 노력으로 우리는 3,000종의 쌀 품종과 150종의 밀 품종을 보존할 수 있었다. 이는 종자 다양성의 침식을 역전하는 일이자 동시에 종자 독재의 출현에 저항하는 일이었다. 우리는 님, 바스마티, 글루텐을 함유하지 않은 밀에 대한 생물 해적 행위에 맞서는 소송에서 승소했다. 씨앗은 물건이 아니다. 씨앗은 수천 년에 걸친 진화 지능의 구현체이며, 씨앗 속에는 수천 년간 진행된 창조적 진화의 잠재력이 보존되어 있

다. 살아 숨 쉬는 씨앗들은 단일경작이 아니라 생물 다양성을 기본
으로 하는 생태적 농업의 근간이다.

씨앗에서 식탁까지의 푸드 체인에서 우리의 두 번째 연결 고리
는, 생물 다양성 기반의 유기 농업을 통해 살아 숨 쉬는 씨앗을 **살아
숨 쉬는 토양**에 결합하는 것이다. 반환의 법칙에 입각한 호혜적이고
끊임없이 재생되는 순환 과정 속에서 씨앗은 토양을 만들어내고, 토
양은 씨앗을 만들어낸다. 산업농은 농지를 떠나는 산출물들만을 측
정하지만, 우리는 토양으로 되돌아오는 것들을 측정한다. 토양의 건
강을 회복시키는 활동을 통해서 우리는 생산성을 향상시킬 수 있었
고, 또 그렇게 함으로써 토양의 보수력을 키우고, 소요되는 물의 양
을 줄일 수 있었다.

1994년, 나는 고향인 둔 밸리의 람가르 마을에서 나브다니야 농
장을 시작했다. 둔 밸리는 유칼립투스 플랜테이션 탓에 불모지가 된
땅에 자리 잡고 있었다. 당시 세계은행은 유칼립투스 대규모 재배
를 "사회적 조림"이라며 장려했지만, 유칼립투스 플랜테이션에 사
회적인 것이라곤 전혀 없었다. 유칼립투스가 선택된 것은 오직 그것
이 종이·펄프 산업의 원재료로 판매될 수 있기 때문이었다. 유칼립
투스는 6년 주기로 벌목이 가능한데, 펄프 재료로 팔려 나갈 때까지
잘 관리되어야 한다. 그러나 유칼립투스는 엄청난 양의 물을 필요로
하는데다가, 토양에 유기 물질을 환원하지 않아서 땅을 척박하게 만
든다. 유칼립투스의 원 서식지인 오스트레일리아에서는 원주민들이
유칼립투스 잎과 그것의 영양분을 재순환시키기 위해서 파이어 사

이클fire cycle*을 통해 토지를 관리했고, 이렇게 하여 이 대륙을 지구에서 가장 큰 정원으로 만들었다. 하지만 인도에서 이러한 사이클들은 생태계의 일부가 아니다.

현재 우리의 땅은 비옥하다. 어디에서나 지렁이 똥을 볼 수 있을 정도다. 토양의 보수력이 충분히 커져서 관수량이 75%까지 감소했다. 어디에나 생물 다양성이 존재한다. 표토 아래에서는 다양한 토양 유기체들이, 표토 위에서는 다양한 식물들과 꽃가루 매개자들이 살아간다. 우리는 사실상 푸드가 아닌 단일 생물 종 대신 2,000종이 넘는 다양한 작물들과 150종이 넘는 나무들을 기르고 있다. 망고 과수원에만 9개 품종의 망고가 자라고 있다. 최근의 한 연구는 산림에 비해 농지에는 6배 더 많은 꽃가루 매개자들이 있음을 보여주었다. 또한 우리가 재배하고 있는 2,000종의 작물들은 농지의 생태적 균형도, 농업 생산성도 향상시켰다. 비옥한 땅은 농지 유기 물질의 재순환 과정에서 생겨나며, 유해 생물 관리는 식물들과 곤충들의 다양성 자체가 수행해준다. 유독 물질을 살포할 필요란 없다.

우리는 지구 자연을 돌봤고 지구 자연에 생물 다양성을 되돌려주었다. 그리하여 지구 자연이 우리에게 제공해줄 수 있는 식량의 총량을 증대시켰다. 람가르의 농지에는 두 개의 역사, 두 개의 농지

---

* 숲이 너무 우거지면 인위적으로 숲에 불을 놓아 큰 나무들을 죽임으로써 그 땅에서 새로운 생명이 번성하게 만들기도 하는데, 이런 방식으로 생명의 사이클을 유지하는 것을 파이어 사이클이라고 한다.

사용 양식이 각인되어 있다. 하나는 유칼립투스 단일경작으로 상징되는데, 이것의 특징은 탐욕, 이윤, 상업, 돌보지 않음이다. 다른 하나를 움직여온 것은 지구 자연에 대한 돌봄, 그리고 생물 다양성과 생태 과정에 대한 존중이다. 우리의 삶을 지속시켜온 것은 두 번째 모델, 즉 농생태적 모델이다.

세 번째 연결 고리는 살아 숨 쉬는 식량 경제다. 산업농과 GMO는 자살을 유발하는 경제라는 수렁으로 우리의 농민들을 몰아넣었다. 전 세계적으로 굶주림을 겪는 10억 인구 중 절반이 농민인데, 이는 세계화된 산업농이 착취의 법칙에 입각해 있기 때문이다. 즉, 이러한 농업은 농민과 농지 모두를 착취하기 때문이다. 우리는 현재, 농민들이 토양에 돌려주고 사회가 농민들에게 돌려주는 반환의 법칙과 다양성을 기본으로 하는, 살아 숨 쉬는 식량 경제를 만들어내고 있다.

다양성과 탈집중화는 밀접한 관련이 있다. 이것이 바로 살아 숨 쉬는 식량 경제가 지역 경제라는 기반 위에서 만들어지고 발전되어야 하는 이유다. 씨앗과 식탁을 연결하는 과정에서 우리는 공정 거래를 통해 식량 생산자와 소비자의 협동을 촉진해왔다. 우리는 농업 공동체들과 협력해, 자기가 생산한 농산물의 가격을 직접 정하고 공정한 시장을 만드는 생산자 그룹들을 조직하고 있다. 그리하여 지역 생산자들은 상호 간 경쟁에 내몰려 끝내 불공정하고 부당한 시장의 희생물이 되는 사태를 피하고 있다.

모든 사람에게는 잘 먹을 기본적 권리가 있고, 그리하여 우리는 유기적 공정 거래를 매개로 농촌 지역을 도시에 연결하고 있다. 세계화 속의 이른바 '자유 무역'은 오직 거대 기업들에게만 '자유'를 안겨주며, 시민들의 입장에서 그것은 노예제 내지 배제를 매개로 한 참여에 불과하다. 세계화는 소비자들과 농민들이 서로 대립하게 만든다. 나브다니야에서 우리는 생산자와 소비자의 협동을, 도시와 농촌의 협동을 만들어냈다. 우리는 우리의 도시 소비자들을 공동 생산자라고 부르는데, 이는 이들이 생물 다양성에 기반을 둔 유기농 먹을거리를 선택함으로써, 생물 다양성을 보존하고 좋은 먹을거리를 생산하는 활동에서 농민들의 협력자가 되기 때문이다. 나브다니야는 델리에 소매점 네 곳, 뭄바이에 소매점 한 곳을 두고 있고, 이제는 잊힌 음식을 맛볼 수 있는 유기농 카페도 하나 운영하고 있다.

도시도 생산자가 될 수 있다. 이것이 바로 우리가 학교들과 마을들에서 '희망의 텃밭Gardens of Hope'을 시작한 이유다. 텃밭 가꾸기를 통해서 모든 어린이들은 예비 농부가 된다. 지구 자연의 어린이이자 창조자가 되는 것이다. 또 우리는 펀자브와 비다르바에서 자살한 농민들의 아내들과 함께 희망의 텃밭을 시작했다. 희망의 텃밭을 통해서 사람들은 지구 가족Vasudhaiva Kutumbakam의 일원이 되는데 텃밭이 얼마나 중요한지를 배우고 있다. 우리는 모두 지구 자연의 아이들이다. 부유하든 가난하든, 젊었든 나이 들었든, 종파가 무엇이고 계급이 무엇이든, 모든 사람은 식량을 길러내는 법을 배워야 한다. 모든 공동의 공간이, 모든 발코니와 테라스가 텃밭이 되어야 한다.

모든 농지와 텃밭에서 유기농 재배를 하는 것이 인류의 전 지구적 임무가 되어야 한다. 지난 수십 년간 우리는 생물 다양성을 파괴하고 토양을 사막화하는, 물을 고갈시키고 공기를 오염시키고 우리의 몸을 유독 물질로 더럽히는 파괴적 농업을 목격해왔다. 우리는 지금 지구 자연, 우리의 마을 공동체들과 도시들, 우리의 건강을 소생시키는 새로운 푸드·농업 시스템을 위해 혁신에 임하고 있다.

우리의 작업에서 네 번째 연결 고리는 바로 **지식의 씨앗들**이다. 둔 밸리의 나브다니야 농장에 세워진 비자 비디야피트Bija Vidyapeeth (지구 대학Earth University)는 자연으로부터의 배움에 기초한 지식 체계를 전파하는 학습장이다. 이 교육 기관의 토대가 된 것은 수백 년간 진화해온, 여성들과 우리의 할머니들과 세계 각지 교사들의 토착 지식이다. 우리는 우리의 농민들을 공동 생산자라고 부르는데, 그들이 지구 자연에 맞서는 것이 아니라 지구 자연과 '함께' 일하기 때문이다. 그간 나브다니야 농부들은 75만 명에 이르는 농부들을 교육해, 지구 자연을 보호하고 토양을 재생시키며 식량 생산량을 늘리고 농촌 수입을 증대하는 농업을 실천하도록 이끌었다.

종자 주권은 식량 주권, 지식 주권과 연결되어 있다. 사람은 누구나 자신의 생생한 체험을 통해 습득한 지식에서는 전문가다. 파편화되고 환원주의적인 패러다임은 단지 실제 현실을 파편화하는 데 그치지 않는다. 그 패러다임은 환원주의 전문가 집단을 만들어냄으로써, 고장 난 현재의 푸드 시스템을 재설계하는 데 우리가 필요로 하는 바로 그 다양한 살아 있는 지식 체계들을 유린한다.

'다양성을 위한 다양한 여성Diverse Women for Diversity'과 나브디니야의 '마힐라 안나 스와라지Mahila Anna Swaraj(여성의 식량 주권)' 프로그램은 안전한 식량, 식량 안보, 식량 주권을 다시금 여성의 손에 되돌려놓고 있다. 여성들이 가공하는 음식들은 독보적인 데가 있는데, 적당한 가공과 낮은 이산화탄소 배출량 때문이기도 하고, 독특하면서 토속적인 맛 때문이기도 하다. 이 음식들은 우리 농장의 직판장들에서 판매되고 있다. 장인의 솜씨가 담긴 음식으로 고용이 창출되고 있고, 그 음식은 공장에서 생산된 정크 푸드의 대안이기도 하다. 사실, 최근에 WHO는 정크 푸드 산업에 부과하는 '건강세health tax'를 신설해야 한다고 제안한 바 있다.

나브다니야에서 우리가 하고 있는 작업은, 굶주림이라는 문제를 해결하기 위해서는 반드시 지구 자연과 화해해야 한다는 점을 분명히 밝혀준다. 나브다니야 농장에서 우리는 상품을 기르지 않는다. 우리는 지구 공동체를 기르고 있다. 정신 속에서, 땅 위에서. 우리는 토양 유기체들을 먹여 살리고 있고, 그 유기체들이 또 우리 자신을 먹여 살리고 있다. 우리는 다양성을 길러내는데, 그러면 이 다양성이 더 많은 다양성을 지탱하게 된다. 이에 따라 조성되는 유해 생물/포식자 간 균형은 유해 생물 억제를 도와주고, 그러면 유독 물질을 살포할 필요 또한 자연스럽게 없어진다. 우리는 유기 물질을 길러내 최대한 토양에 되돌려준다. 토양 내 유기 물질은 비료 공장들과 대규모 댐들의 폭력에 대한 대안이다. 생물 다양성 시스템은 기후 혼돈의 시대에 생태적 회복력을 증대한다. 농생태계 내 생물 다양성

수준이 높을수록 그 생태계는 식자食煮를 위해서는 단위 면적당 더 많은 양분과 건강을 생산하고, 농민을 위해서는 단위 면적당 더 많은 부를 창출한다.

지난 30년간 나는 나브다니야 건설을 통해서, 지구 자연과 화해하는 식량·농업 시스템을 만들어왔다. 비폭력 농업은 다른 생물 종들을 보호하며, 나아가 더 많은 식량을 산출하도록 우리를 도와준다. 또한 이러한 농업은 더 질 좋은 식량을 생산해내며, 그리하여 비만·당뇨·고혈압·암 같은 질병으로 이어지는 우리 몸에 대한 전쟁을 종식시킨다.

지구 자연을 침해하는 기술·경제 시스템들은 자연 자원을 활용할 마을 공동체들의 권리도 똑같이 침해한다. 농지, 생물 다양성, 물이 교역 가능한 일개 상품들로 환원되고 사적 소유물이 될 때, 자연의 권리뿐만 아니라 마을 공동체의 권리도 침해당한다. 지구 자연과 화해하기는, 지구 자연을 죽은 물질로 보는 기계론적 사고로부터 지구 자연을 가이아로, 살아 활동하는 행성으로, 우리 모두의 어머니로 보는 사고로의 패러다임 전환과 더불어 시작될 것이다.

***

산업형 농업과 푸드 시스템은 우리에게 죽어가는 지구 자연, 병든 시민, 부채에 시달리는 농민이라는 3중의 위기를 불러왔다. 생태적이고 정의로운 대안은 절체절명의 과제가 되었다.

종자 독립과 식량 독립은 식량 민주주의를 위한 토대들이다. 식
량 민주주의란 씨앗을 보존·공유할 권리, 독극물을 사용하지 않는
농생태학을 실천할 권리가 농민들에게 보장되는 것이다. 또한 다양
화된 공정한 시장들을 통해서 다양한 것들을 길러내고 공유할 자유
가 농민들에게 보장되는 것이다. 식량 민주주의란, 건강하고 영양이
풍부하고 안전하고 접근 가능한, 문화적으로 적절히 재배되고 지속
가능한 방식으로 생산된 식량을 구하고 섭취할 권리가 모든 시민들
에게 보장되는 것이다. 또한 우리의 식량에 무엇이 담겨 있는지 정
확히 알 권리가 보장되는 것이다. 식량 민주주의에 기초한 대안들이
지금 모든 곳에서 개화하고 있다.

그러나 어떤 희생을 치르든 이윤을 창출하는 데만 혈안이 되었
던 산업농은 이러한 대안들의 개화를 가로막기 위해 최선을 다할 것
이다. 가짜 안전 관련 법들, 종자에 대한 파시스트적 법들, 그리고 신
자유주의 정책과 시장이 지금 심각한 위기에 처한 어떤 모델에 대한
대안을 가로막고 있다. 지금은 사티야그라하, 즉 진실된 것을 지키기
위한 투쟁을 외쳐야 하는 시점이다.

우리 자신이 곧 우리가 보고 싶어 하는 변화가 되도록 하자. 독
에 물든 푸드 시스템에서 생명력 넘치는 푸드 시스템으로의 전환에
우리 각자가 모두 기여하자. 그 어떤 농민도 자살해서는 안 된다. 그
어떤 어린이도 굶주림으로 죽어서는 안 된다. 그 어떤 사람도 음식
때문에 아파서는 안 된다. 지구 자연 그리고 지구 자연의 공동 생산
자인 인류는 훌륭하고 건강한 식량을, 전체를 먹일 수 있을 만큼 충

분히 공급할 수 있다. 이제 우리 자신의 집합적 창조 에너지를 지구를 돌보는 식량이라는 미래를 설계하는 데 쏟기로 하자. 세계화된 농업과 그것의 전쟁 도구들을 통해서 지구 자연에 전쟁을 선포하는 것이 아니라, 어머니 지구와 함께 일하며 우리의 토양과 씨앗과 생물 다양성을 보호하기로 하자.

자연의 법칙에 따라 일할 때 우리 각자는, 마지막 한 명의 아이, 마지막 한 명의 여성, 마지막 한 명의 농민, 마지막 하나의 생명체까지 놓치지 않고 모든 이들에게 풍족하고 훌륭한 먹을거리를 가져다 줄 가능성의 씨앗을 품게 된다.

조화 속에서 함께 일할 때 우리는, 이 지구 자연 위에 천국을 일구어낼 수 있을 것이다.

옮긴이 해제

온전한 자연과 식食과 인간,
셋이 아닌 하나

1

번역 작업을 모두 마치고 나니 본문의 끝부분에 적혀 있는 두 문장이, 가야산 해인사에서 저녁 무렵 들었던 범종의 장엄한 울림소리처럼, 내 정신에 울려 퍼지는 듯하다.

하나는 "우리 자신이 곧 우리가 보고 싶어 하는 변화가 되도록 하자"라는 문장이다. 저 인도 땅, 다람살라와 뉴델리 사이에 있는 둔 밸리의 나브다니야 농장으로부터 저자가 지금 방금 여기로 튀어나와 내게 하는 요청인 것만 같다. 그러니까 이것은 글자라는 형물形物 속에 박혀 있는 저자의 생생한 음성이다. 어느 사람이 곧 변화 그 자체인 변화라니. 대체 어떤 변화란 말인가? 저자가 말하는 변화는 자신의 몸만이 아니라 농민과 자연을 함께 살피는 식자食者(먹는 사람 eater)가 되는 것, 동시에 제 입으로 들어갈 것을 조금이라도 직접 생산하는, 하지만 동시에 자연도 살피는 생산자가 되는 것이다.

다른 하나의 문장은 "그 어떤 사람도 음식 때문에 아파서는 안된다"라는 문장이다. 체험이라는 책은 글자로 된 책보다 힘이 세서, 필자가 '식食' 문제를 처음으로 심각하게 생각하게 된 것도, 바깥 밥을 먹으면 자꾸만 속에 탈이 나곤 해서였다. 오염된 음식은 우리 몸에 탈을 일으키지만, 죄질이 더 고약한 건 눈에 띄지 않게, 긴 시간을 두고 몸을 병들게 하는 것들이다. 비만, 당뇨병, 고혈압, 뇌혈관 질환, 심혈관 질환, 암 같은 질병은 (농약과 방사능에 오염된 음식, 방부제, 화학 첨가물이 든 가공 식품, 정크 푸드, GM 푸드 등) 온전하지 않은 음식 (저자는 이런 음식을 푸드가 아닌 것, 안티-푸드라고 칭하기까지 한다)과 관련이 많지만, 병세의 악화는 긴 시간을 두고 암암리에 진행되는 법이고, 그 때문에 어느 누구도 오염된 특정 음식을 자기가 앓는 질병의 직접적 원인으로 지목할 수 없게 된다.

이를테면 당뇨병을 앓는 이가 있다고 해보자. 당뇨병은 췌장 조직의 세포가 분비하는 인슐린의 양이 너무 적거나 인슐린이 포도당 분해·흡수라는 본래의 기능을 수행하지 못해서 포도당이 체세포에 흡수되지 못할 때 발생한다. 즉, 이 병은 포도당 흡수에 관계되는 췌장의 인슐린 배출 시스템에 이상이 생긴 병이다. 그런데 이러한 몸의 이상 현상은 고단백·고지방식과 유관한 것으로 추정되고 있다. 하지만 개인의 식습관이 천차만별인 까닭에, 특정 식단이 어떤 경로로 당뇨병을 유발하게 되었는지, 그 유관성을 확정하기란 사실상 불가능에 가깝다. 이례적인 경우도 있지만 대부분의 음식 관련 질병에서 이러한 사태(질병 경로 추적 불가능 또는 실병·음식 간 유괄선 입증 불가능 사태)는 거의 동일해서, 바로 이 사태가 수많은 식품(종자·곡물·가공·유통) 기업들에게, 또 이 기업들과 비즈니스 관계에 있는 수많은 음식점들에게 면죄부를 주며, 이들의 비도덕적 행태를 정당화하고 지속시키고 있다.

불행하게도, 이 식품 기업들을 주축으로 하는 현재의 글로벌 푸드 시스템은 자연계와 그곳의 서식자인 동식물들에게 막대한 해를 가하며 작동되고 있다. 자사가 생산·유통하는 먹을거리가 인체에 해를 미칠 가능성조차 대수롭지 않게 여기는 거대 식품 기업들이 굳이 자연을 돌보는 농법에 관심을 둘 이유가 있을까? 단위 면적당 생산량, 분기별 판매량이 번영의 관건인 기업에게 그러한 농법이 합리적인 것으로 비칠 리 있을까? 더군다나 현 사태를 문제시하는 이들도 거의 없다시피 하지 않은가? 특히, 피해자 자연은 아무런 말이 없다. 소리 소문 없이 사라진 생물 종들은 자신의 소멸을 인류에게 굳이 고지하지 않는다. 이 말 **없음**이 수많은 식품 기업들에게 또 면죄부를 준다.

이리하여 다수 소비자의 건강에 먹구름을 드리우고, 지구 자연의 생태계들과 생물 다양성을 교란하고 파괴하는, 여기에 더해 전통적 자연 친화 농법을 고수하는 소농들을 생계의 터전에서 축출하는 글로벌 푸드 시스템은 지금 이 순간에도 승승장구하고 있다. 이 시스템 속에서 생산되어 유통되는 것을 즐겁게 음미하고, 자신의 페이스북과 인스타그램에 그 즐거움의 현장을 업로드하면서 인생을 하루하루 소비하다 보면, 삶의 파이프라인 저 끝에서, 의료진이 흰 마스크를 쓴 채, 판사의 위엄을 발산하며 우리의 생사를 결정하기 위해 우리를 기다리고 있다. 그리고 이 파이프라인 중간 지대에서 우리는, 두 가지 유형의 자이언트(식품 기업, 병원 기업) 사이에서 활동하는 소小비즈니스맨들, 각종 보험 회사 직원들이 따발총처럼 쏟아내는 광고성 음성의 맹공을 받으며 살아가고 있다…….

2

이것은 문제인가, 아닌가? 만일 이 질문에 당신이 '이것은 문제'라고 답변한다면, 이 책은 당신에게 막대한 가치를 지닌 책이 될 것이다. 하지만 이것을 전혀 문제로 느끼지 않는다면, 당신이 이 책을 읽는 것은 시간 낭비일 뿐이다.

이 책에서 저자 반다나 시바Vandana Shiva는 음식을 전체론적 접근법holistic approach으로 바라본다. 그렇다는 건 우리가 흔히 음식이라고 쉽게 부르는 물질을, 부분이나 일면만이 아니라 씨앗에서부터 마트, 마트에서부터 식탁까지, 총체적 시각, 통합적 시각에서 두루 살펴본다는 것이다. 보다 구체적으로 말해서, 청국장 속의 콩 한 알을 알려면 우리는 콩 농사 이전에, 씨앗부터 살펴봐야 한다. 그리고 씨앗을 심고 작물을 기른 다음 씨앗을 골라 받아서 육종(개량)하는, 일련의 씨앗 관리 활동과 전통, 그 산물인 품종 다양성(바로 이 품종 다양성이 요리 다양성, 맛 다양성, 식문화 다양성을 좌우한다)을 이해해야 한다. 한 톨의 씨앗이 발아하여 성장하려면 그 씨앗은 반드시 특정 물 환경, 토양 환경 속에 있어야 하는데, 이는 작물의 이해에 토양 생태계의 이해가 필수임을 뜻한다. 물론 도시에서 살며 먹는 소비자가 농업 전문가가 될 필요까지야 없겠지만, 유기농 먹을거리를 선호하는 이라면 도대체 무엇이 유기농이며, 유기농법에서 배제하는 농약과 화학 비료가 어떤 류의 물질인지(인체에, 작물의 물 환경, 토양 환경에 어떤 영향을 미치는지) 관심을 기울이는 게 마땅하다. 콩이라는 물질은 토양 생태계 내 푸드 웹(먹이 그물)의 영향을 받으며 탄생되는데다, 콩을 먹고 사는 온갖 동물들의 푸드 웹에 연결되고, 이러한 푸드 웹들은 더 큰 웹인 생명의 그물(생명의 웹)에 연결된다. 그렇다면 콩 한 알이 무엇인지 총체적 시각에서 이해한다는 것은 곧 푸드 웹, 생명의 그물이라는 맥락 속에서 그것을 이해한다는 것을 뜻한다. 또한 콩 한 알의 탄생과 관계하는 여러 농생태 과정들(기체 생태 과정, 물 생태 과정, 광합성 과정, 토양 유기체들이 이루는 생태 과정, 수분 생태 과정)을 이해하지 않고는, 우리는 청국장이라는 요리를 전혀 알지 못하는 것이라고 봐야 한다.

공장에서 생산되는 간장에 들어가는 GM 콩은 어떠한가? 우리 시대의 중요한 사회 문제인 GM 작물, GM 식품 문제에 대하여 어느 쪽이든 입장을 정하려면, 아니 마트에서 진간장을 고르려면, 우리는 GM, 즉 유전자 변형(조작)이 어떤 활동인지를 반드시 알고 있어야만 한다. 이것이 끝이 아니다. 우리는 지금 이 세계의 식품(식량) 시장을 지배하는 거대 기업들, 이들의 역사와 활동에 대해서도 제대로 된 지식을(이들이 여러 가난한 국가들의 농민들에게, 세계의 농생태계에, 지구 생태계 전체에 과연 어떤 영향을 끼치고 있는지를 포함하여) 갖추고 있어야, 어느 자리에서든지 흡족하고 당당한 식食 선택을 할 수 있다. 이처럼 우리는 지금, 온전한 식 이해만이 온전한 맛 체험을 보장해주는 세상에서 살아가고 있는데, 물론 이것은 분명 불행한 일이다.

이 책의 장점은, 총체적 시각에서 음식과 음식 생산(농업)의 문제를 살펴봄으로써, 음식에 관한 한, 오로지 맛과 영양만을 보게 하는 나쁜 보자기를 우리의 머리에서 벗겨준다는 데 있다. 그러면서도 저자는 음식과 관련된 사안 하나하나를 각각의 장을 통해 조목조목 들여다보며 무엇이 개선되어야 하는지 알아보고, 개선의 방향과 내용의 근거를 밝히고 있다.

저자의 입장은 단호하면서도 간명하다. 거대 기업 본위 푸드 시스템은 고장 나 있으며, 건강하지도 않고 지속 가능하지도 않다는 것, 다른 푸드 시스템으로의 전환은 하나의 선택지가 아니라 우리의 생존 자체와 관련된 절대 과제라는 것이다. 즉, 현 푸드 시스템의 전환은 파스타를 먹을지 자장면을 먹을지의 선택지가 아니라, 음식을 먹을지 말지의 선택지라는 것이다.

하지만 저자가 보기에 절대 과제인 푸드 시스템의 전환은 한 겹이 아닌 여러 겹의 전환을 요한다. 첫째, 생명에 관한 사고방식의 전환, 지식 패러다임의 전환이 아니면 푸드 시스템의 전환은 불가능하다. 현재의 주류 푸드 시스템의 기저를 이루는 사고방식 자체가 문제의 진원지라는 판단 때문이다. 자연과 생명체를 관계론적·유기적 관점에서 보지 않고 대상이나 기계로 인식하는 사고방식, 자연과 생명체를 살아서 서로 소통하고 협동하는 물질이 아니라 고정된 죽은 물질로 보는 사고방식 말이다. 자연의 각 개별자들, 생명체들이 서로 분리되어 있다고 보는 것 역시 동궤의 사고방식이다. 즉, '씨앗은 토양과 분리돼 있고, 토양은 식물과, 식물은 식량과, 식량은 우리 몸과 분리돼 있다'고 보는 사고방식 말이다. 하지만 실제의 자연과 생명은 이러한 사고방식이 이해하는 것과는 전혀 다르게 존재한다. 모든 것은 유기적으로 연결되어 있고, 서로가 서로에게 먹이가 되어 끊임없이 하나의 사이클을 완성해가고 있다. 유기적이라는 것은, 저자가 보기엔, "하나의 철학"이자 "하나의 삶의 방식"이다.

식량 경제학, 농업 경제학의 전환도 필수적으로 요청되는 전환이다. 위에서 살펴본 특정한 자연관·세계관은 특정한 경제학으로 이어지는데, 이 경제학에 따르면, 인간과 자연은 생산자가 아니라 생산 시스템 내 투입물, 즉 노동력과 재료일 뿐이다. 그리고 인간의 노동력은 화석 연료(저자는 이것을 에너지 노예라고 부른다)로 가동되는 농기계로 대체되는 것이 좋다. 그럴수록 생산성은 더욱 향상될 것이기 때문이다. 이 경제학은 단위 면적당 생산량을 가장 중시하는데, 이는 단위 면적당 영양의 양을 계산하지 않고, 이 생산에 소요되는 일체의 생태적 비용도 계산에 넣지 않는다는 것을 뜻한다. 또한 이 경제학은 여러 소농지를 여러 농가가 경작하는 것보다 거대한 단일 농지를 대기업이 경작하는 것이, 그리고 단일 작물을 경작하는 것이 생산 효율성 면에서 좋다고 보는데, 이 같은 논리에서 대기업들은 소농가의 땅을 사들이며 세계의 소농 집단을 그들의 농지에서 축출하고 있다. 소비자의 건강, 생태계 건강, 농민과 미래 세대를 위한 정의라는 관점에서 본다면, 이 경제학에 우리는 어떤 이름을 붙여주어야 할까?

요컨대, 글로벌 산업형 푸드 생산 패러다임의 기저에서는 자연과 생명에 관한 특정한 지식 패러다임이, 생산과 효율에 관한 특정한 경제학이, 나아가 특정한 문화 패러다임이 작동하고 있다는 것, 그리고 이러한 패러다임을 새로운 지식·경제학·문화 패러다임으로 전환해야만 한다는 것이 이 책을 관통하는 저자의 핵심 주장이다. 아니, 이 정도로 말하는 것은 적절하지 않다. 저자의 음성에는 이보다 훨씬 더 뜨거운 무언가가 흐르고 있기 때문이다. 저자가 보기에, 우리는 지금 이 지식·경제학·문화 패러다임들 간의 일대 전쟁 속에 있다. 음식을 둘러싼 이 전쟁은 취향의 전쟁이 아니다. 이 전쟁은 **사상과 지식과 문화의 전쟁이다.**

저자에 따르면, 사실 글로벌 산업형 푸드 생산(농업) 패러다임은 이것의 대안적 패러다임인 농생태학 패러다임과 격돌하기 이전부터, 이미 자연을 상대로 전쟁을 수행하고 있었다. 정확히는 농생태계의 동식물들과 이들의 서식지를 상대로 말이다. 1·2차 세계대전 당시 폭발물을 제조했던 화학 기업들은 질소 고정 시설을 갖춘 공장을 갖고 있었는데, 종전 후 이 공장들을 활용해 폭발물 대신 농업용 화학 비료를 생산하기 시작한다. 1930~1960년대에 진행된 생산성 혁명인 소위 녹색 혁명으로 화학 비료, 각종 농약, (화석 연료를 먹어치우며 온실가스를 발생시키는) 각종 농기계들이 수천 년간 인류를 먹여 살려온 농지를 단 수십 년 만에 점령해버렸고, 이러한 산업형 농업으로 세계 농지 생물의 무려 75%가 멸종하고 말았다(이는 1995년에 유엔이 조사한 결과로, 현재는 이 수치가 90%에 이를 것이라고 저자는 말한다). 더욱이 '2차 녹색 혁명' 격인 GM의 도입으로 제초제, 살충제 등 농약의 사용량이 급증했다. 이처럼 산업형 농업은 사실상 소리 없는 전쟁이고,《침묵의 봄》의 저자 레이철 카슨은 이 전쟁을 우리에게 보고한 인류의 첫 번째 양심이었다.

화학 비료, 농약이라고 통칭되는 각종 생물 살상 물질이 개발되어 유통되기 시작한 것이 대략 1930년대이니(어떤 이는 1920년대로 보기도 한다), 이 전쟁은 너무나 오래된 전쟁인 셈이다. 그러나 세계 각지에서 산발적으로 진행되던 폭력적인 농업이 하나의 글로벌 푸드 시스템으로 통합되어 전 지구를 장악한 것은 WTO 체제가 성립된 뒤의 일로, 지난 20년 사이에 일어났다. 이 오래된 전쟁, 그리고 최근 20년 사이에 글로벌 시스템이 수행하고 있는 전쟁의 결과는 다름 아닌 '소리 없이 신음하는 지구와 농지'다. 양토壤土의 유실(가용 농지의 감소), 토질의 악화, 농지 내 생물 다양성의 파괴(농생태계 미소생물들의 멸종), 하천·해양 생태계 오염, 그리고 기후 변화(지구 온난화, 가뭄, 지진, 허리케인, 홍수 등 사실상의 기후 재앙) 말이다. 저자에 따르면, 산업농 부문의 온실가스 배출량은 세계의 온실가스 총배출량 중 40%를 차지하며, 지구 생태계 파괴의 원인 중 산업농 부문이 차지하는 비중은 무려 70%에 이른다.

산업농 패러다임이 문제인 건 생태학적으로만이 아니라 경제학적으로도 비효율적이고 지속 가능하지 않기 때문이다. 산업농을 뒷받침하는 경제학의 계산법 자체가 잘못되었는데, 산업농이 초래하는 생태 파괴로 인한 비용, 생태 농업으로 인한 생태적 이익을 포함시키지 않는 계산법이기 때문이다. 더욱이, 산업농 시스템은 지구 자연 자원의 75%를 사용하면서도 전체 식량 생산량에서 단 30%의 비중만을 차지할 정도로 매우 비효율적이다. 양토 파괴적인 농법이 지속될 경우, 앞으로 20~50년간 지구의 전체 식량은 지금보다 30% 감소할 것으로 추정되고 있는데, 식량 안보를 생각한다면 현 생산 패러다임의 변경은 하나의 선택지가 아니라 불가피한 선택지인 셈이다.

현재의 주류 푸드 시스템은 '세계의 기아 문제 해결'을 존립 명분으로 삼고 있지만, 실제로는 기아를 양산하고 있다고 저자는 또 지적한다. 그건 오늘날 기아를 겪는 10억 인구 중 절반이 주류 푸드 시스템에서 축출되었거나 축출될 위기에 처한 남반구 국가들의 농민들이기 때문이다. 또한 거대 농기업에 의한 토지 강탈, 토지 소실로 수입 감소, 식량 불안 등 직접적인 피해를 입고 있는 세계 인구가 무려 15억에 달한다고 저자는 보고한다.

3

지구 자연과 농생태계, 그리고 소비자의 몸이라는 또 다른 자연을 상대로 한 폭력과 전쟁. 생산의 비효율성. 가난·기아 문제의 양산. 전 세계적 식량 불안의 야기. 자연을 돌보는 농업의 실천자들인 전통적 소규모 자작농의 축출. 이런 특징을 보이는데도 현 주류 푸드 시스템이 건재한 이유는 대체 무엇일까? 앞서 (소비자의 몸을 상대로 한 전쟁을 은폐하게 하는) 질병 경로 추정 불가능성, 피해자 자연의 말 없음이 이를 가능하게 하는 것들이라고 이야기했지만, 그보다 근본적인 것이 있다. 이 시스템으로 큰 이득을 보는 누군가가 있고, 이 중대한 사안에 대해서 대다수 소비자들은 별반 관심을 기울이지 않는다는 아주 단순한 사실 말이다. 문제는, 이득을 보는 누군가가 지구의 거주자 가운데 극소수이고, 대다수의 지구 거주자(시민-소비자, 농민, 자연계의 동식물)는 직간접적 피해자라는 사실이다. 그렇다면 이것은 분명 정의도, 민주주의도 아니다.

이것이 바로 저자가 권력 전환을 통한 식량 민주주의를 이야기하는 이유다. 이를 실현하려면, 세계 식량의 70%를 실제로 생산하고 있으면서도 무력한 처지에 있는 소농가의 농민들에게 권력을 이동시키는 것이 긴요하다. 종자를 보존하고 공유할 종래의 전통적 권리가 다시 농민에게 귀속되어야 하고(종자 독립), 생물 다양성을 위협하는 화학 농법이 아니라 생물 다양성을 보존하는 생태 농법을 실천할 기회와 권리가, 그러면서도 자신의 살림을 넉넉히 꾸려갈 기회와 권리가 실질적으로 농민에게 주어져야 한다(화석 연료, 유독성 화학 물질, 농민의 자본 종속성으로부터의 해방). 또한 어떤 음식이 어떤 과정으로 만들어졌으며 그 안에 어떤 물질이 함유되어 있는지 투명하게 알 소비자의 권리가, 건강한 먹을거리를 공급받을 소비자의 권리가 실

제로 보장되어야 식량 민주주의라고 할 수 있다(투명한 정보 공개, 적
정 식량 가격).

식량 민주주의를 세우다 보면, 자연스럽게 농지와 생태계의 지
속 가능성에 기여하게 되어, 지구 민주주의Earth Democracy 역시 세워
지게 된다. 거꾸로, 지구 민주주의를 세우는 일은 곧 식량 민주주의
를 세우는 일이기도 하다. 그런데 이 일은 식량의 생태학, 즉 푸드의
생태학을 푸드의 생산과 소비, 양쪽의 현장에서 이해하고 기억하는
일과 깊은 관련이 있다.

사실 오늘날 푸드의 문제는, 소비자의 입장에서는 푸드가 푸드
생태학적 맥락과 동떨어져서 생각되고, 대기업 생산자의 입장에서
는 전통적 푸드 생산 지식인 농생태학을 무시하는 가운데 푸드를 생
산한다는 점에 있다. 예컨대 김치는 배추와 고추와 소금 등 여러 물
질의 생산에 관한 생태학적 이해와 상상 없이 우리의 입으로 들어가
고 있고, 포테이토칩은 전통적 농생태학을 무시하며 양토와 생물 다
양성을 파괴하는 단일경작 방식으로 생산된 감자로 만들어져 마트
에 진열된다. (반면, 볼리비아에서는 각 지역의 소농가 농민들이 생산한
최소 200여 종의 감자 품종이 시장에 나온다.) 조금 더 나아가, 오늘날 우
리의 삶에서 푸드는 전혀 푸드 웹의 맥락에서 인식되지 못한다. 예
컨대 닭고기는 교촌치킨의 '교촌 라이스 세트'나 전지현이 광고하는
'맛초킹' 따위로 이해되고 있을 뿐, 닭-곡물-곡물이 자란 토양 내 유
기체들이 꼬리를 물고 있는 푸드 웹 속의 닭고기로는 인식되지 못한
다. 이와 관련하여 저자는 이렇게 쓰고 있다.

푸드는 푸드 웹food web(먹이 그물)과 지역 경제로부터 폭력적으로 끄집어내져서, 이윤을 위해 거래되다가 종국에는 폐기물로 버려지는데, 이로써 푸드는 자기 자신과 **갈등하는 관계**가 되고 말았다. 그 결과물은 생태적 재앙, 가난, 그리고 굶주림이다. 푸드의 미래가 어떠할지는 **생명의 웹**(생명의 그물)이 실은 **푸드 웹**(먹이 그물)이라는 사실을 기억하는가 못하는가에 달려 있다. 이 책은 바로 이를 기억하기 위한 것이다.
(굵은 글씨는 옮긴이의 강조)

저자는 현재의 푸드 문제의 핵심이, 푸드 웹 그리고 지역 단위라는 엄존하는 물리적 질서로부터 푸드가 폭력적인 방식으로 끄집어내져서 유통되다가 폐기된다는 사실이라고 본다. 뒤집어 말해, 모든 푸드는 푸드 웹, 생명의 그물이라는 질서를 교란하지 않는 방식으로 생산되어야 온전하다는 것이 저자의 생각이다. 물론 농업 자체가 푸드 웹 질서의 일정한 교란이긴 하지만, 소규모 생태 농업, 지역 농업 패러다임으로 전환할 수 있다면 우리는 이 교란을 최소화하면서 우리 자신의 존엄성을 회복하고 확인하며 살아갈 수 있을 것이다. 이것이 바로 저자가 그토록 농생태학 지식에 근거를 둔 소농, 가족농, 지역 농업, 생태 농업을 강조하는 이유다.

4

첫머리에서부터 저자는 묻는다. 지금 이 세계를 먹여 살리고 있는 이는 누구인가? 달리 말해, 지금 이 세계의, 또는 우리의 식탁을 차리고 있는 이는 누구인가?

한마디로 이 책은 이 질문에 대한 답을 찾는 책, 그리고 농생태학적 지식을 기본으로 하는 농업이 왜 긴요한지를 탐구하는 책이다. 이 책의 주요 분위기는 이러한 근본성, 즉 질문의 근본성, 탐구의 근본성이 조성하고 있다. 왜 이런 성격이 이 책에 나타나고 있을까? 그것은 저자가 지난 30년간의 자신의 농업 경험, 환경 운동과 여성 운동의 경험을, 그리고 반세계화·지역화·농생태학·생태 농업·페미니즘 옹호라는 자기 입장의 근거를 바로 이 책에 갈무리하고 있기 때문이다. (문체가 무미건조하고 같은 내용이 반복해서 등장한다는 것이 이 책의 단점이라면 단점인데, 이것도 이 책의 정리용 책자로서의 성격, 일종의 교과서적인 성격 탓이 크지 않을까 싶다.)

그건 그렇고, 지금 인류 모두를 먹여 살리고 있는 이는 정말로 누구인가? 농생태계의 생태 과정들(아쉽게도 저자는 이 가운데에서 태양과 광합성의 중대함은 지적하지 않는다), 농생태계에서 먹고 먹히며 삶을 살아가고 있는 수많은 유기체들, 그리고 생태적 균형과 생물 다양성을 보존하며, 땅에 유기물을 돌려보내며, 토종 종자 보존에 힘써온 농민들, 특히 전통적 농업 지식을 보유·전수해왔고 자기가 거주하고 노동하는 지역에 깊이 뿌리를 내린 전 세계 소농가의 토박이 농민들(주로 여성), 그들의 전통적 농업 지식인 농생태학이 지금 우리를 먹여 살리고 있다는 것이다. 이러한 주장의 논거를 여기서 자세히 서술하는 건 적절하지 않다. 그 논거가 곧 이 책의 몸통이기 때문이다.

한 가지 꼭 짚고 가야 하는 사실이 있다. 우리가 이 책에서 듣는 음성의 주인공은 마하트마 간디의 삶과 정신을 정신과 행동으로 오늘날에 잇고 있는 어느 영혼이라는 사실이다. 간디의 중요한 정신이자 운동이었던 사티야그라하(진실된 것을 지키기 위한 투쟁), 스와라지(자치)를 저자 자신이 실제로 실천해오기도 했지만, 저자가 강조하는 생태 농업의 정수는 농생태계 내 생물 다양성을 보존하는 것이고, 그것은 달리 보면 아힘사(비폭력) 정신의 농업이기 때문이다. 이 책에서 우리가 만나게 되는 건 '씨앗에서 식탁까지'라는 현장에서 실천되고 있는, 그 현장에 부활되어 있는 간디 정신이다.

이른바 '선진국'이라는 서구 국가들만 쳐다보면서 어떻게 해야 저들처럼 살 수 있냐고 묻고 있는 이 소국小國의 사회 풍토를 생각해본다면, 이 책은 중뿔난 책이기도 하다. 케냐·멕시코·브라질·인도 등 '선진국'이 아닌 대다수 국가들의 현실, 특히 그곳에서 고단한 삶을 살아가고 있는 식량 생산자들의 현실을(거대 농기업의 등쌀에 못 이겨 곤고해진 이들의 삶만이 아니라 이들이 지녀온 눈부신 농업 전통과 성취, 정신까지) 살펴보고 있기 때문이다. 하지만 경제 세계화로, 농산물 개방으로 세계가 얽히고설킨 지 이미 오래이니, 이 나라의 식량 소비자들도 대형 마트들에서 식품을 구매할 때 그 행위가 남반구의 가난한 농민들에게 어떤 영향을 미치게 되는지 관심 있게 살펴봐야 한다. 전체라는 지형 속의 나를 파악할 때 나를 제대로 이해할 수 있다는 의미에서, 북반구 선진국만 맹목적으로 바라보는 자에게 이러한 남반구 거울은 자기 이해를 위한 필수 도구가 아닐 수 없다.

식량 민주주의는 세계라는 거대 단위에서의 권력 전환을 필요로 하지만, 다른 한편으로는 생활 민주주의적 성격을 지닌다는 점에서 가치가 있다. 즉, 식량 민주주의는 다수의 사람들이 '정치적 민주주의 행위자-데모스'가 아니라 '경제적 생활자-식량 소비자'로서 정치의 장이 아니라 생활의 장에서 개입하고 실천할 수 있다는 점에서, 생활 민주주의의 성격을 지닌다. (물론 이러한 생활 민주주의가 정치적 민주주의와 별개로 작동한다는 말은 아니다.) 저자가 말하는 식량 민주주의의 관건인 권력 전환은, 생활의 장에서 식량 소비자들이 생태 농업을 수행하고 있는, 실제로 이 세계를 먹여 살리고 있는 농민들을 지원해갈 때 힘을 얻을 수 있을 것이다.

그런데 생활의 장은 각 개별자들이 자유롭게 선택해서 살아가는 은밀한 사생활의 장이어서, 개인적 자유의 장이기도 하고, 개인적 윤리의 장, 개인적 윤리 감각(에토스)의 장, 개인적 문화와 스타일의 장이기도 하다. 바로 이것이 먹기라는 선택과 관련해 "우리 자신이 곧 우리가 보고 싶어 하는 변화"가 되어야 하는 이유이지만 이것은 동시에, 먹는 문제에 관한 한, 우리에게서 변화가 일어나기 쉽지 않은 결정적 이유이기도 하다.

그러나 윤리적이어서 아름답고 심신에 모두 즐거운 식 선택(이러한 선택이 보장하는 식사를 나와 동료들은 생태 미식, 온전식이라 부른다)이 있고, 비윤리적이어서 추하고 심신 모두에 꺼림칙한 식 선택이 있다는 아주 단순한 사실이 우리 모두에게 보다 확연히 알려져야 한다. 물론 우리 모두가 푸드와 관련해 벌어지는 일의 전체 과정을 살펴볼 수 있다면, 푸드의 생태학에 눈뜰 수 있다면, 이는 그다지 어렵지 않은 일이다.

그러니 이제, 전체를 살펴보기로 하자. 그리하여 **알면 꺼림칙하지만 모르면 즐거운 식사에서 알기 때문에 즐거운 식사**로 이동하도록 하자. 왜냐하면 저자가 강조하듯 "음식에 관한 질문은……지구 및 다른 생물 종과 인류가 어떤 관계를 맺어야 하는지에 관한 윤리적 질문"이기 때문이다. 또한 먹는 인간으로서 우리는 "다른 생물 종들을 멸종으로 몰고 갈 권리가, 다른 인류 구성원들이 안전하고 건강하고 영양가 높은 음식을 섭취할 권리를 부정할 권리가 우리에게 있는지" 질문해야만 하기 때문이다. 음식에 관한 질문은 또한 "우리의 식문화, 우리의 정체성……에 관한 문화적 질문"이기도 해서, "내가 누구인지 말할 수 있는 자"(셰익스피어)는 나의 친구이기도 하겠지만, 사실 그보다는 '내가 먹는 것'이기 때문이다.

'내가 먹는 것'은 나의 '식 취향'을, 식탁과 식기 등에서 드러나는 미에 대한 취향과 스타일을, 내가 속한 문화권의 식문화를, 내 식생태 지능과 식의학(식영양학) 지능을, 그리고 나의 요리 실력을 곧장 드러낸다. 또한 내가 맛을 접시의 영역에만 국한시키려는 사람인지 아니면 접시 위 음식에서 땅과 지구 자연의 맛, 농부의 마음의 맛, 농업 철학의 맛까지도 맛보려는 사람인지, 즉 일면적인 시각에서 맛을 이해하고 체험하려는 사람인지 아니면 전체론적 시각에서 맛을 이해하고 체험하려는 사람인지도, 다시 말해서 맛에 관한 내 생각의 수준도 곧장 드러낸다. 이 책은 음식이 지닌 이러한 다면적 바로미터의 성격을 잘 보여주면서 우리를 식 선택을 통한 생활 민주주의 실천의 길로, 생태 농업 패러다임을 지원하는 식량 민주주의 실천의 길로 안내하기에 뜻깊다.

　일본 작가 헨미 요는 1994년에 발표한 《먹는 인간—식食과 생生의 숭고함에 관하여》(한국어 번역본은 2017년 출간)라는 책에서 먹는 일과 목숨의 존귀함을 음미했다. 그러나 인류에게 먹는 것과 생존하는 것이 숭고한 일이라면, 인류 한 사람 한 사람의 목숨이 존귀하다면, 인류의 입에 들어가는 먹을거리, 즉 다른 동식물도, 지상의 모든 동식물을 아우르고 구속하는 더 넓은 지평의 질서인 푸드 웹-생명의 그물도 존귀하다. 이 둘의 존귀함은 실은 하나의 존귀함이다. 어느 하나의 존귀함이 무너지면 다른 하나의 존귀함도 무너지게 되는 그러한 존귀함이다. 이 진리는 존귀한 둘을 함께 해방시켜주는 해방의 진리인데, 이 책은 우리를 바로 이러한 해방의 진리로 이끌어준다.

2017년 11월
우석영

주

들어가는 글

1 Marie-Monique Robin, *Our Daily Poison : From Pesticides to Packaging, How Chemicals Have Contaminated the Food Chain and Are Making Us Sick*(New York : New Press, 2014).

2 Mike Adams, "World Bank Warns of Food Riots as Rising Food Prices Push World Populations toward Revolt", *OpEdNews*, June 1, 2014, www.opednews.com/articles/World-Bank-warns-of-food-r-by-Mike-Adams-Food_Food-Agriculture-Org-FAO_Food-Contamination_Food-Crisis-140601-389.html, accessed June 21, 2014.

3 "Hungry for Land : Small Farmers Feed the World with Less Than a Quarter of All Farmland", *Grain*, May 28, 2014, www.grain.org/article/entries/4929-hungry-for-land-small-farmers-feed-the-world-with-less-than-a-quarter-of-all-farmland, accessed June 22, 2014.

4 "Report of the International Technical Conference on Plant Genetic Resources, Leipzig, Germany, 17~23 June 1996", Food and Agriculture Organization of the United Nations, Rome, 1996.

5 "Colony Collapse Disorder Progress Report", US Department of Agriculture, June 2010, quoted in www.greenpeace.org/eu-unit/Global/eu-unit/reports-briefings/2013/130409_GPI-Report_BeesInDecline.pdf.

6 "Water Uses", *AQUASTAT*, Food and Agriculture Organization of the United Nations, 2014, www.fao.org/nr/water/aquastat/water_use/index.stm.

7 Vandana Shiva, *Earth Democracy* (Cambridge, MA : South End Press, 2005).

8 Vandana Shiva, *Soil Not Oil* (New Delhi : Women Unlimited, 2008), 97.

9 "Climate Change 2007 : Synthesis Report", Intergovernmental Panel on Climate Change (IPCC), 2007, www.ipcc.ch/pdf/assessment-report/ar4/syr/ar4_syr. pdf.

10 Vandana Shiva, "Poisoned Roots", *Asian Age*, February 26, 2014, http://archive. asianage.com/columnists/poisoned-roots-591, accessed August 7, 2015.

1장

1 John Augustus Voelcker, *Report on the Improvement of Indian Agriculture* (London : Eyre and Spottiswoode, 1893), 11.

2 Albert Howard, *An Agricultural Testament* (London : Oxford University Press, 1940), 10.

3 Amartya Sen, *Poverty and Famines : An Essay on Entitlement and Deprivation*, 1983, Oxford Scholarship Online, November 2003, www.oxfordscholarship. com/view/10.1093/0198284632.001.0001/acprof-9780198284635.

4 Vandana Shiva, *The Violence of the Green Revolution* (Dehra Dun, India : Natraj, 2010).

5 Quoted in Lothar Schaffer, *Infinite Potential* (New York : Random House, 2013), 34.

6 Bruce H. Lipton, *The Biology of Belief* (Carlsbad, CA : Hay House, 2008), 31.

7 Mae-Wan Ho and Eva Sirinathsinghji, *Ban GMOs Now : Health and Environ-*

mental Hazards, Especially in the Light of the New Genetics(London : Institute of Science and Society, 2010), 27.

8   Richard Lewontin, *Biology as Ideology : The Doctrine of DNA*(New York : Harper-Collins, 1993), 22.

9   Lipton, *The Biology of Belief*, 11.

10 Marilyn Waring, *If Women Counted : A New Feminist Economics*(San Francisco : HarperCollins, 1988), 25.

2장

1   "Prithvi-Sukta : Hymn to the Earth (Atharva Veda)", *JaiMaa.org*, June 22, 2014, www.jaimaa.org/articles/prithvi-sukta-hymn-to-the-earth-atharva-veda/.

2   Albert Howard, *The Soil and Health*, 1st ed.(New York : Devin-Adair, 1956), 11.

3   Shiva, *The Violence of the Green Revolution*, 104.

4   "The Economics of Land Degradation : A Global Initiative for Sustainable Land Management", *ELD* brochure, 2014.

5   David Pimentel, "Soil Erosion : A Food and Environmental Threat", *Environment, Development, and Sustainability* 8(2006), 119~137.

6   Vandana Shiva, *The Vandana Shiva Reader*(Lexington : University Press of Kentucky, 2014), 243, https://books.google.co.in/books?id=IyfJBQAAQBAJ.

7   Louise Howard, *Sir Albert Howard in India*(London : Faber and Faber, 1953), xv.

8   Shiva, *Soil Not Oil*, 101~102.

9   Nyle C. Brady and Ray R. Weil, *Elements of the Nature and Properties of Soils*, 3rd ed.(Upper Saddle River, NJ : Prentice Hall, 2009).

10 Charles Darwin, *The Formation of Vegetable Mould through the Action of Worms*

(London : John Murray, 1881).

11 Howard, *The Soil and Health*, 63.

12 Howard, *An Agricultural Testament*, 25.

13 "Of Soils, Subsidies and Survival : A Report on Living Soils", Greenpeace India Society, 2011, 12.

14 Shiva, *Soil Not Oil*, 101.

15 Richard Heinberg, *The Party's Over : Oil, War and the Fate of Industrial Societies* (Gabriola Island, BC : New Society, 2003).

16 "Living Soils Report", Greenpeace India, February 3, 2011, www.greenpeace.org/ india/en/publications/The-Living-Soils-Report/.

17 Shiva, *The Violence of the Green Revolution*, 104.

18 Howard, *The Soil and Health*, xxv.

19 Ibid.

20 Ibid.

21 Howard, *The Soil and Health*, 64, 13.

22 "Palli Prakriti", *Bhoomi : Learning from Nature, Remembering Tagore* (New Delhi : Navdanya, 2012), 10.

3장

1 Howard, *The Soil and Health*, xix.

2 W. W. Fletcher, *The Pest War* (Oxford, UK : Blackwell, 1984), 1.

3 Rachel Carson, *Silent Spring* (Boston : Houghton Mifflin, 1962), 2.

4 Ibid., 35.

5 John S. Wilson and Tsunehiro Otsuki, "To Spray or Not to Spray : Pesticides, Ba-

nana Exports and Food Safety"(Washington, DC : Development Research Group, World Bank, 2002).

6 Vandana Shiva, Mira Shiva, and Vaibhav Singh, *Poisons in Our Food*(Dehra Dun, India : Natraj, 2012), 2.

7 J. Jeyaratnam, "Acute Pesticide Poisoning : A Major Global Health Problem", *World Health Statistics Quarterly* 43(1990), 139~144.

8 "Crop Protection by Seed Coating", *Communications in Agricultural and Applied Biological Sciences* 70, no. 3(2005), 225~229.

9 "Seed Treatment", International Seed Federation, June 13, 2014, www.world seed.org/isf/seed_treatment.html.

10 Tom Philpott, "90 Percent of Corn Seeds Are Coated with Bayer's Bee-Decimating Pesticide", Mother Jones, May 16, 2014, www.motherjones.com/tom-philpott/2012/05/catching-my-reading-ahead-pesti-cide-industry-confab, accessed June 14, 2014.

11 V. Shiva, M. Shiva, and Singh, *Poisons in Our Food*, 23.

12 Will Allen, *The War on Bugs*(White River Junction, VT : Chelsea Green, 2008), 96.

13 V. Shiva, M. Shiva, and Singh, *Poisons in Our Food*, 11.

14 Ibid., 16.

15 "Bhopal : The World's Worst Industrial Disaster", Greenpeace, June 20, 2014, www.greenpeace.org/international/en/multimedia/slideshows/bhopal-the-world-s-worst-ind/.

16 K. Raja, "Short Notes on Bhopal Gas Tragedy", Preserve Articles, June 14, 2014, www.preservearticles.com/2012013022181/short-notes-on-bhopal-gas-tragedy.html.

17 "Health Effects of Agent Orange/Dioxin", *Make Agent Orange History*, June 14,

2014, http://makeagentorangehistory.org/agent-orange-resources/background/
health-effects-of-agent-orange-dioxin/.

18 Kounteya Sinha, "Nearly 7 Lakh Indians Died of Cancer Last Year : WHO",
    Times of India, December 14, 2013, http://timesofindia.indiatimes.com/india/
    7-lakh-Indians-died-of-cancer-last-year-WHO/articleshow/27317742.cms,
    accessed June 14, 2014.

19 "Cancer : Fact Sheet N°297", World Health Organization, February 2014, www.
    who.int/mediacentre/factsheets/fs297/en/, accessed April 14, 2014.

20 Josef Thundiyil, Judy Stober, Nida Besbelli, and Jenny Pronczuk, "Acute Pesti-
    cide Poisoning : A Proposed Classification Tool", *Bulletin of the World Health
    Organization* 86, no. 3(March 2008), 161~240, www.who.int/bulletin/
    volumes/86/3/07-041814/en/.

21 David Pimentel, "Environmental and Economic Costs of the Application of Pesti-
    cides in the US Environment", *Development and Sustainability* 7(2005), 229~252.

22 Channa Jayasumana, Sarath Gunatilake, and Priyantha Senanayake, "Glyphosate,
    Hard Water and Nephrotoxic Metals : Are They the Culprits Behind the Epi-
    demic of Chronic Kidney Disease of Unknown Etiology in Sri Lanka?", *Inter-
    national Journal of Environmental Research and Public Health* 11, no. 2(2014),
    2,125~2,147.

23 "Why Are Autism Spectrum Disorders Increasing?", Centers for Disease Control
    and Prevention, June 18, 2014, www.cdc.gov/features/autismprevalence/.

24 K. W. Richards, "Non Apis Bees as Crop Pollinators", *Revue Suisse de Zoologie*
    100(1993), 807~822.

25 "Pollinators 101", *Native Pollinators in Agriculture Project*, www.agpollinators.
    org/pollinators, accessed June 20, 2014.

26 Marshall Levin, "Value of Bee Pollination to United States Agriculture", *American Bee Journal* 124, no. 3(1984), 184~186.

27 V. Shiva, M. Shiva, and Singh, *Poisons in Our Food*, 1.

28 Quoted in Shiva, *The Violence of the Green Revolution*, 97.

29 "Who Owns Nature? Corporate Power and the Final Frontier in the Commodification of Life", *ETC Group*, November 12, 2008, www.etcgroup.org/content/who-owns-nature, accessed June 14, 2014.

30 "Monsanto : A Corporate Profile", *Food and Water Watch*, April 8, 2013, www.foodandwaterwatch.org/factsheet/monsanto-a-corporate-profile, accessed June 14, 2014.

31 Ibid.

32 Warren Cornwall, "The Missing Monarchs", *Slate*, January 29, 2014, www.slate.com/articles/health_and_science/science/2014/01/monarch_butterfly_decline_monsanto_s_roundup_is_killing_milkweed.html, accessed June 20, 2014.

33 Madhura Swaminathan and Vikas Rawal, "Are There Benefits from the Cultivation of Bt Cotton?", *Review of Agrarian Studies* 1, no. 1(January-June 2011).

34 Charles Benbrook, "Impacts of Genetically Engineered Crops on Pesticide Use in the US - the First Sixteen Years", *Environmental Sciences Europe* 24(2012).

35 Ibid.

36 Jorge Fernandez-Cornejo and Craig Osteen, "Managing Glyphosate Resistance May Sustain Its Efficacy and Increase Long-Term Returns to Corn and Soybean Production", *Amber Waves*, May 4, 2015, http://www.ers.usda.gov/amber-waves/2015-may/managing-glyphosate-resistance-may-sustain-its-efficacy-and-increase-long-term-returns-to-corn-and-soybean-production.aspx#.VkhXIIS6FmB.

37 Jennifer H. Zhao, Peter Ho, and Hossein Azadi, "Benefits of Bt Cotton Counter-balanced by Secondary Pests? Perceptions of Ecological Change in China", *Environmental Monitoring and Assessment* 173, nos. 1~4(2011), 985~994.

38 "Who Benefits from GM Crops? Feeding the Biotech Giants, Not the World's Poor", *Friends of the Earth International*, February 2009, www.foei.org/en/resources/publications/pdfs/2009/gmcrops2009exec.pdf, accessed June 14, 2014.

39 Linda Pressly, "Are Pesticides Linked to Health Problems in Argentina?", *BBC News Magazine*, May 14, 2014, www.bbc.co.uk/news/magazine-27373134, accessed June 25, 2014.

40 "Use of Pesticides in Brazil Continues to Grow", *GM Watch*, April 18, 2011, www.gmwatch.org/latest-listing/1-news-items/13072-use-of-pesticides-in-brazil-continues-to-grow, accessed June 14, 2014.

41 Benbrook, "Impacts of Genetically Engineered Crops on Pesticide Use in the US".

42 "Mike Mack on GMOs : 'There's Very Little about Farming That's Natural'", *Huffington Post*, January 24, 2014, www.huffingtonpost.com/2014/01/24/michael-mack-davos_n_4636222.html?utm_hp_ref=food&ir=Food, accessed June 14, 2014.

43 Zeyaur Khan, David Amudavi, and John Pickett, "Push-Pull Technology Transforms Small Farms in Kenya", *PAN North America Magazine*, Spring 2008, www.push-pull.net/panna.pdf, accessed June 14, 2014.

44 Joko Mariyono, "Integrated Pest Management Training in Indonesia : Does the Performance Level of Farmer Training Matter?", *Journal of Rural and Community Development* 4, no. 2(2009), 93~104.

45 "State to Promote Pesticide-Free Farming", *The Hindu*, November 21, 2004, www.hindu.com/2004/11/21/stories/2004112103040500.htm, accessed June

14, 2014.

46 "Pesticides and Honeybees : State of the Science", *Pesticide Action Network North America*, May 2012.

47 The Bee Coalition, "Myths and Truths about Neonicotinoids, Chemicals and the Pesticides Industry", www.buglife.org.uk/sites/default/files/The%20bee%20co-alition%202014%20Myths%20and%20truths%20about%20neonicotinoids.pdf.

48 Charlotte McDonald-Gibson, "'Victory for Bees' as European Union Bans Neo-nicotinoid Pesticides Blamed for Destroying Bee Population", *The Independent*, April 29, 2013, www.independent.co.uk/environment/nature/victory-for-bees-as-european-union-bans-neon-icotinoid-pesticides-blamed-for-destroying-bee-population-8595408. html, accessed June 20, 2014.

49 "Chinese Army Bans All GMO Grains and Oil from Supply Stations", *Sustainable Pulse*, May 14, 2014, http://sustainablepulse.com/2014/05/14/chinese-army-bans-gmo-grains-oil-supply-stations/#.U6v1IhY2nwI, accessed June 25, 2014.

50 "It's Official—Russia Completely Bans GMOs", *Collective Evolution*, April 15, 2014, www.collective-evolution.com/2014/04/15/its-offi-cial-russia-com-pletely-bans-gmos/, accessed June 25, 2014.

4장

1 "Usefulness of and Threats to Plant Genetic Resources", *ADBInstitute*, June 5, 2014, www.adbi.org/working-paper/2009/10/15/3347.biodiversity.organic.agriculture/usefulness.of.and.threats.to.plant.genetic. resources/.

2 B. J. Cardinale et al., "Biodiversity Loss and Its Impact on Humanity", *Nature* 486, 59~67.

3 "William Lockeretz", *US Department of Agriculture : Alternative Farming Systems Information Center*, June 20, 2014, http://afsic.nal.usda.gov/videos/histories/william-lockeretz.

4 Francesca Bray, "Agriculture for Developing Nations", *Scientific American*, July 1994, 33~35.

5 Ibid.

6 T. Cacek, "Organic Farming : The Other Conservation Farming System", *Journal of Soil and Water Conservation* 39(1984), 357~360.

7 Charles Mann, *1491 : New Revelations of the Americas before Columbus*(New York : Vintage Books, 2005), 197~198.

8 "Companion Planting : The Three Sisters", *Almanac.com*, June 5, 2014, www.almanac.com/content/companion-planting-three-sisters.

9 Vandana Shiva and Vaibhav Singh, "Health Per Acre"(New Delhi : Navdanya, 2011).

5장

1 Quoted in Vandana Shiva, *Yoked to Death : Globalisation and Corporate Control of Agriculture*(New Delhi : Research Foundation for Science, Technology and Ecology, 2001), 21.

2 Joel Dyer, *Harvest of Rage : Why Oklahoma City Is Only the Beginning*(Boulder, CO : Westview, 1998).

3 Quoted in Shiva, *Yoked to Death*, 24.

4 Charan Singh, *Economic Nightmare in India*(New Delhi : National Publishing House, 1984), 119.

5 National Crime Records Bureau, Ministry of Home Affairs, "Accidental Deaths
   & Suicides in India : 2014", http://ncrb.gov.in/ADS I2014/ADSI2014.htm ;
   P. Sainath, "Maharashtra Crosses 60,000 Farm Suicides", July 15, 2014, https://
   psainath.org/maharashtra- crosses-60000-farm-suicides.

6 "Why Are the FAO and the EBRD Promoting the Destruction of Peasant and
   Family Farming?", *Grain*, September 14, 2012, www.grain.org/article/entries/
   4572-why-are-the-fao-and-the-ebrd-promoting-the-destruction-of-peasant-
   and-family-farming, accessed June 15, 2014.

7 Shiva, *Yoked to Death*, 8~9.

8 "Wake Up Now before It Is Too Late : Make Agriculture Truly Sustainable Now
   for Food Security in a Changing Climate", *Trade and Environment Review
   2013*(Geneva : UNCTAD, 2013).

9 Peter Rosset, "Small Is Bountiful", *The Ecologist* 29, no. 8(December 1999).

10 International Labour Organization, "ILO and Cooperatives", *ILO COOP News*,
   no. 4(2012).

11 "The State of Land in Europe", *Agrarian Justice*, April 14, 2014, www.tni.org/
   infographic/state-land-europe, accessed June 15, 2014.

12 Tom Philpott, "Wall Street Investors Take Aim at Farmland", *Mother Jones*, March
   14, 2014, www.motherjones.com/tom-philpott/2014/03/land-grabs-not-just-
   africa-anymore, accessed June 15, 2014.

13 "How Much Farmland Has India Lost?", *The Economic Times*, November 12, 2013,
   http://articles.economictimes.indiatimes.com/2013-11-12/news/43981319_1_
   cultivable-land-agricultural-land-million-hectares, accessed June 25, 2014.

14 Quoted in Pyarelal, *Towards New Horizons*(Ahmedabad, India : Navajivan Press,
   1959), 150.

15 Suma Chakrabarti and José Graziano da Silva, "Hungry for Investment : The Private Sector Can Drive Agricultural Developmentin Countries That Need It the Most", *Wall Street Journal*, September 6, 2012, http://online.wsj.com/news/articles/SB10000872396390443686004577633080190871456?mg=reno64-wsj&url=http%3A%2F%2Fonline.wsj.com%-2Farticle%2FSB10000872396390443686004577633080190871456.html, accessed June 15, 2014.

6장

1 Vandana Shiva and Kunwar Jalees, *Seeds of Suicide*(New Delhi : Navdanya, 2006), 48.

2 Ibid., 2~3.

3 Ibid., 3.

4 Ibid., 75.

5 Translated from Quechua to English by William Rowe and quoted in Shiva, *The Violence of the Green Revolution*, 255.

6 "Agreement on Trade-Related Aspects of Intellectual Property Rights", World Trade Organization, April 15, 1994.

7 Food and Water Watch, 2013.

8 Vandana Shiva, *Stolen Harvest : The Hijacking of the Global Food Supply*(New Delhi : India Research Press, 2000), 93.

9 "'Gene Police' Raise Farmers' Fears", *Washington Post*, February 3, 1999, 2.

10 WTO Council for Trade Related Aspects of Intellectual Property Rights, IP/C/W/161, November 3, 1993.

11 WTO Council for Trade Related Aspects of Intellectual Property Rights, IP/C/

W/404, June 26, 2003.

12 Shiva and Jalees, *Seeds of Suicide*, 25.

13 National Crime Records Bureau, Ministry of Home Affairs, "Accidental Deaths & Suicides in India : 2014" ; P. Sainath, "Maharashtra Crosses 60,000 Farm Suicides".

14 Ibid., 246~247.

7장

1 Ethan A. Huff, "Consolidation of Seed Companies Leading to Corporate Domination of World Food Supply", *Natural News*, July 27, 2011, www.naturalnews.com/033148_seed_companies_Monsanto.html, accessed June 25, 2014.

2 Nigel Morris, "The Big Five Companies That Control the World's Grain Trade", *The Independent*, January 23, 2013, www.independent.co.uk/news/uk/home-news/the-big-five-companies-that-control-the-worlds-grain-trade-8462266.html, accessed June 25, 2014.

3 "Global Top 10 Food Companies : Company Guide", *Just Food*, Canada Ltd., November 2013.

4 "Leading Retailers", *Food Retail World*, June 25, 2014, www.foodretail-world.com/LeadingRetailers.htm.

5 Duncan Green and Matthew Griffith, "Dumping on the Poor : The Common Agricultural Policy, the WTO and International Development", *CAFOD Trade Justice Campaign*, September 2002, www.iatp.org/files/Dumping_on_the_Poor_The_Common_Agricultural_Po.htm, accessed June 15, 2014.

6 Kevin Watkins, "Northern Agricultural Policies and World Poverty : Will the Doha 'Development Round' Make a Difference?", Oxfam, 2003.

7 Green and Griffith, "Dumping on the Poor".

8 Vandana Shiva, Afsar H. Jafri, and Kunwar Jalees, *The Mirage of Market Access : How Globalisation Is Destroying Farmers' Lives and Livelihoods*(New Delhi : Navdanya/Research Foundation for Science and Technology, 2003), 25.

9 "An Answer to the Global Food Crisis : Peasants and Small Farmers Can Feed the World!", La Via Campesina : International Peasant's Movement, May 1, 2008, http://viacampesina.org/en/index.php/main-issues-mainmenu-27/food-sovereignty-and-trade-mainmenu-38/505-an-answer-to-the-global-food-crisis-peasants-and-small-farm-ers-can-feed-the-world, accessed June 15, 2014.

10 Ibid.

11 Shiva, Jafri, and Jalees, *The Mirage of Market Access*, 63.

12 Quoted in Shiva, *Yoked to Death*, 40.

13 Frederick Kaufman, "How Wall Street Starved Millions and Got Away with It", *Harper's Magazine*, July 2010.

14 Food and Agriculture Organization of the United Nations, *The State of Food Insecurity in the World*, 2012.

15 "Where Does Hunger Exist?", Bread for the World Institute, www. bread.org.

16 Jenny Hope, "Hunger in Britain Is Becoming 'Public Health Emergency' as Number of People Turning to Food Banks to Feed Families Soars", *Daily Mail*, December 4, 2013, www.dailymail.co.uk/news/article-2517898/Hunger-Britain-public-health-emergency-number-peo-ple-turning-food-banks-feed-families-soars.html, accessed June 15, 2014.

17 "EPAs : Through the Lens of Kenya", *Traidcraft and EcoNews Africa*, 2005, www. traidcraft.co.uk/Resources/Traidcraft/Documents/PDF/tx/campaigns_epas_free_trade_wont_help_africa.pdf.

18 "Kenya", *Food Security Portal*, June 20, 2014, www.foodsecurityportal.org/ kenya?print.

19 "Kenya's Food Exports vs. Food Aid", *Koru Kenya*, August 1, 2013, http://koru. or.ke/Kenyas_Food_Exports_vs_Food_Aid, accessed June 20, 2014.

20 Samuel L. Aronson, "Crime and Development in Kenya : Emerging Trends and Transnational Implications of Political, Economic, and Social Instability", *Student Pulse* 2, no. 9(2009), www.studentpulse.com/articles/278/2/crime-and-development-in-kenya-emerging-trends-and-the-transnational-implications-of-political-economic-and-social-instability, accessed June 20, 2014.

21 "EPAs : Through the Lens of Kenya".

22 Government of Kenya, *The 2003~2007 Economic Recovery Strategy for Wealth and Employment Creation*, June 2003, xiii.

23 Emilio Godoy, "Drugs Displace Maize on Mexico's Small Farms", *Inter Press Service*, January 22, 2014, www.ipsnews.net/2014/01/drugs-dis-place-maize-mexicos-small-farms/, accessed June 20, 2014.

24 Matthew Davis, "Globalization and Poverty in Mexico", *National Bureau of Economic Research*, www.nber.org/digest/apr05/w11027.html, accessed June 20, 2014.

25 Ibid.

26 Elvia R. Arriola, "Accountability for Murder in the Maquiladoras : Linking Corporate Indifference to Gender Violence at the US-Mexico Border", *Seattle Journal for Social Justice* 5, no. 2(Spring/Summer 2007).

27 Food and Agriculture Organization of the United Nations, *The State of Food Insecurity in the World : Economic Crises–Impacts and Lessons Learned*, 2009, 11.

28 Report of the UN Special Rapporteur on the Right to Food, p. 3, www.srfood.

org/images/stories/pdf/officialreports/20101021_access-to-land-report_en.pdf.

29　Development Education, www.developmenteducation.ie.

30　Adams, "World Bank Warns of Food Riots".

31　Food and Agriculture Organization of the United Nations, www.fao.org/es/esc/ prices/CIWP.

32　Vandana Shiva and Kunwar Jalees, *Why Is Every 4th Indian Hungry? The Causes and Cures for Food Insecurity*(New Delhi : Navdanya, 2009), 1.

33　Ibid.

34　Ibid.

35　Department of Biology, University of Indiana, "Obesity, Type 2 Diabetes and Fructose", August 24, 2010, www.indiana.edu/~oso/Fructose/Fructose.html, accessed June 20, 2014.

36　George A. Bray, Samara Joy Nielsen, and Barry M. Popkin, "Consumption of High-Fructose Corn Syrup in Beverages May Play a Role in the Epidemic of Obesity", *American Journal of Clinical Nutrition* 79, no. 4(2004), 537~543.

37　"Annual Financials for PepsiCo Inc.", MarketWatch, https://secure.marketwatch. com/investing/stock/PEP/financials#.

38　PepsiCo website, www.pepsico.com.

39　Shiva, *Stolen Harvest*, 70 ; Alex Hershaft, "Academy of Science Confirms Diet-Cancer Link", *Vegetarian Times*, September 1982, 7~8, https://books.google.ae/ books?id=hQcAAAAAMBAJ.

40　Vandana Shiva, "The Wrong Choice, Baby?", *Asian Age*, December 4, 2013, http://dc.asianage.com/columnists/wrong-choice-baby-873, accessed June 22, 2014.

41　"India Likely to Beat China to Become Diabetes Capital in the World", *Silicon*

India, June 13, 2014, www.siliconindia.com/news/life/India-Likely-To-Beat-China-To-Become-Diabetes-Capital-In-The-World-nid-167867-cid-51. html, accessed June 15, 2014.

42 "Furor on Memo at World Bank", *New York Times Archives*, February 7, 1992, www.nytimes.com/1992/02/07/business/furor-on-memo-at-world-bank. html, accessed June 22, 2014.

43 Shiva, *Soil Not Oil*, 103.

44 Stephen Bentley and Ravenna Barker, "Fighting Global Warming at the Farmers' Market", *FoodShare Research in Action Report*, FoodShare Toronto, 2005.

45 Tim Lang and Michael Heasman, *Food Wars : The Global Battle for Mouths, Minds and Markets*(London : Earthscan, 2004), 235~238.

46 Andy Jones, *Eating Oil : Food in a Changing Climate*(London : Sustain/ELM Farm Research Center, 2001), 13.

47 Tracy Worcester, "Local Food", *Resurgence* 199(March/April 2000).

48 Food and Agriculture Organization, "Toolkit : Reducing the Food Wastage Footprint", www.fao.org/docrep/018/i3342e/i3342e.pdf.

49 Ibid.

50 National Crime Records Bureau, Ministry of Home Affairs, "Accidental Deaths & Suicides in India : 2014" ; P. Sainath, "Maharashtra Crosses 60,000 Farm Suicides".

8장

1 Food and Agriculture Organization of the United Nations, "Women's Contributions to Agricultural Production and Food Security : Current Status and Perspectives",

www.fao.org/docrep/x0198e/x0198e02.htm, accessed June 22, 2014.

2   J. Spedding et al., eds., *The Works of Francis Bacon*, vol. V (Stuttgart, Germany : F. F.
    Verlag, 1963), 506.

3   Quoted in Evelyn Fox Keller, *Reflections on Gender and Science* (New Haven, CT :
    Yale University Press, 1985), 7.

4   Quoted in Brian Easlea, *Science and Sexual Oppression : Patriarchy's Confrontation
    with Women and Nature* (London : Weidenfeld and Nicholson, 1981), 64.

5   Ibid., 70.

6   Ibid., 73.

7   Carolyn Merchant, *The Death of Nature : Women, Ecology and the Scientific
    Revolution* (New York : Harper and Row, 2006), 182.

8   FAO, "Women Feed the World", 1998.

9   Vandana Shiva, *Staying Alive* (New Delhi : Kali Unlimited, 2010), x.

10 Ronnie Lessem and Alexander Schieffer, *Integral Economics* (Surrey, UK : Gower,
    2010), 124.

11 Josh Clark, "Why Do Corporations Have the Same Rights as You?", *How Stuff
    Works*, www.howstuffworks.com/corporation-person1.htm, accessed June 15,
    2014.

12 "Monsanto Sues Vermont, Claims First-Ever GMO Labeling Law in the US
    Violates Free Speech", *The Anti-Media*, June 16, 2014, http://theantimedia.org/
    monsanto-sues-vermont-claims-first-ever-gmo-label-ing-law-in-u-s-viol-
    ates-free-speech/, accessed June 18, 2014.

13 Doug Rushkoff, "Corporations as Uber-Citizens", *Rushkoff.com*, January 22, 2010,
    www.rushkoff.com/blog/2010/1/22/corporations-as-uber-citizens.html.

14 Amartya Sen, "More Than 100 Million Women Are Missing", *New York Review of*

Books, December 20, 1990, www.nybooks.com/articles/archives/1990/dec/20/
more-than-100-million-women-are-missing/, accessed June 17, 2014.

15 Shiva, *Staying Alive*, xvi.

16 Guangwen Tang, Jian Qin, Gregory G. Dolnikowski, Robert M. Russell, and
Michael A. Grusak, "Golden Rice Is an Effective Source of Vitamin A", *American
Journal of Clinical Nutrition* 89, no. 6(2009), 1,776~1,783.

17 C. Gopalan et al., *Nutritive Value of Indian Foods* (Hyderabad, India : Indian
Council of Medical Research, 2009).

18 Ibid.

19 Navdanya, "The Movement", www.navdanya.org/archives/20-the-movement,
accessed June 18, 2014.

찾아보기

이 세계의 식탁을 차리는 이는 누구인가

인간과 자연을 살리는 푸드 민주주의의 비전

초판 1쇄 발행 2017년 11월 25일
초판 2쇄 발행 2020년 12월 29일

지은이 반다나 시바
옮긴이 우석영

펴낸이 김현태
펴낸곳 책세상
등록 1975. 5. 21. 제1-517호
주소 서울시 마포구 잔다리로 62-1, 3층(04031)
전화 02-704-1250(영업), 02-3273-1334(편집)
팩스 02-719-1258
이메일 editor@chaeksesang.com
광고·제휴 문의 creator@chaeksesang.com
홈페이지 chaeksesang.com
페이스북 /chaeksesang **트위터** @chaeksesang
인스타그램 @chaeksesang **네이버포스트** bkworldpub

ISBN 979-11-5931-145-1 03300

이 도서의 국립중앙도서관 출판예정도서목록(CIP)은 서지정보유통지원시스템 홈페이지
(http://seoji.nl.go.kr)와 국가자료종합목록 구축시스템(http://kolis-net.nl.go.kr)에서
이용하실 수 있습니다.(CIP제어번호: CIP2017027923)

* 잘못되거나 파손된 책은 구입하신 서점에서 교환해드립니다.
* 책값은 뒤표지에 있습니다.